Écran de fumée

Sous l'emprise d'un sociopathe

Claire Gabriel

Écran de fumée

Sous l'emprise d'un sociopathe

À ma famille, mes amis et toutes les belles âmes que j'ai eu la chance d'avoir sur mon chemin. Je les remercie pour leur soutien ainsi que pour leur aide dans la rédaction de cet ouvrage. Je suis reconnaissante qu'ils aient été aussi présents durant la traversée de ces épreuves, que je ne regrette aucunement d'avoir vécues malgré tout.

« L'être humain ne peut ni effacer le passé ni changer le présent, mais il a le pouvoir de créer l'avenir. »

Omraam Mikhaël Aïvanhov

Sommaire

À propos de l'auteur

Claire Gabriel, d'origine angevine, a toujours été intéressée par la lecture et l'écriture de livres. Ce roman autobiographique est son second.

Elle a choisi de publier ce dernier seule, afin d'avoir une meilleure autonomie et une plus grande liberté de parole, quant aux évènements troublants qu'elle a vécus.
Dans ce deuxième ouvrage, elle aspire à quelque chose de nouveau dans le domaine de l'écriture, qu'elle souhaite associer au soutien de bonnes actions.

Après un baccalauréat scientifique, elle décide de s'inscrire en BTS esthétique-cosmétique, au grand désarroi de son professeur de philosophie qui l'encourageait à poursuivre des études littéraires. Elle exerça pendant quatre ans le métier d'esthéticienne, avant d'envisager une reconversion dans le journalisme. Mais au moment de reprendre des études à l'âge de 23 ans, l'opportunité de devenir professeur se présente et elle enseigna durant dix ans à l'Éducation nationale, avant de demander sa première année de disponibilité. L'objectif était de partir en Australie, en passant par l'Indonésie et la Thaïlande, afin de découvrir d'autres cultures et de se ressourcer mentalement. Ce projet a été avorté à cause de la crise du Covid. Claire s'est retrouvée par hasard gestionnaire de communauté, en plus d'animer ses propres réseaux sociaux, pour défendre diverses causes qui lui tiennent à cœur, notamment le trafic humain.

Elle a aussi créé son site Internet sur lequel elle publie concernant ces divers sujets : clairegabriel.fr

Avant-propos

Claire nous raconte avec beaucoup de courage et de vérité son « amour » inconditionnel pour un homme, véritable prédateur.

À travers son autobiographie, elle démontre les mécanismes pervers qui ont conduit à sa totale destruction psychologique.

Comment a-t-elle pu se laisser abuser de la sorte si longtemps, elle qui paraît si vive, lucide et intelligente ?

Mais, Claire n'a rien vu venir. Elle est tombée dans l'escarcelle d'une emprise totale, d'une manipulation mentale, d'une torture psychique.

Un livre qui se dévore en quelques heures.

On ne décroche pas d'un tel récit bien écrit, fluide et si tristement authentique, dans lequel beaucoup peuvent s'identifier !

Richard Boutry

« Si l'ombre n'existait pas, il nous serait impossible de contempler la lumière. » Voici les mots qui résonnent à mon esprit, après avoir découvert l'histoire de Claire Gabriel.

« Écran de fumée, sous l'emprise d'un sociopathe » est un livre qui nous plonge dans les méandres d'un esprit presque sous hypnose, celui de Claire, aveuglée par un amour toxique, qui aurait pu lui coûter la vie. J'admire cette femme et l'affectionne particulièrement. Elle est un être de lumière dans ce monde, car elle a fait le choix d'affronter ses plus grandes peurs, afin de devenir une référence dans le domaine de la prévention pour tous ceux et celles qui sont victimes d'emprise. Page après page, avec la finesse d'une plume qui vous prend aux tripes, l'angoisse monte crescendo et elle nous paralyse, telle une impasse dans laquelle l'issue n'est pas perceptible. Il lui a fallu une force considérable pour affronter la vérité… sa vérité, qui résonne dans les cœurs de beaucoup de victimes malheureusement aujourd'hui. Claire est pour moi un exemple de résilience et de combativité. C'est Anyta, une amie que nous avons communément, qui nous a présentées. Je ne connais pas Claire personnellement, mais nous avons passé de longues heures au téléphone. Dans nos échanges, il y a une grande complicité et surtout, des similitudes dans nos histoires personnelles respectives, qui font que nous nous comprenons, quant à l'ébauche de nombreux sujets, qui sont bafoués par des silences étouffants encore de nos jours, dans notre société. Claire a une force que je ne pourrais pas un instant prétendre avoir.

Son quotidien est de briser les silences et elle le fait dans le seul but de pouvoir protéger. Dans son ouvrage, Claire se met à nu et nous confie dans la plus grande intimité, ce qu'il lui est arrivé et honore à travers ses mots ce qu'elle a perdu, une partie de sa vie, un enfant…
L'amour est la seule résilience possible.

Fanny Allemand

J'ai décidé d'écrire ce livre autobiographique, tel un exutoire. J'espère que ces écrits permettront d'aider toute personne qui s'est retrouvée un jour sous l'emprise d'un être toxique. Cette histoire personnelle prouve que lorsque l'on en a réellement envie, on peut se relever de tous types de situations, même les plus dramatiques, et en faire une force pour des causes qui nous semblent justes et essentielles.

Claire Gabriel

Introduction

« Le manipulateur est un dealer, il vous livre ses doses, vous rend dépendant et s'enrichit en vous méprisant. »
J.Eldi

C'est bien dans cette citation que réside tout le concept de ce livre.

Je tiens à préciser que cet ouvrage n'est pas une compilation de réflexions concernant la personnalité antisociale, car on pourrait parler plutôt de sadisme et de perversité dans ce cas précis, mais on pense toujours à tort que ce type d'histoire n'arrive qu'aux autres…

Quand j'ai raconté mon récit autour de moi, certaines personnes m'ont étonnée par cette réaction, que je trouve totalement dénuée de sens :
« Mais, c'est carrément un film ton histoire et toi, un personnage de science-fiction ! À moi, ça ne me serait jamais arrivé ! »

Et pourtant… les sociopathes, ces créatures sadiques et cruelles, dépourvues de toute empathie, remords, honte ou sens moral, représentent tout de même quatre pour cent de la population.

On les côtoie quotidiennement et on les retrouve dans tous types de secteurs et de professions.

Ils sont généralement attirés par des personnes positives, spontanées et généreuses. Inconsciemment, ils les envient et les jalousent, car elles possèdent toutes les qualités qui leur font défaut.

Tels des vampires, ils passent leur temps à élaborer des stratégies pour se nourrir des émotions des autres.

Ce sont des comédiens nés qui font appel à leur mémoire, en se calquant sur des émotions observées, afin de feindre un sentiment ou un émoi. Avec ce masque d'émotions simulées, ils savent parfaitement se fondre dans la masse et c'est pourquoi, n'importe qui, finalement, peut être sujet à devenir une proie.

Mais ce qui rend ces êtres si diaboliques, c'est leur parfaite maîtrise des tactiques, impliquant le *Gaslighting*, dont ils abusent sur leurs victimes. Cette technique est la forme la plus redoutable d'abus psychologique, consistant à faire douter les victimes de leur mémoire et de leur santé mentale.

La pire erreur qu'on puisse commettre est de tenter de comprendre pendant des semaines, avant d'en arriver à la conclusion qu'il s'agit simplement d'une perte de temps et d'énergie. S'il y a bien une leçon qui doit être retenue, c'est qu'il ne faut *JAMAIS* tenter de savoir comment il est possible que ce type d'individu puisse exister.

Il faut surtout s'en éloigner au plus vite.

Et quand on se fait laver le cerveau au point de perdre toute connexion avec le monde réel, ne plus réussir à distinguer le vrai du faux et qu'on perd totalement la notion de qui on est vraiment, simplement deux possibilités s'offrent à nous :

- on débute par un déni, on sombre et on finit sous Prozac ;
- on débute par un déni, on sombre et on fait tout ce qu'on peut pour se relever, quitte à faire parfois de mauvais choix.

Cependant, comme me répète souvent une amie : *« Dans la vie, il n'y a pas de mauvais choix, seulement des essais afin de vivre de nouvelles expériences. »*

C'est d'ailleurs la raison qui m'a poussée à choisir la seconde option…

Prologue

Aujourd'hui, Paris, 22h.

« Tu ne comprends pas que ce bébé, c'est ton assurance-vie ? Tu dois le garder ! »

Nous étions attablées avec mon amie Agathe à la terrasse d'un café parisien depuis environ une heure.

Elle parlait… *beaucoup.*

Mais je n'enregistrais qu'une phrase sur trois, tellement j'étais encore secouée par ce qu'il venait de se passer.

Je sentais des larmes de colère monter. J'étais lessivée à force d'enchaîner des nuits blanches, depuis que j'avais découvert l'état de mon appartement. Et quand je parvenais enfin à sombrer d'épuisement, je me réveillais toujours en sursaut à peine une heure plus tard, à cause de cauchemars qui ne s'arrêtaient jamais.

- C'est l'enfant du Diable que je porte ! Tu crois vraiment que je devrais le garder ? Et si un jour son père ou sa famille décide de venir le rechercher, il se passera quoi ? Je ne sais plus vraiment de quoi ils sont capables ! m'écriai-je.

- Fais ce que tu veux, je t'aurais prévenue. N'écoute surtout pas les gens autour de toi et fais comme tu le sens. Mais je constate que ça fait plus d'une heure que tu as ta main posée sur ton ventre. Tu peux dire ce que tu veux, mais il semble que tu as plutôt envie de le garder. Et au moins, tu es certaine qu'il ne t'arrivera rien dans les mois à venir.

- Je ne sais pas, soupirai-je. J'ai l'esprit complètement embrouillé, je crois que je préfère ne pas y penser pour le moment. On verra bien.

- Tu as l'air complètement *stone*, remarqua Agathe.

- Ce n'est pas qu'un air, j'ai l'impression qu'un camion m'a roulé dessus. Comment a-t-il pu me faire un truc pareil ? Ce n'est juste pas humain ! Je n'arrive pas à comprendre comment un humain peut faire ça à un autre être humain, ça me dépasse ! m'emportai-je.

- Je sais. Crois-moi, le mieux c'est que tu revendes ton appartement au plus vite et que tu refasses ta vie ailleurs. Pars à l'étranger même si tu peux et déconnecte tous tes comptes des réseaux sociaux, on ne sait jamais.

- J'aurais mieux fait de me casser une jambe le jour où j'ai rencontré ce type ! C'est moi qui suis obligée de fuir maintenant ? Je sais bien pour l'appartement, je ne peux clairement plus vivre dedans.

- Tu n'as pas le choix ! On parle de ta sécurité là, il ne doit surtout pas te retrouver ! Tu veux finir comme l'Ukrainienne ?!

Je sentais que mon amie commençait à en avoir marre et qu'elle ne savait plus vraiment comment gérer la situation, ou plutôt comment me gérer.

- Non, je ne veux surtout pas finir comme l'Ukrainienne ! À l'étranger ? Mais je n'ai même plus de passeport à cause de cette histoire. Si tu savais, j'aimerais tellement prendre qu'un aller simple pour une île déserte et oublier ce cauchemar. Je crois que je suis en plein rejet de la société là. Je ne supporte plus personne.

- À ce point-là ? Agathe semblait surprise.

- Les gens me dégoûtent, je t'assure. Je ne fais plus confiance à personne. Je n'y suis pour rien, c'est comme ça. Le moindre truc m'insupporte. Il suffit que quelqu'un me bouscule dans la rue sans le faire exprès, pour que j'aie des envies de meurtre.

- C'est sûrement lié au bébé, plaisanta-t-elle.

- Peut-être, souris-je péniblement. Je n'ai jamais été autant à fleur de peau en tout cas.

- La prochaine fois, trouve-toi quelqu'un ici et arrête un peu avec ce genre de mecs. Jusqu'à maintenant, ça ne t'a pas trop réussi.

- C'est clair ! Mais au moins, je ne m'ennuie jamais dans mes relations ! répliquai-je, en lui adressant un clin d'œil. Je préfère mes relations chaotiques, mais passionnées, plutôt que de m'embêter et rester avec un gars sympa, mais chiant comme la pluie. Tu sais récemment encore, une amie me disait qu'elle s'ennuyait ferme avec son copain et quand je lui ai demandé pourquoi elle n'arrêtait pas avec lui, elle m'a répondu qu'au moins, il était gentil et ne lui ferait jamais de mal. Une autre amie me disait combien son conjoint était un bon père et que rien que pour ça, elle ne le quitterait jamais. Si un jour je te sors un truc comme ça, s'il te plaît, je t'en supplie, étrangle-moi ! plaisantai-je.

- Sérieusement ?! C'est sûr que ce genre de relations, ce n'est pas non plus l'idéal, mais ton besoin d'adrénaline, tu vas le payer un jour. Regarde, c'est déjà un peu le cas.
Je haussai les épaules en me levant et la prévins que j'allais revenir assez rapidement.

Au moment où je me levai, je fus prise d'un vertige et me dirigeai donc au plus vite aux toilettes. En fait, je n'avais pas vraiment envie d'y aller, mais j'avais besoin de m'isoler un peu. Je baissai directement l'abattant pour m'asseoir dessus et me pris la tête entre les mains. J'avais envie de vomir, mais impossible de distinguer si c'était une nausée liée à la grossesse ou du dégoût que j'éprouvais en permanence, depuis que j'avais ouvert les yeux sur la personne qui partageait ma vie.
Je savais qu'Agathe tentait de m'aider par tous les moyens, mais je me sentais finalement toujours aussi seule dans cette situation totalement rocambolesque. Ma famille ne savait absolument pas comment réagir et ne me soutenait donc pas vraiment.
Un coup d'œil sur mon téléphone portable et j'éclatai en sanglots : *onze appels en absence de ma mère.*

Je refusais de lui parler depuis qu'elle m'avait accompagnée à porter plainte. Je n'avais rien à lui reprocher, mais je n'arrivais tout simplement pas à lui dire toute la vérité. Je savais que cette histoire l'affectait déjà beaucoup. J'avais eu mon petit frère deux heures plus tôt au téléphone et il m'avait confirmé qu'elle s'inquiétait tellement, qu'elle n'arrivait plus à dormir et qu'elle n'arrêtait pas de pleurer. Je ne voulais pas l'ignorer, mais je ne voulais pas l'affoler encore plus ou lui mentir, alors je préférais ne pas répondre à ses appels.

En revanche, à *JASON*, je lui en voulais vraiment.

Pas pour le mal qu'il me faisait finalement, mais plutôt pour la souffrance qu'il faisait endurer à mes proches, notamment à ma famille. Je n'avais aucun doute que j'allais me relever de tout ça, même s'il faudrait du temps et que ce serait difficile. Je me moquais totalement de ce que les personnes autour de moi pouvaient penser. La plupart des gens ne pourront jamais s'empêcher de juger dans tous les cas, sans même avoir toutes les informations. Mais la honte et la culpabilité que j'éprouvais vis-à-vis de mes proches devenaient compliquées à gérer.

Je n'avais aucune idée de ce que j'allais faire avec ce bébé. Si je le gardais, j'appréhendais de projeter sur lui toute la haine et le mépris que j'avais pour son horrible géniteur. Il ne méritait même pas que j'utilise le mot « *père* ». Et d'un autre côté, si je ne le gardais pas, j'avais peur de le regretter. Toutes les personnes de mon entourage qui savaient ce qui s'était passé me conseillaient d'avorter, mais c'est toujours tellement facile de donner des conseils quand on ne se trouve pas soi-même dans la situation. Je savais en tout cas que si je prenais la décision de le garder, j'allais devoir affronter toute ma vie, les préjugés et les médisances des autres.

Mais comment ai-je pu être aussi stupide ?

J'avais toutes les données qu'il fallait pour arrêter tout ça, mais j'avais préféré m'aveugler complètement pendant des mois.
On dit que l'amour rend aveugle, mais dans mon cas, ça m'avait carrément transpercé les yeux.
Au fur et à mesure que je repensais au passé, les larmes affluaient et je me sentais de plus en plus mal.
Si seulement je pouvais revenir quelques semaines plus tôt, cette fameuse nuit où je m'étais retrouvée devant le commissariat, mais où j'avais lâchement décidé de faire demi-tour au dernier moment.
J'avais tout. Les photos, les papiers, les cartes…
Mais pourquoi ai-je refusé de voir la réalité en face cette nuit-là ?

Comme je le disais à Agathe, j'avais besoin de montées d'adrénaline dans mes relations sentimentales, mais il devenait urgent que j'arrête ce type de relations toxiques. J'avais déjà perdu deux ans avec un homme psychologiquement torturé, obnubilé par sa carrière dans la finance et la politique.
Récemment, j'étais restée un an avec un sociopathe, dépourvu de toute émotion. Vu la famille dont il venait, je n'aurais jamais pu me douter de ce qui allait se passer. Je ne comprenais toujours pas comment j'avais aussi facilement pu me faire avoir. On était tellement opposés !
Je suis très empathique et émotive, alors que lui n'a aucun sentiment pour personne ni aucun sens moral. Heureusement tout

de même, je n'avais pas accepté de tout quitter pour lui. Je suis très difficile et sélective dans le domaine sentimental, mais lorsqu'un homme me plaît, je suis capable de faire n'importe quoi et de le suivre n'importe où.

C'est d'ailleurs ce qui m'avait menée là où j'en étais. Mais j'avais eu un pressentiment qu'il ne fallait pas que je le suive. Le psy, qu'on m'obligeait à voir, qualifiait une de ces réactions « *d'instinct de survie...* »

Cependant, cela n'empêchait pas l'envie irrépressible que j'avais de me taper la tête contre un mur, d'avoir été aussi longtemps naïve. Il fallait que j'apprenne à accepter que j'avais involontairement été complice de tous ses actes. Je ne le savais pas encore, mais mon incontrôlable besoin d'adrénaline allait bientôt m'aider à voir le bout du tunnel.

Quelques semaines plus tard, je me retrouvais un matin complètement trempée et endormie à même mon parquet, suite à un pari débile perdu avec deux Anglais, rencontrés la veille au soir à Paris. Il était grand temps d'arrêter de faire n'importe quoi et de faire la paix avec moi-même. Je devais surtout ne plus m'autodétruire comme je le faisais depuis des semaines.

La vie est trop courte et le monde trop grand, pour perdre toute ambition d'explorer de nouveaux horizons.

I. La romance

Paris, un an plus tôt.

Je m'attelais à me préparer dans la salle de bain pour rejoindre deux amies, ainsi que le frère et l'ami de l'une d'entre elles.

Ils venaient lui rendre visite de Bordeaux, car Élisabeth allait prochainement s'envoler en Guyane pour un nombre d'années indéterminé.

Je commençais enfin à sortir de nouveau, après avoir passé presque six longs mois à hiberner, suite à une douloureuse rupture qui m'avait un peu anéantie.

J'avais naïvement espéré qu'il aurait un jour le déclic de quitter son pays et de m'accorder un peu plus d'attention, plutôt que d'espérer grimper l'échelle sociale. Finalement, il était resté dans son pays et moi en France.

J'étais devenue tellement maigre à force de ne plus m'alimenter, que je flottais dans la plupart de mes vêtements. Je cherchais donc désespérément dans mon dressing ce que j'allais bien pouvoir porter, sachant toutefois avec certitude que ce serait une robe ou une jupe.

Un regard rapide de gauche à droite sur toutes les robes parfaitement alignées sur des cintres dans ma penderie et je m'arrêtai sur *CETTE* fameuse robe blanche…

Je saisis le cintre pour la contempler.

Je me remémorai un instant la nuit où j'avais rencontré le charmant Croate dans son pays, deux ans auparavant. Je portais cette magnifique robe.

Elle ressemblait comme deux gouttes d'eau à celle que Marilyn Monroe portait soixante ans auparavant, au-dessus d'une bouche de métro à New York.

À chaque fois que je la mettais, elle faisait son effet et je savais que je ne passais jamais inaperçue.

J'en avais besoin, après avoir passé six mois à me morfondre et un court séjour à l'hôpital, à cause de mon mode de vie qui était devenu catastrophique.

Je n'avais pas particulièrement envie de rencontrer quelqu'un ce soir-là, j'avais plutôt besoin de retrouver un peu confiance en moi. Après une rupture, l'estime de soi est clairement proche de zéro, donc il faut bien trouver un moyen de la rebooster.

En regardant de quoi j'avais l'air dans le miroir, j'ignorais que porter cette magnifique robe ce soir-là serait ma première erreur…

Nous étions accoudées au comptoir d'un café parisien avec Élisabeth.

Je venais juste de me disputer avec le serveur, au sujet de la grande arnaque des cocktails qu'on nous servait dans la capitale. J'avais souvent remarqué que dans un verre de vodka-jus de pomme, les serveurs ne mettaient qu'un filet de vodka, et remplissaient ensuite le verre de jus.

J'habitais depuis onze ans à Paris, mais je n'y avais pas grandi. Je ne pouvais pas m'empêcher de comparer la qualité et le coût de la vie, entre la province dont j'étais originaire et ici.

J'avais donc tout simplement prévenu le serveur : « Ne me sers pas juste un verre de jus de pomme comme vous avez l'habitude de le faire à Paris, je veux un vrai verre de vodka ! »

J'avais déclenché la troisième guerre mondiale, sans le savoir !

« Non, mais toi, tu ne sais vraiment pas à qui tu t'adresses ! Je te ferais remarquer que tu es dans le meilleur bar de Paris où on n'arnaque pas les clients ici ! » rugit-il, en pointant son doigt vers moi, avant de tourner les talons.

Je me tournai vers Élisabeth : « Euh… le meilleur bar de Paris ? Il se fout de nous là ! Cet endroit s'apparente plus à une *afterparty*… l'*after* de l'*after* de l'*after* ! », fis-je, en riant et en balayant d'une main la pièce un peu miteuse.

Élisabeth éclata de rire, avant d'ajouter : « C'est clair, il est plus de trois heures du matin. C'est juste le quatrième bar de la soirée et un des seuls encore ouverts à cette heure-là. »

Le serveur revint nous apporter les verres et me lança d'un ton narquois, après la première gorgée : « Ça va duchesse, il y a assez de vodka à ton goût ? »

Le salaud ! Je grimaçai en avalant. Il avait rempli le verre de vodka et mis un filet de jus de pomme !

Et là, juste par fierté et pour ne pas perdre la face, je lui souris : « Oui, merci, c'est parfait ! »

À ce moment-là, je sentis quelqu'un taper sur mon épaule derrière moi.

Je me retournai pour découvrir un homme que je ne connaissais pas.

Il me demanda directement : « Tu parles anglais ? »

J'hésitai un moment, tout en le dévisageant.

C'était un grand brun avec un sourire *Ultra Brite*.

Je me plaignais que je ne parlais plus anglais depuis six mois et que je commençais à en perdre la maîtrise. C'était donc l'occasion de manier à nouveau la langue de Shakespeare.

Je lui demandai alors de patienter une minute, pour prévenir Élisabeth que je rejoindrais tout le monde à la table assez rapidement.

Il s'appelait Tyler et venait de la côte Ouest des États-Unis.

Il me parla un long moment de son ancienne vie là-bas et m'expliqua qu'il faisait encore parfois des allers-retours pour voir sa famille.

Deux de ses amis français se joignirent à nous après quelques minutes. L'un d'entre eux, Navid, me déconseilla de parler en anglais à Tyler, mais plutôt en français, car il devait s'améliorer. Il m'expliqua que Tyler travaillait pour lui, en l'aidant à mettre en place une nouvelle application sur le Web.

Il ajouta combien l'Américain avait un CV impressionnant pour son âge, qu'il avait voyagé plus que la plupart des gens dans une vie entière en seulement quelques années, et que je n'avais pas idée de qui il était.

Après quelques questions, je m'aperçus que Tyler travaillait également dans la finance, comme mon ex-compagnon le Croate.

Il était encore beaucoup trop présent dans mon esprit et je balançai donc à Navid : « Non, un homme étranger dans la finance, j'ai déjà donné ! »

Il eut tout juste le temps de me répondre : « Mais ce n'est pas ton ex ! »

Judith, ma seconde amie, vint m'attraper le bras pour me dire : « Allez, on y va ! On va aller danser dans un endroit sympa à côté ! »

Je me tournai vers Tyler pour lui demander : « Tu as un compte Facebook ? »

Il répondit par la négative, en ajoutant qu'avec son travail c'était compliqué d'avoir des comptes sur les réseaux sociaux.

Il ne m'en fallut pas plus pour me diriger vers la sortie.

Navid me rattrapa, alors que j'arrivais à la porte avec mes amis, en laissant l'Américain dépité derrière moi, sans même lui avoir dit au revoir.

« Claire, laisse-lui une chance ! Tu verras, c'est vraiment quelqu'un de bien. Tiens, ajoute-moi et on verra. »

Il me tendit son téléphone, sur lequel je reconnus le fameux logo bleu.
Je m'empressai de taper mon nom, d'appuyer sur « ajouter », en lui précisant quand même : « On verra, mais il a un peu trop de similitudes avec une personne que je préfère clairement oublier. Il dit n'avoir aucun compte sur les réseaux sociaux, il travaille dans la finance… ça fait trop de points communs déjà à mon goût ! »

Moins de dix minutes plus tard, nous arrivions devant le bar où mes amis voulaient aller danser. Je me sentais fatiguée et préférais rentrer.

Je pris un taxi dans la rue juste à côté et lorsque je voulus regarder l'heure, je cherchai en vain mon téléphone dans mon sac à main. Je retournai entièrement le contenu de mon sac sur la banquette arrière du taxi, complètement paniquée. Le chauffeur comprenait ma peine et mon affolement, mais ne pouvait malheureusement rien faire pour moi. Je sentis mon rythme cardiaque augmenter d'un coup, lorsque je réalisai que mon téléphone n'était pas dans mes affaires.
Je n'aurais jamais imaginé me sentir dépossédée à ce point-là.
Je me moquais régulièrement de la réaction de mes élèves quand je leur confisquais leur téléphone. Et aujourd'hui, c'était mon tour : on m'avait volé ma vie et mes souvenirs.
Pourtant, je n'avais laissé mon sac que quelques instants sans surveillance, juste le temps d'une courte conversation avec Tyler. J'avais remarqué que quelques personnes un peu étranges

tournaient autour de nous, mais je n'y avais pas tellement prêté attention.

Lorsque le taxi me déposa chez moi, je me rendis sans réfléchir au commissariat au bout de la rue. Le policier me dévisagea un long moment dans ma robe blanche au décolleté vertigineux. J'étais parfaitement consciente que j'avais beaucoup bu avec mes amis et que mon discours n'était probablement pas très cohérent. Il m'informa d'un air moqueur qu'il ne pouvait malheureusement rien faire et me conseilla de déconnecter la puce de mon téléphone à distance.

Je repensai à toutes les photos du Croate que je n'avais pas eu le temps de sauvegarder.

Dans mon malheur, je me dis que c'était peut-être un signe.

Il était peut-être vraiment temps de tourner la page et de passer à autre chose… l'Américain rencontré ce soir ?

Je remerciai l'officier de police qui proposa de me raccompagner à la porte et qui dit, en plaisantant : « Je vous souhaite malgré tout une bonne nuit. J'espère ne pas vous revoir ici, ce n'est jamais bon signe de se trouver dans un commissariat en pleine nuit ! »

Un an plus tard pourtant, j'allais passer presque toute la nuit à être interrogée par ce même officier…

Je n'allai pas travailler le lendemain, après avoir expliqué la situation à un membre du lycée dans lequel j'enseignais. Je devais faire passer des oraux pour des examens, mais je n'avais pas la tête à ça. J'étais déprimée de ne plus avoir mon téléphone et je me fichais des conséquences pour mon travail.

Navid m'avait envoyé des messages sur Facebook la veille. J'avais à peine pris le temps de lui répondre, en lui racontant ce qui s'était passé.

Je finis par sortir de ma léthargie et me forçai à quitter mon lit pour me racheter un téléphone.

J'avais le chic pour ne jamais laisser transparaître mon mal-être, si bien que dans la boutique de téléphones, je passai mon temps à plaisanter avec la vendeuse.

Elle finit par me dire : « Un nouveau téléphone, c'est un peu comme un nouveau départ. On dit souvent que lorsqu'une femme change de coupe de cheveux, cela va lui permettre de tourner une page. Mais pour moi, changer de téléphone, c'est comme ouvrir un nouveau chapitre de notre vie, c'est bien plus qu'un simple passage chez le coiffeur ! »

Si sa théorie s'avérait être vraie, c'était donc certainement le bon moment pour apprendre à connaître ce fameux Tyler, dont Navid me vantait les mérites.

Trois jours après, j'étais effectivement complètement sous le charme de Tyler.

Il m'avait invitée à dîner dans un des plus beaux restaurants japonais de Paris, avec une vue imprenable sur la capitale. La veille au téléphone, je lui avais dit combien j'affectionnais la nourriture japonaise. J'appréciais qu'il ait mémorisé et pris en compte ce qui pourrait me faire plaisir.

Ce qui me plaisait vraiment chez lui, c'était sa répartie et son sens de l'humour. J'ai toujours été très sensible à la conversation et au sens de l'humour d'un homme. Je trouve qu'il n'y a rien de pire que de s'ennuyer en la compagnie d'une autre personne ou d'avoir le sentiment de faire un monologue.

J'étais littéralement captivée par tout ce que me racontait Tyler.

Il me parla longuement de sa famille qui vivait toujours à Los Angeles. Il avait grandi dans les beaux quartiers de Beverly Hills.

Son grand-père dirigeait anciennement une des plus grandes sociétés de production télévisuelles aux États-Unis.

Tyler se trouvait en France pour affaires.

Je lui demandai s'il avait l'intention de rester ici, car je ne me voyais pas encore éventuellement me lancer dans une relation à distance. Il m'assura qu'il comptait rester deux, voire trois ans à Paris, avant de s'installer peut-être en Suisse ou en Allemagne. Il ajouta qu'il ne pouvait pas tout me dire, mais qu'il travaillait sur un gros projet et que j'en saurais plus prochainement.

Nous continuâmes la discussion jusqu'au lendemain matin.

Nous avions trouvé un autre restaurant dans le centre de Paris, ouvert toute la nuit.

Je n'avais jamais connu une telle complicité avec un homme en si peu de temps.

J'avais l'impression de pouvoir aborder n'importe quel sujet avec lui.

J'appréciais fortement son extravagance et sa désinvolture.

Tyler avait une culture générale impressionnante et nous avions de nombreux points communs. Il appréciait écouter les vieux groupes de rock, voyager et explorer le monde, échanger sur diverses théories qualifiées de complot, les histoires étranges non élucidées et il parlait sans aucun filtre.

Il répétait d'ailleurs souvent : « Les théories du complot d'aujourd'hui ne sont bien souvent que les vérités de demain. »

On avait également la même vision concernant l'évolution de la société, des nouvelles technologies… On était en accord sur tout et on voyait les choses de la même manière. Il connaissait toutes les personnes de différents pays et époques que je lui citais. J'avais la sensation que tout était limpide et je me sentis rapidement en confiance avec lui.

Je me confiai sur ma dernière relation totalement chaotique avec le Croate et combien cela avait été dur après la rupture. Je lui racontai même le séjour que j'avais fait à l'hôpital six mois plus tôt, suite à une soirée arrosée qui avait mal tourné à cause d'un cocktail explosif d'alcool, de fatigue et de tranquillisants que le médecin m'avait prescrits. Tyler ne rentrait pas particulièrement dans les critères de beauté imposés par la société, mais sa prestance et son assurance sans faille me fascinaient.

Il était ce qu'on appelait communément une personne très charismatique.

Et je préférais de loin un homme avec du charme, qu'un homme doté d'une beauté froide, car j'étais parfaitement consciente que la beauté est éphémère alors que le charme ne se perd jamais.

J'avais surtout l'impression d'avoir trouvé la personne qui me correspondait parfaitement, tellement nous avions les mêmes valeurs.

Pendant les deux semaines qui suivirent, Tyler m'aida à retrouver goût à toutes ces choses que j'avais oubliées pendant les six mois où j'étais restée cloîtrée chez moi à déprimer, sauf quand j'allais faire cours.

Et encore… je n'avais jamais eu autant d'arrêts de travail que cette année-là.

Les trois médecins qui me suivaient répétaient tout le temps que je n'étais pas en état d'aller travailler. Cela créa un cercle vicieux, car je me sentais coupable et encore plus mal de ne pas pouvoir faire cours à mes élèves.

C'est quand même fou ce que tomber follement amoureux de quelqu'un peut nous foutre en l'air.

Mais entre sa carrière et moi, il avait fait son choix.

On s'était finalement séparés d'un commun accord, mais la fin n'en avait pas été moins difficile. J'avais pris l'habitude de passer toutes les vacances scolaires avec lui à Zagreb, et aussi souvent, les week-ends.

C'est pourquoi, après ces longs mois, j'étais quand même reconnaissante d'avoir rencontré Tyler.

Mais, ce soir-là, je ne m'attendais pas à ce qu'il allait m'annoncer.

- J'espère que tout va bien ? s'inquiéta-t-il.

- Oui, ça va. Pourquoi je me plaindrais ? m'extasiai-je, en balayant de la main la magnifique pièce dans laquelle nous dînions.

Encore, un très beau restaurant avec vue sur la Tour Eiffel qui n'était absolument pas dans mes moyens, mais cela ne semblait nullement lui effleurer l'esprit.

- J'ai quelque chose à t'avouer, fit-il d'une voix grave.

- OK, je t'écoute. Ça a l'air sérieux.

- Tyler n'est pas mon vrai prénom. Tu te souviens que je t'ai dit il y a quelques jours que Jason était mon second prénom ? Eh bien, en fait, c'est l'inverse. Je m'appelle Jason et Tyler est mon second prénom.

Je hochai légèrement la tête sans réagir. Je n'en revenais pas.

Pourquoi avoir menti sur son identité ?

Je ne comprenais pas.

Et par-dessus tout, je ne supportais pas le mensonge.

Aussi intéressant, gentil, cultivé et même riche qu'il était, je ne pouvais pas accepter ça. Donc Tyler ou Jason, je ne savais plus trop, ne s'en tirerait pas à si bon compte.

Je jetai ma serviette dans mon assiette et me levai brusquement pour partir au plus vite.

- Qu'est-ce que tu fais ? Il semblait tellement désespéré.

- Je sais bien que personne n'est parfait, mais le mensonge dès le début, ça ne passe pas Tyl… Jason, je ne sais même plus comment t'appeler !

- Attends, laisse-moi t'expliquer ! Regarde autour de toi… ce bel endroit. Si tu n'étais pas importante pour moi, je ne t'y emmènerais pas !
- Ça veut dire quoi ça ?! m'emportai-je. Tu crois que tu vas réussir à m'acheter ? Je crois que tu n'as pas idée du nombre d'hommes que j'ai pu rencontrer qui ont essayé justement de m'impressionner avec des billets ! Je m'en fiche de ton compte en banque, je ne suis pas une poule de luxe. J'aurais juste préféré que tu sois honnête dès le départ !
Il m'attrapa par le bras, alors que j'avais déjà traversé la moitié du restaurant.
Les clients, les serveurs, tout le monde nous regardaient, éberlués.
- S'il te plaît, lâche-moi et laisse-moi partir, fis-je à voix basse.
- Laisse-moi une dernière chance de t'expliquer s'il te plaît, implora-t-il, en relâchant la pression sur mon bras. Si tu veux partir après mes explications, je te laisserai, même si je n'en ai vraiment pas envie. Mais on vient de passer ces quinze derniers jours à se voir et à s'appeler régulièrement, ça ne peut pas se terminer comme ça.
En regardant sa mine déconfite et en repensant à l'aspect positif qu'il avait eu dans ma vie ces deux dernières semaines, je ne pus résister : « OK, je viens me rasseoir, mais je ne veux plus de mensonges, juste la vérité, même si elle n'est pas facile à entendre. »

Il m'expliqua qu'il avait préféré ne pas donner directement son vrai prénom, à cause d'articles diffamatoires à son sujet sur Internet.

Il me parla longuement de son ex-copine complètement névrosée, qui n'avait pas accepté qu'il la quitte quatre ans plus tôt. Elle s'était donc vengée en écrivant des articles, le présentant comme un escroc recherché aux États-Unis pour diverses arnaques.

Il avait son entreprise dans la finance à ce moment-là et il s'était retrouvé en mauvaise posture avec ses clients, ce qui avait conduit sa boîte à la faillite.

Il avait donc décidé de tout quitter et de venir voyager en Europe avec l'argent qu'il lui restait. Il avait par la suite investi une bonne partie de sa fortune dans des mines d'or en Afrique, par le biais d'une femme qu'il avait rencontrée des années plus tôt. Elle l'avait trouvé trop jeune à l'époque pour qu'ils travaillent ensemble.

Jason regrettait de devoir mentir sur son identité, mais durant ces différents séjours en Europe, il avait eu la mauvaise surprise de voir certaines filles partir en courant après avoir « *googlelisé* » son prénom et son nom.

À la fin de son récit, je lui demandai simplement : « Je peux regarder maintenant ce qu'il y a sur Internet ou ça te dérange ? »

Un quart d'heure plus tard, je relevai la tête vers lui en souriant : « Tu veux aller où maintenant ? »

Il paraissait surpris : « Tu ne t'enfuis pas ? »

Je lui expliquai qu'après lecture des différents sites Internet, j'avais bien compris qu'il ne s'agissait pas d'articles officiels. On voyait clairement que c'était des photos principalement de vacances et la mise en page était assez grossière. J'avais aussi lu que le fondateur de différentes plateformes était actuellement poursuivi pour diffamation par plusieurs personnes, car il ne vérifiait pas la véracité des informations. N'importe qui, finalement, pouvait écrire et publier des articles sur ses sites.

Jason me raconta que son ex avait par la suite regretté son geste et avait tenté, en vain, de faire enlever l'article, mais le créateur du site n'avait rien voulu entendre. Il réclamait cent mille dollars pour faire retirer l'article. Il se retranchait derrière une loi, de façon moyennement légale, en faisant chanter les victimes de faux articles, mais impossible de porter plainte.

Cela n'aurait pas pu se produire en France, où la vie privée d'un individu est plutôt bien protégée par la loi.

Il me regarda longuement en souriant et demanda : « Donc, toi tu t'en fiches de ce qui est écrit sur moi sur le Net ? »

Je répondis aussitôt : « Tu sais Jason, tous ces articles datent d'il y a plus de trois ans. Donc quand bien même tu aurais escroqué des personnes aux États-Unis quand tu avais ton entreprise, c'est du passé. Là en plus, tu me dis que c'est faux, alors je ne vois pas où est le problème. »

Après tout, qui n'a jamais fait d'erreurs...

Et si on doit être sanctionné toute sa vie pour ce qu'on a pu faire par le passé, autant prendre une corde et une chaise tout de suite.

Je le regardais avec sa gueule d'ange et son sourire magnétique…

On lui donnerait le bon Dieu sans confession.

De nature empathique et tolérante envers les autres, j'avais plutôt de la peine pour lui, qui avait dû partir de son pays où beaucoup de personnes le voyaient comme un parasite à cause d'une ex-copine complètement folle.

« Je suis vraiment étonné que tu le prennes aussi bien. » Finit-il par dire, soulagé.

« Oui, enfin, c'est la dernière fois que tu me mens j'espère. Et puis, comme je t'ai dit, même si ce qui est écrit était vrai, on a tous un passé. Tant que tu n'as pas violé ou tué quelqu'un, il n'y a finalement rien de bien grave. Et ce qui compte pour moi, c'est la personne que tu es aujourd'hui. »

Il éclata de rire : « Non, je te rassure, je n'ai jamais violé ni tué qui que ce soit ! »

Une heure plus tard, il se penchait pour m'embrasser pour la première fois.

Je regardais Jason qui discutait avec mon père près du barbecue.

Mon cher papa ne parlait quasiment pas anglais et Jason n'était pas plus doué en français, mais ils arrivaient malgré tout à se comprendre.

J'étais plutôt contente que tout le monde dans ma famille apprécie mon nouveau copain. Ils savaient que j'avais beaucoup souffert après ma dernière séparation et ils étaient probablement ravis de me voir de nouveau épanouie.

Ma mère s'inquiétait encore quelques semaines plus tôt de me voir errer comme une « *morte-vivante* » selon ses mots, quand je rentrais les voir. C'est pourquoi elle m'avait proposé assez rapidement que Jason se joigne à nous durant l'été pour passer des vacances à la Baule, une plage sur la côte Ouest de la France. Cela lui rappelait le charme et le chic de Santa Barbara, de par ses nombreuses villas et les vacanciers, tous généralement issus d'un milieu aisé.

Mes parents n'avaient jamais vu Jason avant, mais la rencontre s'était très bien passée. À une exception près : mon petit frère. Il m'avait tout de suite dit qu'il ne savait pas pourquoi, il ressentait une gêne lors de sa présence.

Cela faisait deux mois que nous étions ensemble, mais il m'avait manqué, car il avait dû partir deux semaines en déplacement concernant ses mines d'or en Afrique. Il s'était rendu en Suisse, en Allemagne puis en Afrique. Il était à la recherche d'investisseurs pour faire venir les équipements nécessaires en Afrique, qui permettraient d'extraire plus rapidement l'or. Cela le rendait fou, car malgré toutes les preuves et le dossier en béton armé qu'il avait monté, les gens ne lui faisaient pas confiance à cause des articles diffamatoires sur le Net à son sujet.

Il s'approcha de moi, un grand sourire aux lèvres : « Ça me fait du bien d'être avec toi et ta famille, tu n'as pas idée. »

« Et toi tu n'as pas idée à quel point ça me fait du bien que tu sois là parmi nous. Tu m'avais tellement manqué ! Ne t'inquiète pas, tout s'arrangera prochainement et tu trouveras les investisseurs que tu recherches. J'en suis persuadée. »

Il m'attrapa par la nuque et m'embrassa tendrement. Il resserra son étreinte, une main autour de ma nuque, l'autre au niveau de la taille et me chuchota à l'oreille : « Bientôt, tu verras, toi et moi, on vivra dans un palace en Suisse ou ailleurs, où tu veux. Du moment que je suis avec toi, c'est tout ce qui m'importe. »

Il savait que j'étais fatiguée de la vie parisienne et que j'envisageais sérieusement de tout quitter. Il partageait ces mêmes envies d'ailleurs.

Il m'enlaça longuement. Je sentis au loin le regard bienveillant de mon père.

Nous restâmes un mois en compagnie de ma famille. Nous avions passé beaucoup de temps en bateau avec mes cousins, bien profité de la plage et j'avais fait visiter à Jason tout ce qui était intéressant de voir à la Baule et aux alentours.

L'été touchait à sa fin et Jason commençait à beaucoup stresser par rapport à ses affaires qui n'avaient pas avancé comme il le souhaitait. Il passait son temps sur son ordinateur à envoyer des mails ou à travailler sur des dossiers.

Nous étions allongés, enlacés sur le lit dans ma chambre chez mes parents.

- Ça va ? On est rentrés depuis deux jours de la Baule et tu n'as pratiquement pas parlé, m'inquiétai-je, tout en lui caressant les cheveux.

- Non, j'en ai marre, fit-il, en repoussant violemment ma main.

- Pourquoi tu t'énerves comme ça après moi ? Je n'y suis pour rien !

- Tu ne te rends pas compte que le temps que j'ai passé avec toi et ta famille cet été, c'est du temps perdu pour mes projets. Je vous ai accordé plus d'un mois !

- Tu es sérieux ?! m'emportai-je, en me relevant sur le lit. Tu as conscience à quel point ma famille t'a bien accueilli cet été ? Et pour qui tu te prends pour parler du « temps que tu nous as accordé » ?

- Excuse-moi, ce n'est pas contre toi. Je suis à bout nerveusement. Ça me rend malade que même des années après, mon ex me gâche encore la vie. Tu n'as pas idée de l'enfer que je vis depuis des années. Déposer le bilan de ma société n'a déjà pas été facile et réaliser aujourd'hui que mes projets ne peuvent pas se concrétiser, toujours à cause de la même chose. Cette fille, crois-moi, c'est le Diable !

Il semblait tellement désemparé.

Je rapprochai mon visage du sien et lui relevai le menton, pour l'inciter à me regarder dans les yeux : « Tu sais, tu m'as vraiment aidée ces trois derniers mois. Pour le moment, tu ne réalises peut-être pas l'impact que tu as eu dans ma vie, mais crois-moi, je ne te laisserai pas tomber et je te soutiendrai toujours dans tes projets. Avant, je n'étais plus que l'ombre de moi-même et tu es arrivé comme un ange dans un bar miteux en plein milieu de la nuit pour me redonner goût à la vie ! » plaisantai-je.

Il me sourit, avant de m'embrasser sur le front et se contenta de prononcer les seuls mots que j'avais besoin d'entendre à ce moment-là : « Je t'aime. »

Je n'avais pas vu l'été passer et n'avais pas du tout la tête à retourner travailler. J'étais professeur au sein d'un lycée professionnel dans la section esthétique et j'enseignais diverses matières comme les sciences, la pratique, la vente, la législation et la technologie. Cette polyvalence me plaisait et le contact avec les adolescents aussi, mais je souhaitais tellement quitter Paris, que je ne prenais plus vraiment plaisir à faire cours aux élèves.

Jason m'assurait que ce serait bientôt terminé et que nous pourrions pleinement profiter d'une vie à deux sans stress, tout en m'épanouissant dans une autre activité que je pourrais choisir. Il parlait de plus en plus de la Suisse et passait beaucoup de temps à faire des recherches sur les villes de ce pays depuis que nous étions rentrés à Paris.

« Tu n'as pas oublié le mariage de mon cousin dans quinze jours ? »

Jason releva la tête de son ordinateur et fit une grimace d'incompréhension, avant de réaliser : « Ah oui, c'est vrai ! Malheureusement, je vais peut-être devoir me rendre en Russie, je suis désolé. Je dois y rencontrer un investisseur. »

Je comprenais, mais étais déçue de me rendre seule à ce mariage. Mon oncle avait tellement apprécié Jason durant l'été, qu'il l'avait invité au mariage de son fils.

Cinq jours plus tard, ce n'était finalement pas en Russie qu'il devait partir en urgence, mais aux États-Unis pour les funérailles de sa tante qui venait de décéder. C'était une ancienne mannequin, reconvertie en marchand d'art, plutôt reconnue à New York. Mais c'était surtout la sœur de son grand-père, dont il avait été très proche jusqu'à sa mort. Même s'il ne le montrait pas, je savais que cette perte l'affectait. Alors malgré le travail colossal et le stress que m'imposait la rentrée scolaire, j'avais tout fait pour lui remonter le moral avant son départ pour New York.

Jason appréciait particulièrement la gastronomie française et je suis plutôt une bonne cuisinière, donc je lui préparais tous les jours des plats divers et variés. Jason aimait aussi prendre soin de lui, donc je lui faisais aussi régulièrement des soins, du visage et des mains. Il m'avait dit à plusieurs reprises que son physique était son fonds de commerce et que pour trouver des investisseurs, c'était parfait, car les gens lui faisaient facilement confiance avec son visage angélique.

Cela faisait à peine deux jours que Jason était parti, lorsque je reçus un message de Navid pour qui Jason travaillait lorsque je l'avais rencontré : « Claire, je tiens à t'avertir. Tyler n'est pas celui que tu crois, il t'a menti. » Pour prouver sa sincérité, il ajouta en pièce jointe un des articles diffamatoires sur Jason. Ce dernier m'avait prévenue juste avant le décès de sa tante qu'il s'était disputé avec Navid, qui ne l'avait pas payé comme c'était prévu et

qu'il avait donc décidé d'arrêter de travailler sur son application. Suite à cette altercation, Navid avait menacé Jason de détruire notre relation, car il savait qu'il tenait à moi. Il m'avait dit de faire attention, car il était fort probable que je reçoive ce type de messages de la part de Navid. Il avait même ajouté qu'il lui avait demandé de prendre des photos de moi nue et les lui envoyer.
Je lui renvoyai donc : « Je sais pour ces articles complètement bidons qu'on peut trouver sur lui. Il m'a tout expliqué concernant son vrai nom et son ex, totalement dégénérée qui les a écrits. »
Je reçus en guise de réponse : « Crois ce que tu veux. Il nous a escroqués avec ma femme. Il a même appelé son patron pour lui dire qu'elle avait volé son projet et elle a perdu son emploi. »

Mais qu'est-ce qu'il me raconte ?
J'étais très étonnée par ce dernier message.

« Je ne comprends pas. Il y a trois mois, tu ne faisais que des compliments sur lui. C'est toi qui m'as incitée à le revoir, en me suppliant de lui laisser une chance et aujourd'hui, tu me dis qu'il est malhonnête. Pourquoi vous a-t-il escroqués ? Et je n'ai pas compris pourquoi ta femme a perdu son emploi ? »
J'avais envie de couper court à cette discussion, mais j'étais de plus en plus intriguée par ce que je lisais.
« Il ne sait même pas coder Jason. Je le payais pour un travail qu'il n'a jamais effectué au final. Il ne me donnait rien de palpable pour l'application, il se contentait d'envoyer des

captures d'écran. Ma femme a perdu son emploi parce qu'il a appelé son patron pour lui dire qu'elle volait son idée d'application. »

Je ne comprenais pas tellement ce que Navid écrivait, mais en déduisis qu'il ne devait pas être très honnête, car lui et sa femme payaient quelqu'un pour mettre en place une application, dont l'idée provenait du patron de cette dernière. De plus, il ne répondait même pas entièrement à mes messages et Jason me disait qu'il ne l'avait pas rémunéré. Et je me rappelais parfaitement avoir vu Jason travailler plusieurs fois sur cette application. Je me souvins qu'après notre première soirée ensemble avec Jason, je m'étais demandée ce qu'il faisait avec ce type sympa, mais très étrange. Ils ne semblaient absolument pas venir du même milieu.

Et Navid faisait une faute presque à chaque mot qu'il écrivait, ce qui le décrédibilisait encore plus à mes yeux. Sur sa photo de profil Facebook, il tenait une kalachnikov dans sa main, ce que ne manqua pas de me faire remarquer Jason.

Jason m'avait d'ailleurs recommandé de lui dire que nous n'étions plus ensemble s'il me contactait et que nous serions ainsi plus tranquilles.

Je suivis donc son conseil.

« Je suis désolée pour ta femme et toi. Mais tu sais, je n'ai plus tellement de nouvelles de Jason ces derniers jours et je ne suis pas certaine d'en ravoir un jour. »

Je n'aimais pas mentir, alors je décidai de modifier simplement un peu la vérité. Jason était effectivement parti et je n'avais eu que très peu de nouvelles, vu qu'il était en période de deuil dans sa famille.

Navid m'envoya un dernier message qui me fit sourire :

« Fais ce que tu veux. Je t'aurais prévenue en tout cas. Bon courage. »

- Quand est-ce que tu rentres ? Tu me manques, soupirai-je, allongée sur le lit, le téléphone posé sur le ventre avec le haut-parleur.

- Je ne sais pas mon cœur. Je te promets de faire au plus vite. Jason semblait anxieux.

- Tu es sûre que tout va bien ?

- Oui, ne t'inquiète pas. Les choses prennent juste plus de temps que prévu. Pour le moment, je suis en Russie, mais dans quelques jours, je serai de retour avec toi.

Je ne l'avais pas vu depuis presque trois semaines et sa présence me manquait de plus en plus.

Je suis de nature très angoissée et j'appréciais le don qu'il avait de m'apaiser et de me rassurer constamment. Quand il était à mes côtés, je me sentais moins vulnérable. Mais ce qui me manquait, c'était sa bonne humeur constante.

Il me donnait de l'énergie et de l'adrénaline au quotidien.

Les personnes que je rencontrais voyaient en moi quelqu'un de superficiel et me jugeaient bien souvent hâtivement, sans me connaître malheureusement. Lui me faisait régulièrement sentir qu'il m'aimait pour qui j'étais vraiment et avait cette faculté de voir au-delà des apparences.

Il ne supportait pas non plus les préjugés et savait parfaitement analyser les gens. J'admirais son sens de l'observation et son intelligence.

Lorsque je ne comprenais pas la réaction d'une personne dans mon entourage, il arrivait toujours à trouver une explication plausible et ne se trompait que rarement.

Mais je le sentais de plus en plus nerveux et ne souhaitais pas davantage le stresser, donc j'essayais de rester le plus *zen* possible, alors que j'étais une cocotte-minute sur le point d'exploser.

J'avais tellement connu ces attentes interminables avec le Croate, que j'y étais aussi malheureusement habituée.

J'avais brièvement évoqué l'échange avec Navid quelques jours plus tôt au téléphone avec Jason. Il était entré dans une colère noire et avait traité son ancien ami de tous les noms d'oiseaux possibles et inimaginables.

Ce soir-là, je décidai de détendre un peu l'atmosphère en lui annonçant :

- J'ai pris rendez-vous avec un numérologue-cartomancien. Il pourra peut-être me dire quand tu trouveras tes investisseurs, plaisantai-je.

- Tu es sérieuse ? Tu crois vraiment à ces conneries ?

- On verra bien, mais si ça peut me permettre d'y voir plus clair, je n'ai pas grand-chose à perdre.
- Ces types-là sont des sorciers ! Tu n'as pas idée de ce qu'ils peuvent faire. Il semblait tellement furieux.
- Mais enfin, calme-toi, il n'y pas mort d'homme ! C'est juste un type avec des cartes, que veux-tu qu'il m'arrive ?
- Ce n'est pas forcément à toi qu'il arrivera quelque chose. Ces gens-là attirent la malchance, c'est comme ça.
Mon sang ne fit qu'un tour.
Le Croate m'avait tenu exactement le même discours une fois, quand je lui avais dit que je pensais consulter un médium. Ce que je m'empressai de spécifier à Jason. Je savais pertinemment qu'il ne supportait pas que je le compare à lui, mais sa remarque m'avait fait sortir de mes gonds.
- Ne me compare pas à ce minable. Je dois y aller, bonne nuit. Je t'aime.
Son ton était assez sec et je regrettai de l'avoir informé au sujet de ce rendez-vous à venir un peu mystique.
Moi qui voulais détendre l'atmosphère, c'était raté.

Le jour suivant, Jason téléphona.
- À quelle heure tu as rendez-vous avec ton marabout ? demanda Jason qui s'était calmé à ce sujet.
- À dix-sept heures.
J'entendis sa respiration au téléphone qui s'accéléra.

- D'accord, tu me diras ce qu'il t'a dit. Je serai fixé aujourd'hui pour mon investisseur russe, mais ce n'est plus qu'une formalité. C'est comme si le contrat était déjà signé ! s'enthousiasma-t-il.

J'étais accompagnée de plusieurs amies pour voir le fameux numérologue.

Il consultait dans un restaurant parisien en vogue et très prisé, notamment par des humoristes et comédiens français.

Je fus la première à monter à l'étage du restaurant réservé pour les rendez-vous du cartomancien. Il fit une description très juste et détaillée de moi, avant de me parler du domaine professionnel et ensuite personnel.

Il me parla de ma rencontre avec Jason qui aurait eu un véritable coup de cœur pour moi, mais il le qualifiait de séducteur jaloux et manipulateur. Tout d'un coup, il releva la tête, inquiet :

- Je suis désolé Claire, mais cette histoire ne va pas continuer.

- Comment ça ? Je ne comprends pas, balbutiai-je. Tout se passe très bien entre nous, il n'y a pas de raison que ça se termine.

- Écoutez, je ne fais que lire les cartes. Il semble que votre histoire va bientôt prendre fin et…

Je lui coupai sèchement la parole, tout en me levant : « Oui eh bien vos cartes, elles disent n'importe quoi et je préfère en rester là ! »

Je l'entendis dans mon dos prononcer ces dernières paroles, d'un ton désespéré : « Claire, c'est un mal pour un bien, croyez-moi. Cet homme n'est pas pour vous. Il y a quelque chose de malsain chez lui, je tiens à vous en avertir ! »

- Non, mais c'est quoi ce charlatan avec ses cartes ?!

Judith me regardait, décontenancée. Aurélie était montée à l'étage rejoindre le numérologue.

- Claire, ne te formalise pas sur ce que cette personne t'a dit. On y allait plutôt dans un bon état d'esprit au départ, juste pour plaisanter, tu te souviens ? tenta-t-elle de me rassurer.

- Il m'a vraiment énervée là. J'ai besoin d'un verre de vin. Je fis donc signe au serveur afin qu'il prenne ma commande. J'étais tellement contrariée que je lui demandai carrément une bouteille, alors que je savais pertinemment qu'Aurélie et Judith ne buvaient que très peu d'alcool.

Judith m'attrapa les mains et me dit d'une voix rassurante : « Ne te mets pas dans cet état, tout va bien ! Si TOI tu te sens bien dans ta relation avec Jason, c'est l'essentiel ! »

Elle avait raison.

Après tout, ce type ne connaissait rien de moi et je n'avais donc pas lieu de me mettre dans un état pareil. Je décidai d'ailleurs d'appeler Jason via WhatsApp. Je n'entendis aucune sonnerie et vis sur mon téléphone : « *appel rejeté* ».

Je commençai à paniquer :

- Judith, il m'a bloquée !

- Mais non ! Pourquoi aurait-il fait ça ?

- Je te dis qu'il a bloqué mon numéro ! m'emportai-je en sentant des larmes de détresse monter. Je tentai de l'appeler directement sur son numéro et tombai presque aussitôt sur sa messagerie.

- Claire, je t'en prie, calme-toi ! implora Judith. Je ne t'ai jamais vue aussi perturbée. Il y a forcément une explication.
- L'explication, je l'ai ! Il avait raison, c'était une erreur de venir ici. J'ai attiré la malchance ! m'écriai-je.

Cela faisait deux jours que je ne n'avais aucune nouvelle de Jason.

Ce soir-là, je rentrai complètement exténuée du travail.

J'avais dû gérer des élèves difficiles toute la journée et je n'avais presque pas dormi depuis soixante-douze heures. J'étais en train de me détendre sous la douche, lorsque j'entendis frapper à la porte d'entrée.

J'eus juste le temps d'attraper une serviette, avant d'ouvrir la porte pour découvrir Jason avec un large sourire sur le pas de la porte. Je me jetai dans ses bras et en fis tomber au sol ma serviette.

- Je suis tellement contente que tu sois là, tu ne peux pas savoir, lui dis-je en l'embrassant.
- Je suis heureux de te revoir aussi.
- Mais, qu'est-ce qui t'a pris de me bloquer partout ? m'emportai-je en le repoussant contre la porte. J'étais certes très contente de le revoir, mais je n'oubliais pas les deux dernières nuits agitées que j'avais passées à cause de lui.
- Viens, on va s'asseoir et discuter, répondit-il d'un ton grave.

Il m'expliqua qu'il avait préféré couper entièrement son téléphone afin de rester concentré lors de ses différents rendez-vous professionnels. De plus, l'homme d'affaires russe s'était rétracté pour investir dans ses mines, ce qui lui avait vraiment mis le moral au plus bas. Il me reprocha à plusieurs reprises d'être allée consulter le cartomancien, en l'accusant de lui avoir porté le mauvais œil. Je lui expliquai à quel point je trouvais ces accusations contre ce pauvre voyant complètement ridicules.

Je lui fis ensuite promettre de ne pas recommencer, tout en comprenant son besoin de se couper du monde durant cette période difficile.

Il était tellement beau et élégant dans son costume bleu. Il m'avait dit à plusieurs reprises qu'il voyageait toujours en costume, car les hôtesses n'adoptaient pas le même comportement avec une personne bien habillée dans l'avion et qu'il était ainsi traité comme un prince lors de chacun de ses voyages.

-Tu n'as pas oublié mon anniversaire samedi j'espère ? questionnai-je, enthousiaste.

Il releva la tête de son ordinateur et sembla décontenancé par ma question. Je me levai rapidement du canapé pour placer mon menton sur sa tête et l'enlacer tendrement, tout en répétant la question.

- Non, ne t'inquiète pas, bredouilla-t-il, tout en poursuivant l'écriture d'un mail.

- Tu n'en as pas marre de passer ton temps à travailler sur ton ordinateur ?

- Non, jeune fille. N'oublie jamais que je suis américain et que je suis une machine de guerre ! Je te rappelle que j'ai eu mon entreprise et que les trente-cinq heures par semaine, on ne connaît pas aux États-Unis ! Nous ne sommes pas des fainéants nous ! ajouta-t-il en souriant et en m'adressant un clin d'œil.

- Oui enfin, ne le prends pas mal, mais ceux qui ne font que trente-cinq heures comme tu dis, eux au moins ils gagnent un salaire à la fin du mois ! Et toi, tu passes peut-être tout ton temps à travailler, mais il est où ton salaire ? le taclai-je d'un ton sarcastique en le fusillant du regard. Jason se moquait régulièrement des travailleurs en France et même ailleurs. Il avait une propension à se croire toujours au-dessus de tout le monde, car plus malin et intelligent. Sa condescendance pouvait parfois sérieusement m'agacer. Il passait son temps à qualifier les gens de *« putain de moutons aveugles stupides »*. Selon lui, les populations étaient globalement très naïves et manipulables, au travers des médias notamment.

- Tu as raison, il est grand temps que les choses bougent. C'est pourquoi je pars dès demain en Suisse !

- Tu plaisantes Jason ?! Tu seras là au moins samedi pour mon anniversaire ?

- Je ne sais pas.

- Comment ça, tu ne sais pas ?! Je te préviens, si tu n'es pas rentré, je…

- Et si je ne suis pas rentré, qu'est-ce qu'il se passera ? coupa-t-il sèchement. Tu me quitteras ?

- Honnêtement, je n'en sais rien. Tes allers-retours me fatiguent. Quand on s'est connus, tu m'avais assuré que je ne revivrais pas une relation à distance. Tu sais très bien que j'ai beaucoup souffert d'une situation comme celle-ci avant.

Je me laissai tomber lourdement sur le canapé et Jason ne tarda pas à m'y rejoindre. Il prit mes mains dans les siennes.

- Écoute-moi, fit-il en me relevant le menton et en plongeant son regard dans le mien. Je sais que je ne suis pas le petit-ami idéal actuellement, mais je te promets que les choses vont bientôt changer. Je ne reviendrai que lorsque tout sera rentré dans l'ordre. Je dois absolument trouver ces derniers investisseurs pour que mon projet décolle complètement. Fais-moi confiance, tout va s'arranger. Je suis fou de toi et je veux simplement le meilleur pour nous. Je travaille sur ce projet de mines depuis des années et je ne suis qu'à quelques semaines de concrétiser mon rêve. Je vais rejoindre Téa et on va enfin tout finaliser ensemble.

Téa était la personne qui l'avait engagé pour recruter des investisseurs pour les mines d'or situées en Afrique. C'était la sœur d'un ancien président d'un pays de ce continent. J'avais lu de nombreux articles au sujet de son frère et avais également vu Téa sur divers sites Internet. Pendant les deux semaines d'absence de Jason cet été, nous nous étions souvent appelés en *face Time* et j'avais eu l'occasion d'échanger avec elle à plusieurs reprises. C'était une femme d'une cinquantaine d'années qui avait aussi vécu à Los Angeles où ils s'étaient connus et elle appelait régulièrement Jason « mon fils ». Je l'avais trouvée très sympathique et même si je ne suis pas de nature jalouse, savoir qu'il allait encore passer beaucoup de temps avec elle pendant que j'allais de nouveau l'attendre à Paris me déplaisait.

« Tu ne seras pas là samedi du coup ? » demandai-je tristement.

Il soupira longuement et me serra fort dans ses bras avant de répondre : « Sache que ce sera la dernière fois que je rate ton anniversaire et que quand je reviendrai, je te ferai définitivement oublier cet incident et je te traiterai comme une princesse à un tel point que tu n'as même pas idée ! »

- Des promesses, que des promesses, toujours des promesses ! m'exclamai-je les larmes aux yeux.

Lors de mon anniversaire, Jason brilla par son absence.

- Tu devrais arrêter avec lui, conseilla mon frère.

- C'est facile pour toi de dire ça, tu ne l'as jamais aimé Jason ! m'emportai-je encore plus.

- Mais enfin, tu vois dans quel état tu es ? Je constate simplement que c'est ton anniversaire, qu'il n'est pas là et ne te l'a pas souhaité, alors qu'il est plus de vingt et une heures !

Je savais que Jason ne serait pas présent, mais je ne m'attendais à ce qu'il oublie totalement ce jour spécial pour moi. Mes parents m'avaient proposé de rentrer afin de ne pas rester seule et même des amis m'avaient proposé de sortir à Paris ou de passer me rendre visite. Il n'y a finalement que mon frère que j'avais accepté de voir et que j'avais invité à dîner chez moi. J'avais passé toute la journée au lit tellement je me sentais mal. Il avait fallu me faire sacrément violence pour en sortir, mais je savais que mon frère allait arriver et qu'il fallait impérativement que j'aille faire quelques courses au supermarché du coin afin de préparer le repas. Jason me manquait horriblement depuis qu'il était parti. Je m'étais habituée depuis plusieurs semaines à ce que nous soyons toujours ensemble. Lorsque je rentrais du travail, j'étais toujours contente de le retrouver et je n'arrivais pas à combler ce vide que je vivais au quotidien. Finalement, je me retrouvais à vivre encore une fois tout ce que je redoutais le plus après ma rupture avec le Croate qui m'avait lui aussi demandé de l'attendre ou de tout quitter pour le rejoindre.

J'avais fait le choix le plus prudent : la rupture.

À deux heures du matin, mon frère m'annonça qu'il allait rentrer. À peine avait-il franchi la porte d'entrée que je me ruai sur mon téléphone pour appeler Jason. Je n'eus aucune réponse.

Je fixai un moment la table avant de réaliser qu'il restait encore du vin dans la bouteille que mon frère avait ouverte. Je me levai pour me servir la fin de la bouteille dans un verre vide. Je bus cul sec le contenu du verre avant d'attraper de nouveau mon téléphone pour envoyer un message cette fois : « Trop, c'est trop Jason. Que tu ne sois pas là, c'est déjà difficile, mais que tu oublies carrément de souhaiter mon anniversaire, c'est la pire chose que tu pouvais faire. Toi et moi, c'est du passé. Merci de ne plus jamais me recontacter. Bon courage pour tous tes projets. »

Les fêtes de fin d'année approchaient à grands pas. Jason avait tenté de m'envoyer quelques messages et mails auxquels je n'avais pas répondu. Le lendemain de mon message de rupture, il avait tenté de m'appeler plus de quinze fois. Vu que je n'avais pas décroché et ne l'avais pas non plus rappelé, il avait fini par justifier son acte dans un message : « Quel genre d'homme suis-je si je ne peux pas être là le jour de l'anniversaire de la femme de ma vie ? Ce n'est pas dans ces conditions qu'on souhaite un évènement comme celui-là. Je saurai te faire oublier cette journée, fais-moi confiance. »

Le problème c'est que je ne lui faisais plus confiance. Ni à lui ni à aucun autre homme d'ailleurs. J'avais besoin de me retrouver seule. J'aurais surtout apprécié qu'il s'excuse, mais espérer des excuses de la part de Jason, c'est aussi irréaliste que d'espérer la paix dans le monde.

Il m'avait répété maintes et maintes fois qu'il percevait le fait de présenter des excuses comme un signe de faiblesse.

Les semaines continuaient de défiler, durant lesquelles je recevais au moins cinq messages de Jason par semaine. Il ne faisait absolument plus allusion à mon anniversaire qu'il avait volontairement oublié. Ils étaient souvent très courts.

« Tu me manques. Ta cuisine aussi. » « On sera bientôt tous les deux. Tu pourras quitter ton travail et Paris. Et je t'emmènerai avec moi pour toujours. » « Je ne t'oublie pas. Tu es toujours aussi importante pour moi. »

Je mentirais si je disais que ces messages ne me touchaient absolument pas. Mais mon esprit était ailleurs. Ma grand-mère paternelle avait fait une chute quelques semaines plus tôt et était à l'hôpital depuis. Elle décéda le 1er janvier. La dernière fois que je l'avais vue était durant l'été avec Jason. Elle nous avait dit que ça faisait plus de soixante ans qu'elle et mon grand-père étaient mariés. Jason m'avait lancé avec enthousiasme avant de partir et en les regardant tous les deux en train de plaisanter sur le canapé : « Un jour tu verras, ce sera nous ! »

J'avais donc répondu pour la première fois après des semaines de silence à tous ses messages : « Aujourd'hui, j'ai assisté à l'enterrement de ma grand-mère que tu as vue cet été. Elle était à l'hôpital depuis quelques semaines après une chute. J'espère que tout va bien de ton côté. »

J'avais passé toute la journée à sourire et à plaisanter à un tel point que ma famille m'avait regardé comme une bête étrange et se demandait probablement ce qui pouvait bien me réjouir autant le jour des funérailles de ma grand-mère. Sauf que comme bien souvent, je m'étais camouflée derrière un masque. Si bien que lorsque je rentrai à Paris, je m'écroulai par terre en pleurs, à peine arrivée dans l'entrée de mon appartement. Un miracle se produisit au même moment. Mon téléphone vibra dans la poche de mon manteau : « Je suis tellement désolé. Ta grand-mère était une belle personne. Je te souhaite plein de courage et si besoin, je suis là. »

Il savait que j'appréciais beaucoup la musique des années 70-80. Il m'envoya donc ensuite le titre « *Right here waiting* » de Richard Marx.

Jason était désolé… Il ne s'excusait toujours pas de son comportement, mais c'était déjà un bon début.

Le lendemain, je peinai à ouvrir les yeux lorsque le réveil sonna. J'avais vraiment une tête d'enterrement, c'était le cas de le dire. J'avais les yeux très gonflés et rouges tellement j'avais pleuré dans la nuit. Je ne sais pas par quel miracle je réussis à faire cours, mais je préférais être au travail plutôt que de me morfondre seule chez moi. Tous mes collègues m'avaient fait remarquer ma mine effroyable. À vingt heures, j'avais déjà dîné et enfilé ma tenue de nuit. Je m'apprêtais à aller me coucher lorsque j'entendis gratter à la porte. Je compris en une fraction de seconde et m'empressai d'ouvrir tous les verrous de la porte d'entrée. Je me jetai dans les bras de Jason sans même le regarder. Mais je savais que c'était lui. Ce parfum masculin si familier et ce costume... Nous restâmes un long moment, enlacés dans l'entrée sans prononcer un mot. Je le serrai tellement fort que je ne sentais même plus mes bras.

Il était si grand quand je ne portais pas de talons, mais je m'en fichais. Plus rien n'avait d'importance tellement je me sentais bien et en sécurité dans ses bras.

J'avais envie de pleurer, mais j'avais épuisé tout mon stock de larmes la nuit précédente.

Toutefois, lorsque j'éteignis la lumière dans la chambre trois heures plus tard, je fus submergée par un sentiment de panique. Jason s'était déjà profondément endormi à mes côtés, mais j'appréhendais déjà le moment où il allait m'annoncer qu'il devait repartir.

Le lendemain soir en rentrant du travail, Jason m'annonça qu'il m'emmenait dîner à l'extérieur. Il m'invita dans le restaurant ouvert toute la nuit que j'avais beaucoup apprécié lors de notre première soirée tous les deux. Le cadre était sobre et chic et le quartier plutôt sympa. C'était à seulement quelques minutes du Louvre, en plein cœur de Paris. Jason était tellement distingué dans son pantalon noir à pinces et dans sa chemise blanche légèrement entrouverte, qui faisait ressortir son bronzage. Il avait dernièrement passé beaucoup de temps en Côte d'Ivoire et la météo n'avait rien à voir avec celle de Paris durant le mois de décembre. Quand nous discutions ensemble, je n'avais pas l'impression que deux mois s'étaient écoulés sans nous voir. Il n'avait pas perdu son charisme ni son sens de l'humour, si bien que nous échangions ensemble depuis son retour comme si nous nous étions quittés seulement la veille.

Lors du dessert, Jason m'annonça : « On ne s'est pas vus depuis tellement longtemps et je sais que je n'ai pas été à la hauteur ces derniers mois. Je souhaiterais donc me rattraper. Il sortit de sa poche une belle enveloppe bleue et me la tendit.

- Qu'est-ce que c'est ? demandai-je étonnée.

- Ouvre et tu verras bien ! répondit-il en souriant. Ce sourire avec ses dents blanches impeccablement alignées m'avait tellement manqué.
Je me hâtai d'ouvrir proprement l'enveloppe avec un couteau situé sur la table, pour découvrir deux billets d'avion aller-retour pour les Bahamas. Les billets étaient accompagnés d'un papier bleu sur lequel était écrit : « Je n'ai jamais cessé de t'aimer. »
- J'espère que ça te plaît ? questionna-t-il avec son sourire ravageur. J'ai vérifié les vacances scolaires d'hiver à Paris pour que ça ne pose pas de problème avec ton travail. Nous partirons donc dès ton premier jour de congés. J'ai réservé un magnifique hôtel avec vue sur la mer et une plage privée à seulement quelques mètres.
En guise de réponse, je me levai légèrement de la banquette pour l'attraper par la nuque et l'embrasser avec fougue. Toujours mon visage très près du sien et en lui maintenant toujours fermement la nuque, je lui dis en souriant : « Ça répond à ta question, je crois ? »
Il semblait plutôt satisfait de ma réaction à en juger par son sourire et ses yeux qui brillaient, mais ajouta cependant : « Je te demande juste un service concernant ce voyage. Je veux que tu gardes ça pour toi. Promets-moi de ne rien poster sur les réseaux sociaux ni même d'en parler à ta famille, notamment à ta mère. »
En voyant mon air surpris, il justifia aussitôt sa demande : « Tu fais ce que tu veux, mais tu connais l'adage : « *Pour vivre heureux, vivons cachés* ». Tous ces réseaux sociaux à la con ne

servent à rien. Tu sais bien que la plupart des gens ne publient pas réellement leur vie privée sur Internet, mais passent leur temps à s'inventer une vie idyllique qu'ils n'ont pas. Ce que je veux dire, c'est qu'au moins, toi tu l'as pour de vrai et crois-moi, ce n'est que le début. Et pour ta famille, je pense juste qu'il serait temps que nous ne pensions qu'à nous deux. Tu ne crois pas ? »

Nous avions souvent effectivement discuté avec Jason des rouages et pièges des réseaux sociaux et des sentiments néfastes qu'ils pouvaient engendrer, comme la jalousie. Quant à ma famille, il trouvait que je la sollicitais trop souvent pour prendre des décisions, notamment ma mère à qui je confiais régulièrement tous les détails de ma vie privée. L'idée de partir en vacances avec lui me plaisait bien : « Pas de problème mon amour, je n'en parlerai à personne ! »

En rentrant à l'appartement, je voulus rapidement faire tourner une machine à laver. Je proposai à Jason de lui laver des vêtements si besoin. Il arriva avec une pile de vêtements dans la salle de bain, quand une odeur nauséabonde vint soudainement me piquer les narines.

- Ah, mais c'est quoi cette odeur infecte ?! m'écriai-je.

- Je reviens d'Afrique comme tu le sais. Je ne porte pas vraiment de costumes là-bas quand je descends dans les mines.

- Donc ce sont tes vêtements qui sentent mauvais comme ça ?

- Laisse tomber, fit-il vexé en repartant vers le salon. Je vais trouver une autre solution.

- Non, ne t'inquiète pas c'est bon, soupirai-je. Je vais juste les laver séparément de mes affaires. Et il est probable que je les passe plusieurs fois en machine pour vraiment faire partir l'odeur.

Quelques minutes plus tard, j'allais refermer la machine lorsque j'aperçus un beau pull en cachemire d'une grande marque française. Jason m'avait principalement passé des pantalons, des tee-shirts et quelques pulls. Je n'avais pas fait attention et je ne pouvais pas mettre cette matière dans la machine à laver, au risque de détruire son vêtement. Quand je l'attrapai dans l'intention de le laver finalement à la main, un détail attira mon attention. Il y avait un trou béant sous un des bras.

- Jason, tu peux venir quelques secondes ? l'appelai-je depuis la salle de bain.
- Il y a un problème ?
- Qu'est-il arrivé à ton pull ? l'interrogeai-je en montrant le trou.
- Oh c'est rien ça, fit-il en l'attrapant. Il se dirigea dans la cuisine où je le suivis. Il ouvrit la poubelle et mit le pull dedans.
- Mais enfin, qu'est-ce que tu fais ?! demandai-je avec stupeur.
- Il est déchiré, c'est sa place non ? fit-il d'un air détaché.
- Mais c'est juste un trou Jason ! Je peux le recoudre ou demander à ma mère de le faire, vu qu'elle excelle plus que moi dans ce domaine.
- Tu ne feras rien du tout, décréta-t-il tout en m'embrassant sur le front. J'en rachèterai un, ce n'est pas un problème.

Le lendemain, je fis le même constat sur des chaussettes, des caleçons et un autre pull quand je voulus les étendre après les avoir lavés. Tous ces vêtements étaient de grandes marques. Cela ne l'empêcha pas de les mettre encore mouillés dans la poubelle, en prétextant également qu'il les remplacerait par d'autres qu'il achèterait prochainement. « Donc toi, au lieu de recoudre tes vêtements encore en bon état, tu préfères les jeter à la poubelle ? Et pendant qu'on y est, la prochaine fois tu vas carrément jeter tes affaires au lieu de les laver, c'est tellement plus pratique ! » plaisantai-je.

« Et pourquoi pas tiens, ce serait une bonne idée ! » rétorqua-t-il avec un grand sourire.

Cette remarque idiote me fit rire, mais je me demandai tout de même comment il avait pu se retrouver avec autant de vêtements déchirés.

- Jason, je ne peux pas te rejoindre là-bas, j'ai mon travail ! Tu sais bien que je ne peux pas partir en dehors des vacances scolaires.

Il tentait de me convaincre par tous les moyens de tout quitter à Paris pour le rejoindre à Malte où il s'était rendu pour quelques jours.

- Et alors ? Tu peux tout lâcher maintenant, mes projets avancent sérieusement. Tu me manques, j'en ai tellement marre de ne pas me lever tous les matins à tes côtés ! On sera bien ici.

- Mais enfin, s'il te plaît, sois réaliste ! soupirai-je, exaspérée. Je ne vais pas tout laisser tomber ici pour venir seulement quelques jours en vacances sur ton île ! J'ai signé un CDI à l'Éducation nationale, je ne vais prendre le risque de tout perdre ! Et mon appartement, tu y as pensé ?

- Eh bien tu le revends ton appartement ! Je t'en offrirai un plus grand et encore plus beau, tu verras ! Il fait un temps magnifique en plus en ce moment ! Je veux juste qu'on soit tous les deux, tu comprends ?

Jason savait que j'étais épuisée de me lever presque tous les matins pour aller faire cours à huit heures et que je ne supportais plus le climat hivernal de Paris. J'avais la sensation qu'il profitait de la situation et surtout de ma fatigue.

- Arrête Jason, tu dis n'importe quoi ! Je ne vais pas revendre en quelques jours mon appartement et il ne fait même pas si beau que ça en ce moment à Malte ! arguai-je.

- Viens et tu verras. Je te paye tout le séjour : les billets, l'hôtel, les restaurants, tout ! s'écria-t-il avec enthousiasme.

C'est certain que l'idée de tout abandonner pour le retrouver me tentait fortement. Mais l'année scolaire était maintenant déjà bien entamée et je ne me voyais pas partir comme une voleuse du jour au lendemain. Je savais que l'Éducation nationale ne me trouverait pas une remplaçante en un claquement de doigts. Après les élèves n'étaient pas ma vie, mais j'avais une conscience professionnelle trop importante pour ne pas me sentir coupable de les laisser tomber à quelques semaines des examens blancs. J'avais déjà eu beaucoup trop d'absences l'année précédente. Et concernant mon appartement, la revente s'annoncerait plus que fructueuse avec le marché de l'immobilier qui avait fortement grimpé en quelques années. La valeur de mon appartement avait presque doublé depuis que je l'avais acheté. Avant le départ de Jason, nous avions déjà réfléchi à l'éventualité de le louer, car je lui avais dit que je ne me voyais pas le suivre sans aucun travail. Je ne me pouvais pas me projeter dans le futur à me faire simplement entretenir par un homme, sans aucun revenu. Il avait d'ailleurs beaucoup de mal à comprendre mon point de vue, car il répétait souvent à quel point son ex-copine dégénérée était une croqueuse de diamant. Elle n'avait jamais travaillé et s'était toujours contentée de sortir avec des hommes fortunés. Elle passait ses journées à revendre sur différents sites Internet des bijoux et vêtements de grande valeur, offerts par ses ex. Son unique préoccupation était de savoir ce qu'elle allait porter le soir pour sortir avec ses copines, également entretenues par des hommes riches et parfois deux fois plus âgés qu'elles. Il m'avait raconté que la plupart des femmes des quartiers chics de Los Angeles épousaient les hommes pour leur argent et que les hommes épousaient les femmes pour leur plastique. Je ne peux pas prétendre que cela n'existe pas en France, mais cela semble moins une banalité que sur la côte Ouest des États-Unis. Le cliché que les Français avaient de cette ville s'avérait donc vrai selon les dires de Jason. Il avait ajouté qu'à Los Angeles, tout le monde s'inventait un talent d'artiste : chanteur, comédien, écrivain, styliste, photographe… Son ex avait choisi la chanson, mais il ne savait pas chanter selon Jason.

Il m'avait déjà montré des photos de son ex. Nous étions diamétralement opposées pour tout d'après ce que j'avais pu voir, car même physiquement, nous ne nous ressemblions pas du tout. Elle était blonde et extrêmement mince. J'étais brune et j'avais bien plus de formes, même si je n'étais pas bien épaisse non plus. Nos seuls points communs étaient notre amour pour les jupes, les robes, les talons, l'esthétique et nos cheveux bouclés. Cependant, mes vêtements n'étaient pas aussi courts que les siens, mes talons aussi hauts et mon goût pour le maquillage et les accessoires était légèrement plus sobre.

Avant d'enseigner, j'avais exercé pendant plusieurs années en tant qu'esthéticienne à Paris, donc j'avais la chance d'avoir une parfaite maîtrise des techniques esthétiques françaises. Après, il faut reconnaître que les critères de beauté hollywoodiens et parisiens ne sont pas exactement les mêmes. Je suppose que nous étions finalement toutes les deux le stéréotype de nos deux villes respectives. Je trouvais toutefois ça dommage, car à travers tous ses artifices, j'arrivais à voir une belle femme qui aurait été bien mieux sans.

Quand je lui avais demandé si elle ne souffrait pas d'anorexie, il m'avait répondu qu'elle se levait rarement avant onze heures et ne mangeait que deux carrés de chocolat en guise de petit-déjeuner, déjeuner et dîner !! Il l'invitait régulièrement au restaurant. Elle commandait le plat le plus cher de la carte et n'y touchait presque pas. Elle passait également ses journées à le harceler pour savoir ce qu'il faisait exactement, alors qu'il travaillait comme un malade pour son entreprise. Il partait très tôt le matin et rentrait très tard le soir, si bien qu'elle lui faisait sans cesse des crises de jalousie, car elle était persuadée qu'il la trompait. Et le soir, elle l'attendait pour lui raconter les commérages futiles des habitants de Beverly Hills. Sur ce point encore, nous étions bien différentes. La jalousie est un sentiment qui me dépasse complètement. Pourquoi se mettre en couple avec quelqu'un si ce n'est pas pour lui faire confiance et lui pourrir la vie en l'étouffant ? J'avais vu trop de relations se déchirer à cause de ce sentiment d'insécurité. Et si j'en avais souffert, au vu de toutes les relations à distance que j'avais connues, je serais sûrement devenue complètement folle. J'aimais surtout trop mon indépendance et je n'avais jamais oublié ce que ma mère m'avait dit quand j'étais encore enfant : « Ne laisse jamais un homme t'acheter ou alors tu perdras toute ta valeur et ton identité. Tu dois apprendre à te construire seule et à toujours rester indépendante. » Je pense qu'elle était terrifiée à l'idée que je commette cette erreur. Je savais à quel point elle se sentait condamnée elle-même par une situation similaire qui la faisait souffrir.

C'est pourquoi, lorsque plusieurs hommes avaient essayé de m'acheter par le passé, ma réaction avait toujours été la même : fuir ! Je me souviens d'un trader avec qui j'avais passé plusieurs soirées. Un bel homme, grand, mais tellement imbu de sa personne ! Il passait son temps à se vanter de tous les biens matériels qu'il possédait, notamment de ses différents yachts amarrés à Saint-Tropez. Un jour, il se vanta d'avoir gagné cinq mille euros sur un pari boursier en ligne en seulement quelques minutes et se moqua des personnes qui n'arrivaient même pas à gagner ce montant en un mois. Je m'étais levée de la table où nous dînions et lui avais lancé dans les dents : « J'espère pour toi que tes cinq mille euros te tiendront compagnie ce soir, car ce ne sera pas mon cas ! »

Je me souviens également d'un directeur financier qui m'avait invitée à dîner chez lui dans son sublime appartement dans le 7ème arrondissement, avec une vue imprenable sur la tour Eiffel. (Décidément, je constatais tristement que j'attirais toujours les hommes du monde de la finance…) Il avait passé la soirée à me dire à quel point ce serait le paradis si je venais m'installer avec lui et à m'expliquer en détail comment je pourrais être traitée comme une reine si je lui « appartenais ». Il se jeta sur moi pour m'embrasser malgré ma réticence et au moment où il commençait à passer ses mains sous ma jupe, je l'avais violemment repoussé en hurlant : « Mais enfin, tu es malade ? Qu'est-ce qui ne va pas chez toi ?! » Ce à quoi il avait répondu : « Il y a une station de taxis juste en bas sur la gauche en sortant. Je ne te raccompagne pas, tu connais le trajet. Tu te prends pour qui petite allumeuse pour me rejeter comme ça ? » Celui-là s'était mangé toutes mes phalanges sur sa joue, avant que je lui lance en plein visage, tout en me dirigeant vers la sortie de son appartement : « Sale connard, je préfère encore me jeter par ta fenêtre que de coucher avec un sale type comme toi ! » J'avais ensuite flanqué la porte tellement fort, que j'avais brisé un miroir ancien situé sur le mur de son entrée qui valait probablement une fortune.

Je suis une personne très gentille, sûrement un peu trop d'ailleurs, mais j'ai un caractère assez explosif et je ne prends pas toujours le temps de réfléchir avant d'agir. Ce n'est pas pour rien qu'on me surnomme « *tornado* ». Les personnes qui ne me connaissent pas pensent souvent à tort que je suis de nature calme et posée, et ne s'attendent généralement à réveiller un volcan temporairement endormi. Mon métier m'avait appris à être plus patiente, car avec des adolescents, c'est une qualité indispensable. Mais dans ma vie privée, ce n'était clairement pas le cas. Je ne contrôlais pas nécessairement mon impulsivité.

Ma chère maman n'avait donc pas à s'en faire, j'avais toujours pris en compte ses précieux conseils. En repensant à tout cela, je répondis simplement à Jason : « On en reparlera plus tard. Je suis fatiguée et je dois me lever tôt demain. Mais je pense que ce serait plus judicieux d'attendre la fin de l'année scolaire, je ne peux vraiment pas tout quitter maintenant. »

- Dans dix jours, tu marcheras sur le sable blanc et tu nageras dans l'eau turquoise ma chérie ! s'écria Jason.
- J'ai hâte, soupirai-je au téléphone. Jason s'était encore une fois absenté pour un voyage d'affaires en Allemagne. Je ne lui posais même plus de questions concernant son avancée avec de

potentiels investisseurs, car il s'énervait dès qu'on abordait ce sujet.

- Moi aussi, tu me manques. Je sens que la chance va bientôt tourner.

- C'est sûr cette fois ? demandai-je en levant les yeux au ciel. J'avais simplement l'impression d'entendre le même discours toutes les semaines.

- Si tu ne retournes pas voir ton marabout, ça devrait aller. Tu m'as déjà trahi avec lui, rétorqua-t-il.

- Oh arrête avec ces conneries ! C'était il y a des mois et ce n'est pas de sa faute si tes projets n'ont toujours pas abouti. J'étais fatiguée de l'entendre régulièrement faire allusion au voyant et de l'accuser de tous ses maux. D'après Jason, le numérologue-cartomancien que j'avais vu quatre mois plus tôt était responsable de tous ses malheurs, notamment professionnels. Et les seules personnes à blâmer de ses absences répétées étaient le voyant et moi, car je l'avais consulté et avais, par conséquent, détruit ses projets avec l'investisseur russe.

Après environ une minute de silence, j'entendis un long soupir dans le combiné et Jason m'annonça d'une voix grave :

- Il n'y a qu'une seule façon pour toi et moi d'avoir un futur ensemble. Tu vas devoir me faire confiance.

- Je te fais déjà confiance Jason, autrement ça ferait longtemps que ce serait terminé entre toi et moi. Est-ce que tu te rends compte de la patience dont je fais preuve depuis des mois entre tous tes allers-retours sans arrêt et ta paranoïa au sujet de ce marabout comme tu dis ?

Il ignora ma remarque et poursuivit toujours très sérieusement :

- Je ne te parle pas de ce type de confiance Claire. Si toi et moi devons continuer ensemble, tu vas devoir accepter un certain nombre de choses. Je ne peux pas t'en dire plus pour le moment, mais il faut que tu en sois consciente. Je vais devoir raccrocher maintenant. Et je ne pourrai plus te contacter jusqu'à mon retour dans une dizaine de jours.

- Jason, je ne peux pas avancer avec des plans approximatifs, il me faut du concret et de la stabilité. J'ai besoin de savoir ce que tu comptes faire exactement. Tu comprends ? Donc soit tu me dis clairement les choses ou tu peux effacer définitivement mon numéro, surtout si tu raccroches maintenant et que je n'ai plus de tes nouvelles jusqu'à ton retour.

- J'ai une vie plus remplie que n'importe qui n'aura jamais, même en trois vies. Tu t'en fiches pour me faire du chantage, c'est tout, s'emporta-t-il. Je n'ai pas le temps pour une relation et je ne suis pas la personne qu'il te faut Claire, tu comprends ? Si je cumule toutes les fois où je suis venu te voir à Paris et l'été dernier avec ta famille, je t'ai donné la chose la plus importante que je ne pourrai jamais récupérer : mon temps.

En entendant cette dernière phrase, mon sang ne fit qu'un tour :

- Tu sais quoi ? Va te faire foutre puisque tu as visiblement perdu ton temps avec moi et ce n'est pas la première fois que tu me fais cette remarque ! J'en ai marre, tu me fatigues à toujours me faire

des reproches, alors que je t'attends comme une imbécile depuis des mois et que j'ai mis aussi tous mes futurs projets sur pause pour toi ! Je finis par comprendre ton ex qui a écrit ces saloperies à ton sujet sur Internet !
Je raccrochai ensuite brutalement le téléphone.
« Putain, mais pour qui il se prend ce con ! » pestai-je toute seule en jetant le téléphone sur le lit et en me dirigeant dans la salle de bain pour me préparer avant d'aller me coucher.

Il ne fallut pas plus d'une minute avant que Jason ne rappelle. J'étais trop énervée pour décrocher et préférai donc ignorer son appel. J'entendis moins de deux minutes plus tard la sonnerie d'un message.

Quelques minutes après, je lus : « *Tu te comportes comme une créature cruelle et égoïste. Tu es une menteuse et manipulatrice comme mon ex finalement pour me menacer aussi. Pourquoi ne peut-on pas interrompre la communication pendant une brève période puisque nous partons prochainement en vacances ensemble ? Je t'ai appelée pour déterminer si tu pouvais comprendre mes besoins en ce moment. Je n'étais pas dans une bonne période pour une relation quand on s'est rencontrés et ce n'était pas prévu, mais je suis tombé amoureux de toi. Je dois simplement être certain que je ne perds pas mon temps et mon énergie, au détriment de mon travail dans une histoire qui n'aboutira pas. Tu n'as absolument aucune idée de qui je suis et c'est pour cela que je dois être sûr de pouvoir te faire entièrement confiance. Je ne sais pas pourquoi, mais après cette conversation, je t'aime encore plus.* » Il termina son message par un émoji avec la tête qui explose, suivi d'un cœur rouge.

Jason pouvait parfois représenter une série dramatique à lui tout seul. Mais je devais reconnaître que ça me changeait de ma relation précédente avec un homme qui prenait tout trop au sérieux et qui manquait cruellement d'humour. Lorsqu'on se disputait, il partait généralement s'enfermer dans sa chambre comme un enfant et pouvait refuser de m'adresser la parole pendant plusieurs heures. Certes, le message de Jason ne respirait pas la gaieté non plus, mais il avait au moins le mérite de terminer sur une note positive.

Je répondis donc : *« Qu'est-ce que tu me racontes ? Je ne t'ai pas menacé comme ton ex Allison ! Ce n'est pas à toi de me dire si tu es quelqu'un pour moi ou pas. Redescends juste un peu concernant le temps que tu m'as accordé. Je ne t'ai pas mis le couteau sous la gorge pour que tu passes du temps avec moi et ce temps-là, je te l'ai « accordé » aussi. Nous sommes tous les deux fatigués. Je vais me coucher, bonne nuit Jason. Je t'aime. »*

Je dois reconnaître que je n'attache pas beaucoup d'importance aux mots. Je considère les actes comme de véritables preuves, bien plus que des paroles qui peuvent parfois dépasser notre pensée. Je lui avais dit que je comprenais son ex concernant les articles sur Internet : faux. Qu'il aille se faire foutre ? Idem, je n'en pensais pas un mot. Je savais donc qu'il s'agissait de la même chose de son côté. Il ne tarda pas à me conforter dans cette idée : « Bonne nuit mon amour, ton magnifique visage me manque. Je t'aime encore plus *crazy Frenchie.* »

Je n'avais eu que très peu de nouvelles de Jason en l'espace d'une semaine, car après l'Allemagne, il avait dû se rendre au Sénégal et la connexion Internet était très mauvaise dans certaines zones du pays. Nous n'avions donc pas pu revenir sur la violente dispute que nous avions eue huit jours plus tôt. Cela m'arrangeait, car j'étais extrêmement fatiguée. Entre mon agacement dû à toutes les contraintes quotidiennes que je pouvais rencontrer, notamment dans mon travail et le stress qui commençait à me ronger, je préférais reporter les explications avec mon cher et tendre. Je ne savais pas exactement pourquoi, mais j'avais commencé à avoir de plus en plus mal au niveau du cou et des trapèzes, qui étaient sans cesse contractés. Je savais simplement que c'était lié au stress pour avoir déjà eu par le passé ces mêmes douleurs. J'allais presque quotidiennement à la salle de sport dans l'espoir d'atténuer la souffrance, mais c'était presque pire après chaque séance.
« Je te ferai des massages. Tu verras, je suis le meilleur masseur du monde. » M'avait écrit Jason.

Quelques jours plus tard, je constatai qu'il n'avait pas menti. Nous nous étions envolés pour les Bahamas et le séjour s'annonçait parfait. Le soleil était tous les jours au rendez-vous et les paysages étaient magnifiques. La mer était couleur bleu lagon et le sable blanc et fin. Jason me massait le dos régulièrement le matin et le soir. Je lui avais demandé comment il pouvait avoir une aussi bonne main. Il m'avait expliqué que suite à plusieurs accidents de voiture, il avait dû faire beaucoup de séances de kinésithérapie et avait donc retenu beaucoup de mouvements exercés par les différents spécialistes qui s'étaient occupés de lui.

Nous revenions à peine de la plage, lorsque je l'interrogeai en m'allongeant à ses côtés sur le lit immense du magnifique hôtel qu'il avait réservé :

- Pourquoi tu n'as pas voulu que je dise à qui que ce soit que je partais en voyage avec toi ici ?

- Parce que tu as déjà tendance à attirer facilement la jalousie. Je t'évite encore des ennuis, tu devrais me remercier, répondit-il en plaisantant.

- La jalousie ? Pourquoi dis-tu ça ?

- Mais enfin Claire, tu es une très jolie femme, intelligente et cultivée ! Tu m'as dit toi-même que quand ton premier livre est sorti, tu as eu pas mal de problèmes avec ton entourage qui enviait ton succès. Et par rapport à tout ce que tu me racontes, même concernant tes amies, elles n'attendent qu'une chose : que notre relation se termine. Tu n'aurais pas dû leur dire pour mes mines d'or en Afrique. C'est pour ça qu'elles me critiquent maintenant. Ces gens-là ne veulent pas ton bonheur, tu sais. Ce sont des rapaces qui ne se réjouiront que de ton malheur.

- Tu exagères Jason ! Tout d'abord, mon premier livre est loin d'être un énorme succès, même si c'est sûr que j'en suis fière. Et la jalousie, ce sont surtout les réseaux sociaux qui l'attirent. C'est certain que je ne vais pas publier de statut quand je vais mal, je n'écris pas, point. Presque tout le monde fait la même chose. Après c'est sûr que j'ai la chance d'avoir beaucoup de vacances avec mon métier et de partir régulièrement, donc je poste surtout des photos quand je suis en vacances. Ce n'est pas de ma faute si les gens ne sont pas assez intelligents pour faire la part des choses et qu'ils m'imaginent une vie parfaite. Et pour mes amis, je ne sais pas, c'est sûr que j'aurais peut-être mieux fait de me taire, concédai-je, pensive.
- Tu confirmes bien ce que je viens de te dire ma chérie, dit Jason en souriant. Regarde, moi j'ai plusieurs comptes sur des réseaux sociaux et je ne publie jamais. De plus, le Web retient toutes les infos qui ne s'effacent jamais complètement.
Jason avait finalement bien des comptes sur tous les réseaux sociaux existants avec son vrai nom. L'usage qu'il en faisait était d'ailleurs tout ce qui m'insupportait, même si je savais qu'il était loin d'être le seul. Il publiait rarement, mais passait son temps à épier ce que les autres faisaient.
Et j'avais déjà remarqué effectivement que Jason était très mystérieux sur Internet. Il avait ouvert une chaîne sur laquelle il publiait régulièrement des vidéos. Mais il semait le trouble, car il n'apparaissait jamais dessus et se contentait de quelques secondes filmées en bord de mer, où il prenait le sable et les vagues par

exemple. Il écrivait simplement « *far* » en titre. Mais ce qui me surprenait le plus c'était qu'il ne les publiait pas en temps réel. Il avait fait des vidéos cet été à La Baule, notamment d'une île sur laquelle nous nous étions rendus avec mes cousins en bateau. Il avait posté une de ces vidéos plusieurs mois seulement après sur son compte.

« Je vais t'apprendre à te protéger des requins. » Jason m'interrompit dans mes pensées. Je le questionnai ensuite concernant mes parents à qui il avait aussi voulu que je taise ma présence avec lui ici. Pour lui, il était temps de couper le cordon ombilical avec eux.

- Je sais maintenant que je peux avoir confiance en toi, reconnut-il. Et tu vois, je suis certain que tu apprécieras beaucoup plus ces vacances que les autres, car on va pleinement les vivre ensemble, sans personne pour nous parasiter.

- En parlant de confiance, j'ai justement une question à ce sujet. De quelle confiance parlais-tu la dernière fois quand on s'était disputés au téléphone ?

Son sourire s'effaça aussitôt et il se releva sur le lit pour s'asseoir tout en calant un oreiller derrière son dos.

- Il est effectivement temps que nous parlions sérieusement. Si tu veux vraiment que ça fonctionne entre nous, il va falloir que tu acceptes plusieurs choses.

- Je t'écoute, répondis-je amusée de la situation. Jason repris un air grave, ce qui avait le don de me faire rire.

- Comme aujourd'hui, je te demanderai régulièrement de ne pas dire à qui que ce soit où nous sommes. Pareil pour notre adresse quand nous habiterons ensemble. Tu ne devras la donner à personne, à part aux personnes extrêmement proches.

Je hochai la tête en souriant, captivée par ce qu'il me disait, si bien qu'il poursuivit sur cette même lancée :

- Tu devras accepter de me suivre sans poser de questions, même quand nous devrons changer d'endroit pour X raisons et poster le minimum de choses sur les réseaux sociaux. Je ne veux pas que tu publies une seule photo de moi. Tu devras aussi accepter mes choix parfois à hauts risques.

- Qu'est-ce que tu entends par « hauts risques » ?

- Comme tu le sais, je n'aime pas le style de vie conventionnelle et je suis parfois amené à faire des choses étranges. Je n'en ai jamais assez et même après les mines, j'en voudrai encore et toujours plus. Je préfère te prévenir, mais je tiens à ce que tu saches que cela ne te nuira jamais. Parfois, nous serons obligés d'annuler des plans importants. J'aime prendre des risques, mais je ne commets pas de crime et je n'enfreins pas les lois. Je suis juste très créatif et il m'arrive simplement d'enfreindre les règles.

- Et la réussite est proportionnelle à la prise de risques ! le coupai-je. Tu es en train de me dire que tu es un éternel insatisfait ? Je le savais déjà. Mais pourquoi cette paranoïa concernant ta future adresse ? Je ne comprends pas.

- *NOTRE* future adresse, rectifia-t-il en dévoilant ses dents blanches. Je ne me suis pas fait que des amis quand j'avais mon entreprise dans la finance et je ne souhaite pas qu'Allison sache ce que je fais ni où je suis. Elle me traque depuis des mois par le biais de mes amis et de ma famille, surtout mon père. Elle passe son temps à lui envoyer des messages. Et avec tout ce que je vais prochainement gagner, j'ai plutôt intérêt de préserver au maximum ma vie privée. Tu n'es pas la seule à souffrir de la jalousie des autres tu sais ? affirma-t-il en m'adressant un clin d'œil. Il sortit ensuite son téléphone de la poche de son pantalon et me montra des captures d'écran sur lesquels je pouvais effectivement lire des messages envoyés par son ex à son père et des messages que Jason avaient reçus de son père.

- Pourquoi elle veut savoir si tu vas bien ? Et pourquoi ton père te demande si ce n'est pas plus sécurisant de ne pas lui répondre ?

- Je t'ai déjà dit qu'elle était folle. Elle est capable de faire n'importe quoi, il suffit de lire ses articles sur Internet ! J'ai quand même dû partir à l'autre bout du monde à cause d'elle.

- Je sais, ne t'inquiète pas, dis-je en lui caressant la nuque. Je suis entièrement d'accord pour préserver notre intimité et notre vie privée, mais tu vas devoir apprendre de ton côté à laisser le passé là où il est. On ne pourra avancer ensemble que lorsque tu arrêteras complètement de ruminer tout ce que tu as perdu auparavant à cause de ton ex.

Je n'avais jamais entendu Jason faire un seul compliment à son sujet. À l'entendre, elle était complètement démoniaque et juste bonne à interner dans un hôpital psychiatrique. Il ne parlait positivement que de la mère d'Allison dont il était très proche et qui était décédée peu de temps après la rupture avec sa fille. Il m'avait expliqué qu'il passait son temps à offrir à Allison des voyages, des bijoux, des vêtements…Il m'avait raconté qu'un jour, il lui avait offert un énorme bouquet de fleurs et qu'elle était tout de suite partie dans sa chambre chez sa mère sans lui dire merci et que c'est finalement avec la mère d'Allison qu'il avait passé la soirée. Il semblait éprouver une véritable haine envers elle et au vu de tout ce qu'il me racontait, je pouvais le comprendre. Il m'avait d'ailleurs montré la photo du bouquet de fleurs en question. C'était une manie chez Jason de m'illustrer ses propos en me montrant des photos sur son téléphone portable ou son ordinateur. Je constatai d'ailleurs que l'écran de son téléphone était très abîmé. « Pourquoi tu ne changes pas l'écran de ton téléphone ? Je ne sais même pas comment tu peux encore l'utiliser, vu le nombre de rayures qu'il y a dessus. » Avais-je déploré. « Parfait, comme ça personne ne peut lire mes messages ! » s'était-il écrié avec joie. « Jason mon chéri, quelle que soit la chose que tu aies à cacher dans ton téléphone, je suis au regret de t'apprendre que tout le monde s'en contrefout. » Je me demandais parfois s'il plaisantait ou s'il était sérieusement atteint de délires paranoïaques.

Quelques jours plus tôt, il m'avait montré une vidéo dans laquelle une personne expliquait comment ne pas être traqué avec un téléphone afin que personne ne puisse jamais conserver nos données personnelles, ni nous tracer. Il fallait enlever une barre métallique autocollante à l'intérieur du téléphone. Il m'avait dit le faire systématiquement dès qu'il avait un nouveau téléphone et m'avait invité à en faire de même. Il avait aussi cette manie dont je me moquais régulièrement d'enrouler son téléphone portable tous les soirs dans du papier aluminium pour les mêmes raisons. Il avait ajouté que cela permettait de ne plus avoir d'ondes négatives qui détruisaient nos facultés mentales. Il m'avait dit plusieurs fois que sa paranoïa était justifiée par la folie du monde dans lequel nous vivons.

Pendant le séjour aux Bahamas, je regrettai que Jason ne passe pas plus de temps en ma compagnie. Il me laissait souvent seule à la piscine ou à la plage, sous prétexte qu'il avait besoin de retourner à l'hôtel pour avoir une connexion Wifi afin d'envoyer des mails et passer des appels professionnels. Je le trouvais de plus en plus stressé et tendu. Il me disait régulièrement que ce n'était pas de ma faute, mais qu'il n'avait pas le choix et devait faire avancer ses projets. Il passait aussi beaucoup de temps avec son meilleur ami Robbie au téléphone, domicilié à Los Angeles. Jason m'avait dit que son ami présentait une forte addiction aux drogues et au sexe, mais qu'il l'appréciait, car c'était la seule personne en qui il avait totalement confiance et qu'ils avaient toujours été présents l'un pour l'autre. Il avait investi dans des forages pétroliers et vivait convenablement, sans avoir besoin de réellement travailler. Robbie lui avait déjà fait parvenir plusieurs fois des colis via la compagnie *FedEx*. Jason avait vécu quelques semaines chez son ami après sa rupture, juste avant de s'envoler pour l'Europe. Il avait donc encore pas mal d'effets personnels chez lui. Il lui avait expédié plusieurs fois ses affaires comme des vêtements, des papiers et quelques cartes SIM également. Jason avait voyagé dans près de trente pays et changeait parfois de cartes selon les endroits où il se rendait.

Quand je l'avais dit à mes parents et Agathe, une de mes meilleures amies de Paris, ils avaient trouvé cela étrange. Mes parents affectionnaient Jason, mais me disaient qu'il semblait avoir eu une vie bien compliquée et étrange avant que je ne le rencontre.

Quand je revins du SPA de l'hôtel ce jour-là, Jason était au téléphone dans la chambre. Je ne voulus pas le déranger et décidai d'attendre quelques minutes dans le salon situé juste à côté. J'entendis malgré moi la conversation entre lui et Robbie, qui était sur haut-parleur. Je reconnus tout de suite sa voix de fumeur invétéré, extrêmement grave et rauque. Jason semblait remonté : « Je te dis que je ne peux pas pour le moment, c'est trop tôt, elle n'est pas prête *for brothers* ! Il faut du temps pour mettre les gens en confiance. Et les papiers ne se font pas en un claquement de doigts, qu'est-ce que tu crois ? Que je suis un débutant ? »

Je décidai de me lever pour aller voir ce qui se passait, car je n'aimais pas particulièrement écouter aux portes. Je trouvais que c'était malsain et vicieux. J'aperçus le visage de Jason face au miroir. Il releva la tête et sembla très surpris de me voir. Son visage devint rouge vif en une fraction de seconde. Il abrégea la conversation par : « Je dois te laisser, on se rappelle plus tard. » Il appuya nerveusement sur son téléphone pour raccrocher et s'avança vers moi l'air gêné :

- Qu'est-ce que tu fais là ? Je te pensais toujours au hammam ou au sauna. C'est une bonne chose en plus pour ton dos, ça va te permettre de te détendre.

- Je serais plus détendue si on passait plus de temps ensemble, répliquai-je. De quels papiers tu parlais avec Robbie au téléphone ? Quelles sont les personnes que tu dois mettre en confiance et qui n'est pas prêt pour, qu'as-tu dis, des « *brothers* (frères) », je n'ai pas saisi ?

Il me fixa pendant quelques secondes, les mains enfoncées dans les poches de son pantalon, avant de répondre en souriant :

- On parlait travail. De quoi voulais-tu qu'on parle d'autre ? Il faut du temps oui pour mettre des investisseurs en confiance et je dois encore fournir des papiers concernant les mines. C'est pour ça que je devais impérativement appeler Téa, parce qu'elle n'est pas prête pour le moment avec *SON* frère. C'est ce que j'étais en train de dire, chérie.

- Maintenant ? m'exclamai-je sur un ton de reproches. Mais enfin, quand est-ce qu'on va enfin profiter des vacances ensemble Jason ? Je passe presque toutes mes journées seule et je te trouve si froid et distant depuis qu'on est arrivés ici ! C'est tellement dommage, le cadre est magnifique, fis-je en balayant d'une main la magnifique pièce où nous étions.

- Écoute Claire, je te propose de te faire masser pendant une heure par une des femmes qui se trouvent sur la plage et ensuite je t'emmènerai dîner dans un magnifique restaurant avec un coucher de soleil sublime sur la mer.

- Tu me promets que dans deux heures maximum, on passera enfin du temps rien que toi et moi, sans que tu ne touches à ton téléphone toutes les dix secondes ?

- Je te promets de tout faire pour que tu te rappelles de cette soirée à vie. Il fouilla ensuite dans sa poche avant de sortir une liasse de billets, d'où je le vis extraire deux billets de cinquante dollars qu'il me tendit.

- Pourquoi tu me donnes ça ? questionnai-je.

- Pour que tu puisses te faire masser.

Je pris les billets avant de m'avancer vers lui, l'embrasser et lui glisser de nouveau l'argent dans sa poche.

- Je n'en ai pas besoin, je peux aussi me payer ce dont j'ai envie tu sais, lançai-je en souriant et en tournant les talons vers la sortie.

Deux heures plus tard, je constatai avec joie que Jason avait tenu parole. Lorsque j'étais revenue, il avait aussitôt mis son téléphone en mode silencieux. J'avais trouvé un paquet emballé sur le lit, entouré de pétales de roses rouges. En allant se promener ensemble quelques jours plus tôt dans Nassau, la capitale des Bahamas, on avait remarqué qu'il y avait la même boutique où j'avais acheté la belle robe blanche que je portais lors de notre première rencontre, mais… c'était aussi celle que je portais le soir où j'avais rencontré le Croate et il le savait.

Il avait donc décidé de m'en acheter une nouvelle. C'était exactement le même modèle et au moment où j'avais ouvert le paquet, Jason m'avait prévenue : « Tu peux jeter l'ancienne, voire même la brûler maintenant. Celle-ci, tu ne la porteras rien que pour moi et pour aucun autre homme. Je serais même très content et honoré que tu la mettes ce soir pour dîner à l'extérieur. »

J'ignorais pourquoi Jason passait son temps à toujours se comparer à mon ex et à sans cesse vouloir me prouver qu'il était mieux que lui à tous les niveaux. Je n'avais plus aucun sentiment pour lui et pourtant il le savait.

Je décidai donc de lui faire plaisir en portant la robe qu'il venait de m'offrir. J'espérais toutefois ne pas la tacher, car elle n'avait pas été lavée et était entièrement blanche. Je m'approchai de lui dans la salle de bain pour me maquiller, lorsqu'il passa derrière moi en m'enlaçant tendrement et en prenant une longue inspiration dans mes cheveux.

- Tu sens bon, complimenta-t-il. Tu sens toujours bon.

- Ça s'appelle du shampoing et du parfum, riai-je.

- Non, c'est ton odeur naturelle. Même au réveil, tu sens bon.

- Mais qu'est-ce qui t'arrive ? Il était rarement avare de compliments, mais j'étais assez surprise par ce changement d'attitude soudain qui tranchait radicalement avec les jours précédents.

- Je suis simplement stupide parfois, répondit-il. Il se releva d'un coup le dos bien droit et ajouta cependant : « Tu es tellement petite quand tu ne portes pas de talons. »
J'étais pieds nus et effectivement, lorsqu'il se tenait parfaitement droit, on pouvait constater une différence de taille, mais pas si dérangeante cependant. Je mesurais un mètre soixante-cinq et lui près d'un mètre quatre-vingt-dix. Cela ne me choquait absolument pas, surtout que j'avais été habituée à une marge bien plus importante avec le Croate qui mesurait près de deux mètres. C'était un passionné de basket et il avait même failli devenir un joueur professionnel. Je n'en gardais pas un très bon souvenir, car je m'étais retrouvée plusieurs fois avec des torticolis et un homme aussi grand quand on fait ma taille, ce n'est pas très pratique. Lorsque j'étais chez lui, c'était l'enfer, car tout son appartement avait été conçu sur mesure. J'avais l'impression d'être une Lilliputienne en permanence quand je devais grimper sur des chaises pour avoir accès aux placards trop hauts pour moi. Même les interrupteurs des lumières étaient situés beaucoup plus hauts que dans des appartements traditionnels.
Je repensai à tous ces détails, mais préférai me taire, au risque de réveiller le jaloux qui sommeillait en Jason et qui allait encore faire un complexe d'infériorité par rapport à mon ex.

Une heure plus tard, nous étions attablés l'un en face de l'autre à la terrasse d'un restaurant avec une vue imprenable sur l'océan et le superbe coucher de soleil aux couleurs rose et orange. C'était probablement le plus bel endroit dans lequel j'étais allée de toute ma vie. Jason semblait moins impressionné. L'île sur laquelle il m'avait emmenée portait bien son nom : *Paradise Island.* Je pris un nombre colossal de photos avant même d'avoir entamé l'apéritif. Je regrettai pendant une fraction de seconde de ne pas pouvoir les poster sur les réseaux sociaux ou même de pouvoir les montrer à mes proches, avant de me rendre compte que c'était totalement ridicule et que je préférais profiter du moment présent avec ma moitié.

Jason me fixait en souriant :

- J'espère que ça te plaît ? Tu vois, j'étais occupé ces derniers jours, mais je sais aussi me rattraper quand il faut.

- Il était temps ! plaisantai-je. C'est magnifique, je suis trop contente d'être avec toi ici ! Merci beaucoup, mon amour pour ce voyage, on en avait vraiment besoin tous les deux.

Pendant le repas, nous échangeâmes au sujet de nos envies futures :

- Tu souhaites te marier ? questionna-t-il.

- Je n'accorde pas une grande importance au mariage. Pour moi, c'est plus un morceau de papier qui peut faciliter certaines démarches administratives, notamment quand on a des enfants.

- Mais est-ce que tu souhaites te marier ? insista-t-il.

- Pas nécessairement. Mais si c'était le cas, je ne voudrais pas d'un grand mariage conventionnel. Je me verrais bien seulement sur une plage les pieds dans l'eau avec mon futur mari et uniquement les témoins.

- Sur une plage, vraiment ? répéta-t-il pensif, en souriant. À Malibu, ça te dirait ?
- Tu me proposes le mariage là déjà ? riai-je.
- Non, mais c'est une possibilité à envisager.
- Tu sais pourtant que je ne suis pas juive. Ça ne te pose pas de problème ?
- Non, pourquoi ? Je le sais depuis le début que tu ne l'es pas.
- Oui, mais tes deux dernières copines l'étaient, argumentai-je. Et en France, les mariages entre couples mixtes juifs et non-juifs sont assez rares.

Dans une précédente discussion, il m'avait déjà raconté qu'il avait demandé ses deux dernières copines en mariage, dont la fameuse Allison. Les deux avaient dit oui. Seulement, la première dont il était fou amoureux était extrêmement proche de sa famille qui n'appréciait pas celle de Jason. Sa famille avait alors exigé qu'elle fasse un choix entre lui et elle. Elle avait donc décidé de quitter Jason qui avait recontacté quelques semaines plus tard Allison. Ils les avaient rencontrées le même jour dans des circonstances différentes et avait été moins attiré par Allison. Il avait tellement mal vécu la séparation avec sa précédente petite-amie qu'il avait pris plus de vingt kilos. Quand il recontacta Allison pour sortir avec elle, elle accepta le rendez-vous et lui posa cependant un ultimatum : elle acceptait de se mettre en couple avec lui à la condition qu'il accepte de perdre tous ses kilos en trop. Je comprenais pourquoi il la qualifiait de sorcière… Il m'avait dit être très pratiquant avant Allison, ne pas sortir par exemple les week-ends, car c'était le Chabbat. Elle était juive aussi, mais être moins axé sur la religion était une de ses conditions à laquelle il avait dû se plier pour être avec elle.

Quand je l'écoutais, je me disais souvent qu'il avait été bien faible avec cette personne qui semblait n'avoir aucun respect pour lui.

Il m'expliqua encore une fois à quel point cela lui importait peu que je ne sois pas de la même religion. Comme je lui avais déjà dit, je n'affirmais n'être d'aucune religion, mais plutôt agnostique. On se demanda ensuite mutuellement si nous voulions des enfants. Sur ce point-là, on s'accordait parfaitement, car nous en voulions idéalement deux et si possible, une fille et un garçon. Je lui précisai tout de même que je ne tenais pas à être maman tout de suite, mais lui non plus à cause de son travail. Il conclut avec amusement lorsque nous en étions au dessert :

« La seule chose que je retiens de ce dîner, c'est que toi et moi on se mariera sur la plage de Malibu, les pieds dans l'eau et que je te donnerai deux magnifiques enfants. »

Je souris longuement en le regardant dans les yeux : « Si tu le dis. »

À ce moment-là, je remarquai une tache rouge sur ma robe. J'avais renversé maladroitement mon verre de vin pendant le repas sur ma belle robe neuve.

II. Le doute

Quelques jours plus tard, cette soirée n'était plus qu'un bon souvenir, car c'était la seule soirée romantique que Jason m'avait accordée finalement. Il avait repris ses anciennes habitudes à peine rentrés dans la chambre d'hôtel. Je me posais une question depuis un bon moment et je sentis qu'il était enfin temps d'obtenir la réponse.

- Jason, pourquoi tu ne demandes pas à ta famille d'investir dans tes mines ? Surtout que tu m'as dit que les équipements pour extraire l'or ne nécessitaient plus de si gros coûts ?

- Je ne souhaite pas qu'ils m'aident et je ne veux surtout pas leur être redevable après.

- Au point où tu en es, qu'est-ce que ça peut faire ? Au pire, tu les rembourseras plus tard.

- Laisse tomber, s'énerva-t-il en me jetant un regard noir. Tu ne comprends rien. Ma mère n'attend que ça que je lui demande de l'aide. Elle m'a déjà proposé d'investir, mais j'ai refusé. Je préfère me débrouiller tout seul. Elle est complètement folle de toute façon. Je ne lui parle plus tellement, sauf par mail de temps en temps. J'ai choisi d'aller vivre avec mon père après leur divorce parce qu'il avait plus d'argent, mais surtout, parce qu'elle est totalement hystérique ! Ma sœur est partie vivre chez elle parce qu'elle n'était pas en âge de choisir et elle ne me l'a jamais pardonné. Elle est carrément devenue obèse après avoir fait plusieurs dépressions et tentatives de suicides ! Je pense qu'il est temps que tu saches quelque chose à propos de ma famille.

Je refermai immédiatement le roman que je lisais et lui fis signe d'un mouvement de tête de venir s'asseoir près de moi sur le canapé.

- Tu as toute mon attention, ajoutai-je en repliant mes jambes pour m'installer plus confortablement. À chaque fois qu'il me racontait une histoire, surtout liée à sa famille, je savais qu'il y en avait pour un long moment.

- Comme tu le sais, mon grand-père gérait l'une des plus grosses sociétés de production dans le milieu du cinéma aux États-Unis pendant plusieurs décennies. Il était extrêmement riche et j'ai eu la chance de passer beaucoup de temps durant mon enfance dans les studios Disney, où j'espère d'ailleurs t'emmener un jour. C'était un homme formidable que j'admirais beaucoup. Il avait commencé sa carrière en tant que journaliste à New York, puis lobbyiste, romancier, conseiller politique et enfin, producteur reconnu à Hollywood. Il avait même travaillé pour la CIA durant un temps.

J'acquiesçai d'un hochement de tête en l'écoutant, car je connaissais déjà la carrière de son grand-père. Je ne pouvais plus compter le nombre de photos que Jason m'avait montrées en compagnie de grands noms du cinéma américain, ni du nombre d'anecdotes qu'il m'avait contées à leurs sujets. Il venait d'un milieu très huppé des beaux quartiers de Beverly Hills et avait fréquenté pendant des années le gratin hollywoodien, ne serait-ce que dans les diverses écoles qu'il avait fréquentées. Son père organisait régulièrement des soirées caritatives et évènements, auxquels les plus grandes célébrités se rendaient. J'avais facilement pu trouver beaucoup d'informations à leur sujet sur Internet et j'avais d'ailleurs été frappée par la ressemblance physique entre Jason et son père, mais surtout avec son grand-père.

Jason continua son récit, ravi d'avoir accaparé toute mon attention :

- Ce que tu ne sais pas, c'est que lorsque mon grand-père est décédé, il possédait une fortune qui s'élevait à plus de deux cents millions de dollars. Il a été un grand homme extrêmement intelligent toute sa vie, mais il a commis une belle erreur. Il s'est marié à une femme plus jeune que lui… beaucoup plus jeune que lui. Ils avaient plus de trente ans d'écart. Mon grand-père avait toujours juré qu'il ne finirait pas sa vie dans une maison de retraite, même la plus coûteuse qu'il soit. Il préférait passer les derniers jours de sa vie dans sa somptueuse villa située sur les hauteurs de Calabasas à Los Angeles. C'est pour cela qu'il a notamment décidé de se mettre en couple avec cette femme provenant des pays de l'Est de l'Europe, afin qu'elle s'occupe de lui jusqu'à sa mort. C'est ce qu'elle a fait, mais pas à n'importe quel prix. Elle s'est arrangée pour tout lui prendre.

- Je ne comprends pas, le coupai-je. Tu es en train de me dire que ton grand-père vous a déshérités avec ton père ? Comment cette femme a-t-elle pu tout lui prendre sans qu'il ne s'en rende compte ?
- Claire, tu es si naïve ! À Los Angeles c'est monnaie courante, les notaires sont totalement corrompus et de mèche avec ces jeunes veuves noires. Ils y trouvent leur compte financièrement après aussi, crois-moi ! Et je sais que mon grand-père, dont j'ai toujours été très proche, ne m'aurait jamais légué uniquement deux cent mille dollars ! s'emporta-t-il, amer. Pourquoi crois-tu que j'étais dans une rage folle quand il est arrivé la même histoire à un chanteur connu de ton pays ?

Je me souvins effectivement que lorsque nous avions repris contact en début d'année, Jason avait rapidement fait allusion à un rockeur français connu, domicilié à Los Angeles avant sa mort et marié avec une femme plus jeune. Cette histoire avait fait grand bruit, car une longue bataille judiciaire s'était ensuivie entre les enfants du rockeur déshérités et la jeune veuve, accusée d'être injustement l'unique héritière du testament de son mari. Je n'avais pas saisi sur le moment pourquoi il accordait autant d'importance à cette polémique et comprenais donc mieux maintenant sa colère.

Il me raconta ensuite que ce fut le début du calvaire dans sa famille, car son père le mit dehors, ne supportant pas que Jason préfère et admire son défunt père plus que lui. Son père avait fauté et avait perdu toute grâce aux yeux du grand-père de Jason. Il avait entretenu une courte relation avec une journaliste à qui il avait fait plusieurs confidences sur l'oreiller, concernant les affaires de son père producteur qui n'étaient pas toujours très *clean*. Il s'aperçut plus tard qu'elle avait été payée pour lui soutirer ces informations et le grand-père de Jason dû revendre sa société de production, après avoir été victime de chantage par un homme d'affaires, qui racheta sa compagnie à un prix dérisoire par rapport à ce qu'elle valait. Jason m'expliqua qu'il fut ensuite hébergé pendant près de deux ans chez la mère de sa petite-amie de l'époque dans la même rue où vivait son père, qui refusa pendant plusieurs années de le revoir.

Il semblait avoir retrouvé des rapports plutôt normaux avec son père qui l'appelait de temps en temps. Il me l'avait passé plusieurs fois au téléphone et il m'avait dit qu'il avait hâte que je vienne lui rendre visite avec son fils à Los Angeles. Il m'avait semblé aussi inquiet, car il m'avait demandé à plusieurs reprises de prendre soin de son fils et de faire attention à lui.

- Ta famille a donc tout perdu ? demandai-je.

- Non, pas exactement. Mon père gagne plutôt bien sa vie et ma mère aussi, même s'ils sont séparés. Et tous les membres de ma famille sont loin d'être pauvres.

- Alors pourquoi tu ne mets pas ta fierté de côté juste le temps d'un coup de fil pour faire avancer tes affaires ? m'obstinai-je à lui demander encore une fois.
- Il y a beaucoup de choses encore que tu ignores sur moi, crois-moi. Ma vie n'est pas si simple. Toi qui aimes écrire, je t'assure que tu aurais largement de quoi faire facilement une trilogie, voire plus concernant mes histoires de famille, ou même simplement concernant ma vie. Je dois me réaliser seul et j'ai besoin de ne devoir ma réussite qu'à moi-même. *Je veux être comme mon grand-père : gagner un maximum d'argent et niquer ce foutu monde !* Il m'a tout appris. Il était franc-maçon au 33ème degré, donc crois-moi, il connaissait les secrets les plus sombres de ce monde et m'a tout raconté sur son lit de mort. Il a donné sa vie pour cette fichue organisation la CIA ! Il se passe des choses abominables sur cette Terre dont une âme aussi pure que toi n'a pas idée. Des gens très puissants sont impliqués dans ces affaires sombres et mon grand-père travaillait pour eux. Je l'ai également fait dans le passé et ceux pour qui je travaille aujourd'hui sont tout aussi importants. *Ce ne sont pas des enfants de chœur, crois-moi. Et pourtant, je sais que tu t'intéresses à toutes ces choses-là. Mais ça va bien au-delà de tout ce que tu peux imaginer. Tu n'as pas idée. Jour après jour, une société d'ultra-contrôle se rapproche, le modèle chinois est déjà aux portes occidentales.*
Il parla de nouveau des puces RFID sous-cutanées qui nous seraient implantées un jour pour nous contrôler entièrement, et qu'on arriverait à les faire accepter aux populations, en prétextant

que ce serait pour leur sécurité. Selon lui, les meilleures armes pour faire peur et maîtriser les foules, c'était : la santé et la sécurité. Il répéta pour la énième fois : « Moi, vivant, je peux t'assurer qu'ils ne m'injecteront jamais quoi que ce soit dans le corps et n'auront jamais une quelconque emprise sur moi ! »
Il me releva le menton pour que je le regarde dans les yeux et continua le plus sérieusement du monde : « Un jour viendra où le monde sera à l'arrêt et c'est à ce moment-là que les ennuis commenceront vraiment. Et alors, tout se mettra très vite en marche. L'ennemi sera indétectable. Et plus l'ennemi est invisible, plus il est facile de manipuler les foules. Il s'agira d'une guerre psychologique et biologique, car ceux qui la fomenteront considèrent le contrôle de l'esprit comme un outil, leur atout maître, une chose vraiment différente qui pourrait agir comme une arme invisible. Ni toi, ni moi ne pourrons rien y faire et les *putain de moutons aveugles stupides* n'aideront certainement pas. Mon grand-père a souvent dû faire des choix à contrecœur, mais il savait que personne ne pourrait arrêter *la bête* ! N'oublie jamais que l'enfer est pavé de bonnes intentions. »

Il m'exaspérait parfois à se croire d'une importance capitale et à faire plein de mystère autour de sa vie. J'avais l'impression qu'il pouvait être capable d'exagérer certaines situations qu'il avait vécues, juste pour se rendre plus intéressant. J'avais quand même aussi la sensation qu'il avait un besoin presque vital de prouver à sa famille ce qu'il valait et ce à n'importe quel prix.

Cependant, quelques années plus tard, je ne pus m'empêcher de faire le lien avec effroi, avec tout ce qu'il m'avait dit...

- Je comprends ton envie. Si c'est ce que tu souhaites pour t'épanouir pleinement, quitte à ce que ça prenne plus de temps, sache que je te soutiens à 100%, concédai-je.

Je me relevai ensuite du canapé : « Aïe, j'ai vraiment mal au dos. Je ne vais pas tarder à aller me coucher je crois. La douleur est de plus en plus violente. »

- J'ai ce qu'il te faut, tu verras que tu te sentiras beaucoup mieux après.

Jason se dirigea vers sa valise, de laquelle il sortit pas loin de dix boîtes de compléments alimentaires. Il était complètement accro à toutes ces diverses pilules, notamment pour sa santé et pour compléter les effets du sport qu'il pratiquait très régulièrement. Suite à sa perte de poids fulgurante, il avait commencé à faire du sport de plus en plus fréquemment, jusqu'à ce que ses séances deviennent quasi quotidiennes. Il me tendit un comprimé blanc, censé me détendre les muscles. Je m'assurai qu'il n'y avait pas de composés auxquels j'étais allergique, notamment la codéine, qui m'avait déjà valu une visite en urgence à l'hôpital à cause d'un œdème de Quincke. Il me dit qu'il en avait marre de me voir souffrir en permanence du dos et du stress et qu'en attendant de voir un spécialiste, cela me soulagerait.

Il n'avait pas idée à quel point ce qu'il m'affirmait était vrai. Une heure plus tard, je dormais à poings fermés, alors que je rencontrais habituellement beaucoup de peine pour m'endormir sereinement.

J'avais repris les cours depuis quinze jours et la période des examens pour mes élèves approchait. Ils avaient lieu généralement au mois d'avril, car c'était les enseignants du lycée qui composaient les sujets et qui corrigeaient ensuite les élèves. Après les vacances du printemps, les professeurs de ma filière étions envoyés dans de nombreux établissements à Paris et en région parisienne, pour être jury d'examen dans d'autres établissements et par conséquent, ne dispensions plus que très peu de cours à nos élèves dans nos établissements d'origine. C'est ce que je m'efforçais de faire comprendre à Jason qui s'était de nouveau absenté en Afrique pour ses affaires. Il m'appelait tous les jours et m'envoyait une multitude de messages, me demandant de tout quitter au plus vite, de revendre mon appartement pour le rejoindre en Afrique où il serait prochainement promu roi d'un pays là-bas. J'avais éclaté de rire quand il me l'avait annoncé. Il m'avait paru extrêmement vexé et avait répondu : « Ne me crois pas si tu veux. Tu verras bien. »

C'était difficile avec lui de savoir quand il plaisantait ou pas, parce qu'il me disait aussi bien des énormités sur le ton de la plaisanterie, que très sérieusement. Il m'avait dit une fois qu'il valait mieux être connu pour de mauvaises raisons que pas connu du tout quand on parlait des personnalités sur *Wikipédia*. Il m'avait aussi expliqué son point de vue quant aux millionnaires :

« Ce sont des *losers,* je ne vise pas les millions moi, je vise les milliards ! » Il répétait aussi souvent : « Tu n'as même pas idée de ce que ces personnes ont fait pour en arriver là. Ces élites ne laissent jamais quelqu'un devenir puissant, c'est-à-dire riche ou connu, sans une contrepartie. C'est leur âme que ces pseudo-stars vendent. La gloire et l'argent ont toujours un prix. »

Il me racontait aussi tellement de choses qui me paraissaient insensées sur le monde hollywoodien. Selon lui, les célébrités n'étaient que des outils de propagande des gouvernements, qui se moquaient éperdument de leurs fans et servaient souvent des politiciens. Il disait même qu'elles méprisaient ceux qui avaient fait leur fortune et ne les voyaient uniquement que comme des *« putain de moutons aveugles stupides »*, qui leur permettaient de vivre dans l'opulence et notamment, dans de somptueuses villas.

Il répétait aussi sans cesse : « Crois-moi, je les connais mieux que quiconque, j'ai grandi parmi eux. Ce sont de faux dieux, seul leur petit bonheur compte, toutes ces valeurs qu'ils prônent ne sont que du vent. Ils sont même hypocrites entre eux. Je les observais déjà quand j'étais enfant, se faire des courbettes, se sourire, s'enlacer, alors qu'ils se critiquaient les uns les autres. »

Il me parlât de cet acteur américain mondialement connu, enfin oscarisé l'année d'avant, après avoir pourtant tourné dans de nombreux films cultes, qui disait se battre pour la protection de la planète. Jason disait : « Claire, ce type est dans l'industrie depuis qu'il est enfant. Comme beaucoup de parents, les siens ont eu un attrait pour le succès, l'argent facile et le pouvoir. Mais ils n'ont absolument aucune idée de ce que ces pervers de cette industrie démoniaque peuvent infliger à tous ces enfants. On les dissocie par diverses méthodes, à tel point qu'ils perdent leurs repères et ne savent même plus qui ils sont ! On les fait chanter, après les avoir forcés à participer aux pires horreurs. Ils subissent des pressions et des menaces constamment. Tous ces idiots les idolâtrent bêtement, sans savoir à quel point ils sont en souffrance. Ils ne peuvent plus revenir en arrière, il n'y a aucun retour possible pour eux. Ils n'ont pas d'autre choix que de se plier aux demandes de psychopathes, qui les utilisent pour servir leurs propres intérêts financiers, voire pire. Ce gars qui dit servir la cause écologique est une blague absolue. Il voyage en jet privé, possède de multiples villas et yachts, qui consomment plus que la ville entière de Paris. Il se fout totalement de l'écologie, malgré ses beaux discours et ses publications sur les réseaux ! C'est juste un gosse victime de tout ce système crapuleux. Qui crois-tu qui a mis Hollywood en place ? C'est la CIA ! C'est le meilleur outil de formatage et de conditionnement avec les médias de masse pour manipuler l'opinion publique ! Renseigne-toi bon sang sur leur source et qui a financé tout cela ! *Panem et circenses* en latin, « du pain et des jeux »… les populations croient naïvement que le monde a évolué depuis l'empire romain et ses jeux du cirque, mais seules les méthodes ont changé avec la nouvelle technologie qui, elle, a évolué. Tout est faux et fabriqué de toutes pièces ! On vit dans un monde complètement illusoire, dirigé par les plus grands psychopathes. »

Jason fit référence à cette chanteuse qui s'était rasée la tête dans les années 2000 et qui avait été prise pour cible par la presse, suite à de nombreux déboires. « Elle n'est pas folle, ils l'ont juste brisée, suite à des abus de toutes sortes qu'elle a subis. Elle a tenté de sortir de ce système, mais elle n'a pas pu et ne pourra jamais ! Leurs âmes leur appartiennent. Ils les fractionnent et en font des marionnettes, adulées par les plus crédules. »

Il me parla ensuite de cette famille très réputée et puissante aux États-Unis : « La mère n'est rien d'autre qu'une mère maquerelle. Elle a prostitué toutes ses filles, en échange de billets et d'une gloire assurée pour elles. C'est même elle qui a vendu et négocié la *sextape* de sa seconde fille, ce qui l'a rendue mondialement célèbre. Et les gens aujourd'hui regardent leur *show*, les jeunes filles s'identifient même à elles, sans réaliser qu'on les a totalement sexualisées, dans le seul but de pervertir les foules et de leur faire accepter l'idée qu'on pouvait bâtir toute une fortune sur le sexe.

S'ils savaient ce qui se cache derrière les strass et les paillettes…

Et s'ils savaient ce que cette horrible famille est capable de faire pour maintenir sa notoriété et son pouvoir, crois-moi, ils arrêteraient instantanément de les envier, de les copier et même de les suivre. Ce sont des pourritures, capables du pire pour continuer d'exister. Des enfants sont impliqués dans leur soif de popularité et sont sacrifiés pour cela ! »

Quand j'avais le malheur de regarder un épisode de leur série pour améliorer mon anglais, Jason devenait dingue et hurlait : « Allison aussi regardait cette merde. J'avais beau lui dire que cette famille était en réalité le Diable incarné, elle continuait de les imiter sur ses propres réseaux sociaux. Elle prenait la pose comme elles sur ses photos et vidéos, mais elle n'avait aucune idée qu'elle-même, en faisant cela, participait à tout ce cirque, qui vise simplement à abrutir les populations et à leur faire accepter le pire. »

Il parla alors d'une célèbre jet-setteuse blonde américaine, qui ressemblait à une poupée Barbie, qui avait fait connaître la seconde fille de la « mère maquerelle » et devint même de plus en plus agressif : « Tu n'imagines pas ce qu'elle a vécu. Mon meilleur ami était dans sa classe. Je ne te parle pas simplement de chewing-gum qu'on a pu lui mettre dans les cheveux à l'adolescence par jalousie, mais de tout ce qu'elle a dû endurer avant. Cette fille était d'une gentillesse absolue. On l'a abusée, violée, maltraitée et c'est sa propre famille qui l'a envoyée dans cet enfer, afin qu'elle soit formatée à devenir une *putain* ! Une *putain* du système qui l'a exploitée, afin qu'elle puisse dépraver les jeunes générations, sous couvert de libération de la femme et de la sexualité, alors qu'elle était de base pudique et innocente. »
Il semblait tellement en colère quand je lui répondis que c'était une femme superficielle, qui ne prônait que l'idiotie, le narcissisme, l'aspect matérialiste et le vide intersidéral : « Tu ne sais pas ce qu'elle a vécu, arrête de la juger ! Tu n'as aucune idée

de ce que ces crapules *NOUS* ont fait endurer, ça dépasse tout ce que tu peux imaginer ! »
NOUS... Non effectivement, je ne comprenais même pas pourquoi il s'incluait dans cette phrase, mais ne cherchai pas à comprendre sur le moment.

J'appris d'ailleurs quelques années plus tard que cette célébrité avait porté plainte contre une école, dans laquelle elle se trouvait lorsqu'elle était enfant, mais compris malgré tout, qu'elle ne pourrait jamais se défaire du système qui l'avait conditionnée à n'être qu'une femme-objet.
Il mentionna une de ses acolytes, une actrice rousse, notamment connue pour avoir joué une petite Lolita, ainsi qu'une chanteuse, surnommée *la Princesse de la pop*, qui avait fait scandale en se rasant le crâne... Selon lui, elle avait aussi été brisée par le système qui l'avait utilisée comme une enfant-esclave sexuelle. Une autre enfant de l'industrie Disney...
Il revint sur cet acteur qui avait émergé suite à la sortie d'un film, en 1997, contant une tragédie ayant eu lieu en 1912 :
« Ce n'est pas anodin s'il sort avec des femmes de plus en plus jeunes. Ces êtres refusent de vieillir et de se soumettre au sexe opposé, et toute cette chair fraîche, leur donne l'impression d'être plus jeune et d'avoir l'ascendant sur leurs jeunes proies. Il a été formaté par la CIA d'une certaine manière pour cela. Ces enfants sont des victimes avant tout, ne l'oublie jamais. Tout n'est pas noir ou blanc, il y a le gris au milieu. Même ceux qui croient être

conscients de ce qui se passe, ne savent rien. C'est bien plus complexe. »

Nous échangeâmes ensuite longuement quant au phénomène de télé-réalité qui permettait d'entretenir la culture du vide et de l'ignorance. Il qualifiait les candidats de ces émissions « d'idiots utiles du système et d'opportunistes sans talent, qui surfaient sur la connerie humaine, pour se faire de l'argent sur de jeunes fans naïfs qu'on abrutissait, pour mieux les manipuler par la suite. »

À plusieurs reprises, il avait aussi qualifié Hollywood "*Pedowood*", car il disait qu'il y avait un grand nombre de prédateurs sexuels dans cette industrie. « Tu n'imagines le nombre d'enfants, victimes de cet infâme empire, dans lequel un franc-maçon du 33ème degré, pédo de surcroît, a mis un tas de symboles dans tous les dessins-animés destinés aux enfants. C'est un être maléfique qui n'avait que pour unique but, de débaucher de jeunes âmes innocentes. Ces salopards sont bien plus spirituels qu'ils le prétendent, mais sont mauvais. C'est pourquoi, ils ridiculisent et discréditeront toujours ceux qui le sont aussi, afin de préserver leurs intérêts malintentionnés. Cependant, ils ne se sont jamais vraiment cachés aux yeux du public, ils prennent plaisir à s'exposer, mais détestent qu'on les expose. »

Il éclata ensuite de rire, bien que cette émotion semblât pleine d'amertume, vu la tristesse que je perçus dans ses yeux : « Les masses sont tellement hypnotisées, qu'elles ne voient rien des signes et des symboles qui sont pourtant sous leurs yeux depuis bien longtemps. Je suppose que tu connais cette célèbre série d'animation humoristique et satirique, diffusée en 1989 par le réseau qui a fait chanter mon grand-père, pour qu'il leur vende à bas prix sa société de production. Cette famille de bonshommes jaunes prédit soi-disant l'avenir. Le créateur, qui s'est inspiré de sa propre famille, n'est rien de plus lui aussi, qu'un franc-maçon au 33ème degré qui dévoile tout et ce n'est certainement pas un médium. Il sait exactement où il doit emmener *la masse.* »

Je ne l'écoutais plus que d'une oreille, tellement certains de ses propos me semblaient démesurés.

Seulement deux ans après, je ne pus encore une fois m'empêcher de faire le lien avec le discours que l'humoriste anglais Ricky Gervais tenu aux Golden Globes, face à toute une assemblée de stars hollywoodiennes. C'est comme si les mots de Jason résonnaient encore dans mon esprit.

« Dans tous les cas, je ne partirai nulle part avant la fin de l'année scolaire maintenant. Tu crois sincèrement que je vais planter mes élèves et mes collègues à quelques semaines des examens ? » lui avais-je alors répondu quant à sa demande de venir en Afrique.

« On s'en fout de ton travail. Tes élèves ne se souviendront même pas de toi dans dix ans ! Tu verras, tu seras comme une reine ! J'ai plusieurs personnes à mon service ici qui travaillent pour moi pour trois fois rien. J'ai des employés pour faire le ménage dans ma maison, pour laver mes vêtements… »

Il m'avait envoyé des photos de sa maison qu'il venait d'acquérir près d'Abidjan pour cinq mille euros seulement. Il n'arrêtait pas

d'en parler et sa lubie du moment était que je le rejoigne là-bas, en revendant mon appartement et en quittant mon travail.
« Laisse tomber, je n'abandonnerai pas tout ici pour vivre en Afrique, même cet été ! Si c'est pour vivre en plus dans une cage dorée, sous prétexte que le coût de la vie est bas, alors que la plupart des habitants de ce pays vivent dans des conditions exécrables, tu peux m'oublier sur ce coup-là ! » lui répétai-je pour la énième fois.
Il éclata soudainement de rire, avant d'affirmer d'un air grave : « Tu critiques l'Afrique que tu n'estimes pas assez sécurisante pour toi en tant que petite occidentale privilégiée, mais laisse-moi te dire une chose : ton pays est probablement l'un des pires du monde, gangréné par le mal à un point où tu n'as pas idée. Il est dirigé par des bandits, les pires criminels qui soient : ceux qu'on appelle les criminels en col blanc et qui ont du sang qui coule à flot sur leurs mains, contrairement à beaucoup de pays, notamment africains. L'Afrique finalement à côté, ce sont des saints, crois-moi, je sais de quoi je parle malheureusement. Ces psychopathes maintiendront toujours des divisions, des guerres, et des inégalités sociales pour préserver leur pouvoir, leur emprise et leurs conditions. Claire, n'oublie jamais, plus le mensonge est gros, plus il est facile de le faire passer. Leurs mensonges sont énormes, mais si le peuple y croit, cela signifie pour eux qu'il consent à leurs actes. »
Il tenta encore de me persuader et de me faire changer d'avis, en me disant que je n'avais pas idée des avantages que nous

pourrions avoir dans ce pays où il n'y avait aucun impôt ni aucune taxe à payer et selon lui, que seuls les abrutis pas très dégourdis se retrouvaient à en payer. Il m'assura n'en avoir jamais payés, me parla de la météo qui était bien meilleure comparée à celle de Paris et me recommanda de ne pas avoir de préjugés sans aucun fondement.

- Alors comme ça, je suis stupide de payer des impôts ? Je m'en fiche de tous tes arguments Jason. Tu n'arriveras jamais à me convaincre de vivre en Afrique ! Et j'imagine la tête de mes parents si je leur annonçais mon départ là-bas, fis-je en levant les yeux au ciel.

- Tu es stupide de camper sur tes positions, pas de payer des impôts. Et ton cas est différent, tu travailles pour l'Éducation nationale, tu n'es pas à ton compte donc tu n'as pas le choix.

- Parce que tu crois que les autres ont le choix ? m'esclaffai-je. Tu me saoules à être toujours condescendant avec tout le monde. Tu ne me forceras pas à te retrouver là-bas.

- Même pour quelques jours ? tenta-t-il. Le soleil brille et tape tous les jours ici.

J'avais dit à Jason la veille que je ne supportais vraiment plus la pluie et le vent, qui faisaient partie du quotidien depuis un moment. Ce temps n'était pas rare au mois de mars, mais on manquait cruellement de luminosité et de soleil qui n'avait pas fait une seule apparition depuis plusieurs semaines. Mais je savais que je ne céderais pas. Entre ses allers-retours depuis la rentrée scolaire de septembre, il m'avait fait vivre à plusieurs reprises des montagnes russes d'émotions diverses et variées, si bien qu'il m'avait vidée de toute mon énergie. J'estimais qu'il pouvait bien patienter encore un peu avant que j'envisage sérieusement de démissionner et de partir avec lui.

« Je ne viendrai pas. En revanche, toi tu vas devoir réfléchir attentivement à ce que tu me proposeras la prochaine fois que tu m'appelleras. Je t'aime vraiment, mais cette situation ne peut plus durer. Ça va bientôt faire un an qu'on est ensemble et on en est toujours au même point. Ma plus grande sœur est déjà mariée avec un enfant et ma seconde sœur se marie aussi prochainement. Je suis désolée, je vais être très directe, mais tu sais que je suis une personne spontanée sans aucun filtre. Je préfère donc te prévenir que je ne vais pas perdre mon temps si tu n'as pas un projet plus concret et réalisable à me soumettre. », répondis-je d'un air calme et posé.

« D'accord, envoie-moi au moins une photo de toi nue pour que je puisse bien dormir », ordonna-t-il joyeusement, en ignorant volontairement mes remarques. Ce n'était pas la première fois qu'il me demandait de lui envoyer des photos osées. Il m'avait à plusieurs reprises réclamé des photos nues ou parfois dans des positions suggestives "pour maintenir la flamme". Mais j'avais pratiquement toujours refusé, car c'était en partie sa faute si nous passions autant de temps éloignés l'un de l'autre. Il s'énerva plusieurs fois en se plaignant que je ne lui faisais pas confiance et qu'il les effacerait immédiatement si je lui demandais. Je lui avais dit une fois qu'il n'avait qu'à m'en envoyer aussi, mais celle que je reçus était très *soft* et on ne voyait pas son visage. Mais vu sa paranoïa, le contraire m'aurait étonnée. Il ajouta que le corps d'un homme était moche et pas harmonieux, donc ne méritait aucune photo, contrairement à celui d'une femme qui était magnifique et qu'il fallait donc garder en mémoire.

« Je ne t'enverrai rien ce soir Jason. Cela te fera peut-être revenir plus vite. Et j'aimerais plutôt que tu réfléchisses sérieusement à tout ce que je viens de te dire. », répondis-je pour clôturer la discussion.

Je ne reçus aucun message ni appel de lui par la suite pendant quarante-huit heures. Sa voix grave et suave de Dom Juan me manquait, mais j'avais voulu marquer le coup deux jours plus tôt. J'étais consciente que sans cette mise en garde, notre couple allait droit dans le mur, car la situation était aussi insupportable de son côté que du mien. J'étais en train de préparer le dîner dans la cuisine, lorsque je vis mon téléphone posé sur le bar vibrer avec la photo de Jason qui apparut sur l'écran.

- Ça y est, j'ai enfin trouvé la solution ma chérie ! s'écria-t-il au téléphone. Je te promets que tous ces derniers mois séparés ne seront bientôt plus qu'un mauvais souvenir. Je te remercie mon amour d'avoir cru en nous et de m'avoir fait confiance.

- Et c'est quoi ta solution qui va nous faire oublier tous nos malheurs ? demandai-je avec méfiance.

- Qu'est-ce que tu peux être pessimiste ! s'emporta-t-il.

- Non pas pessimiste, pragmatique mon chéri, corrigeai-je. Il faut bien que l'un de nous deux vive dans le concret, surtout quand l'autre n'est pas du tout sur la même planète et vit dans un monde totalement utopique, composé uniquement de lingots d'or, plaisantai-je.

Je faisais surtout référence à des lingots d'or justement qu'il m'avait récemment envoyés en photo. Il m'avait aussi envoyé des photos d'Afrique où il posait à côté de miniers et où on pouvait le voir tenir ces fameux lingots. Je préférais rester sur mes gardes, car j'avais remarqué qu'il pouvait s'emballer très rapidement et me faire espérer des choses qui ne se passaient jamais comme il avait prévu finalement. La prudence était donc de mise avec ce qu'il allait m'annoncer.

- D'accord, si tu veux, tu as probablement raison, reconnut-il. Mais je vais enfin pouvoir rentrer et cette fois-ci, je t'assure que nous resterons ensemble pour de bon.

- Eh bien, va à l'essentiel, c'est quoi cette solution miracle que tu as enfin trouvée ? m'impatientai-je.

- J'ai investi tout ce que j'avais pour faire venir les équipements d'Asie en Afrique ! Dans deux mois maximum, je serai un jeune millionnaire !

- Comment ça, tu as investi tout ce que tu avais ? Je ne comprends pas.

- J'ai vidé tous mes comptes, j'ai juste gardé la maison ici. Je passe te chercher à Paris et on part à Los Angeles !

Je ne saisissais pas encore tout ce qu'il me disait tellement il criait de joie au téléphone. Il m'expliqua que je devais lui faire confiance une dernière fois et qu'il m'expliquerait tout de vive voix dès son retour à Paris.

Il me demanda cependant juste avant de raccrocher, s'il était possible que je lui avance un billet entre la Suisse et l'Allemagne, car il devait s'y rendre juste avant de repasser à Paris.

- Pourquoi veux-tu que je t'achète un billet ? Tu n'as plus les moyens de t'en payer un ? Et pourquoi tu pars de Genève alors que tu es en Afrique actuellement ?

- Les frais vont être trop importants si j'utilise ma carte. Ce sera plus simple si c'est toi qui le fais. Ce n'est que quarante euros Claire, je ne vais pas te mettre sur la paille. Dans deux mois, je t'offrirai les plus beaux objets que tu n'as jamais eus, tu n'y penseras même plus ! Et tu poses trop de questions. Je vais en Suisse chez l'ami de Téa qui a investi dans mes mines, je te rappelle. L'Allemagne, je dois y aller pour signer un dernier document administratif. Et après, je te kidnappe ! railla-t-il.

- Seulement quarante euros ? Mais tu voyages en soute ? J'éclatai de rire en repensant à toutes les photos de lui dans divers jets privés que j'avais pu voir sur son téléphone.

- J'aime bien les bus, c'est pratique, car il y a la Wifi, donc je peux toujours rester connecté et je ne suis pas hyper pressé.

- OK, si tu y tiens. Mais je te préviens, tu te débrouilles pour venir après à Paris ! prévins-je.

Quelques jours plus tard, il m'appela, car il s'était retrouvé bloqué dans un pays d'Afrique et avait donc pris du retard dans son planning. Il voulait que je lui change son billet de bus.

Après un échange houleux, il finit par m'avouer que son visa était terminé et qu'il allait trouver une solution au plus vite. Je n'étais pas dupe quant à ses petites combines. Je me doutais bien qu'il excellait dans la falsification de documents, vu qu'il n'avait jamais payé aucun impôt de sa vie et qu'il arrivait toujours à renouveler ses visas comme par magie, sans aucune difficulté. Cela ne m'avait jamais dérangée à partir du moment où ça ne portait pas atteinte à autrui, mais j'éprouvai le besoin d'être rassurée :

- Tu es certain que tout ce que tu fais ne risque pas de se retourner contre toi un jour ?

- Aucun risque, crois-moi. Je sais exactement ce que je fais. Je t'ai déjà avertie qu'il m'arrive de faire des choses étranges. Parfois, ça pourra te faire manquer des plans importants, mais tu ne seras jamais impliquée. Je ne commets pas de crime et je n'enfreins pas les lois. Je suis seulement une personne très créative et je brise les règles, rappelle-toi. Tout ce qui m'intéresse maintenant, c'est d'être avec toi. Tu es la personne qui compte le plus pour moi et il est vraiment temps de te le prouver autrement qu'avec des mots. Je vais devoir encore changer de numéro de téléphone dans les jours qui viennent, mais je te contacterai tous les jours jusqu'à mon retour. Je te demande simplement une chose : réfléchis bien à tout ce que je t'ai dit ces dernières semaines et pose-toi la question si tu es prête à accepter tout ça.

Quelques jours plus tard, je regardais la télévision, quand j'entendis gratter à la porte. J'ouvris la porte en lui reprochant :
- Bon sang, tu ne peux pas sonner ou frapper comme les gens normaux ?
- Mais toi et moi ne sommes pas des gens normaux, tu le sais bien, plaisanta-t-il. On est aussi fous l'un que l'autre, c'est pour ça que nous sommes autant compatibles et faits l'un pour l'autre ! Et puis, tu peux me dire ce que tu veux, mais qu'est-ce qui me dit que Navid n'était pas chez toi ?
- Navid ? Tu parles du gars avec qui je t'ai rencontré et pour qui tu travaillais ? répondis-je, stupéfaite par cette remarque à laquelle je ne m'attendais absolument pas.
- Il est prêt à tout et me traque avec le neveu de Téa chez qui je logeais quand j'étais à Paris. Je l'ai mis dans une mauvaise posture quand je suis parti, vu que je lui payais une bonne partie du loyer. Ce type est fou, Téa a honte qu'il fasse partie de sa famille. Il battait ses enfants quand j'étais là et avais une arme dans un placard. Je vais devoir être extrêmement vigilant tant que je suis ici.
- Oui, enfin il ne m'a pas recontactée et s'il l'avait fait, je ne suis pas stupide, je ne lui aurais jamais dit que tu étais ici. Quoi, il battait ses enfants et tu n'as rien fait ?! le réprimandai-je.

- Il était un peu violent parfois avec eux. Je suis intervenu plusieurs fois, mais que voulais-tu que je fasse concrètement, à part l'empêcher de les frapper ? J'ai de la chance de t'avoir, dit-il en me caressant la joue et en m'embrassant sur le front.

Pendant le dîner, je lui proposai une coupe de champagne qu'il déclina :

- Je ne boirai plus du tout d'alcool jusqu'à ce que toutes mes affaires soient terminées.

- C'est dommage, je viens de racheter une dizaine de bouteilles, fis-je déçue.

- Eh bien, elles seront toutes pour toi. Je sais à quel point tu adores le champagne ! Cet été, tu verras qu'on ouvrira la meilleure bouteille du monde, vu ce qu'on va avoir à fêter ! s'écria-t-il avec joie.

- Ce serait peut-être bien aussi de me parler des projets que tu as pour nous mon chéri, car tu prévois visiblement des choses sans m'en informer.

- J'attendais de te voir pour te le dire de vive voix. S'il te plaît, laisse-moi parler et terminer entièrement avant de dire quoi que ce soit.

Je marquai mon approbation d'un hochement de tête avec un sourire légèrement crispé. Ses yeux brillaient d'excitation, mais j'appréhendais tout de même ce qu'il allait m'annoncer, surtout que je lui avais acheté finalement plusieurs billets d'avion qu'il avait promis de me rembourser à cause de ses histoires de papiers qui n'étaient plus à jour. Il continua son explication :

- Je t'ai déjà dit que j'avais tout investi jusqu'au dernier dollar pour faire venir les équipements nécessaires pour extraire l'or. Je suppose que tu te souviens que ma tante est décédée au mois de septembre et tu n'es pas sans savoir que les membres de ma famille sont loin d'être pauvres. Je dois donc me rendre aux États-Unis pour signer des papiers pour l'héritage et crois-moi que même avec ce que ma tante me lègue, on a de quoi vivre tranquillement jusqu'à la fin de nos jours. Ne me dis pas encore que tu as ton travail et que tu ne peux pas abandonner tes chers élèves, putain on s'en fout ! On parle de millions de dollars là Claire ! Tu n'as qu'un mot à dire et on prend le premier vol en partance pour les États-Unis, comme ça je te présenterai mon père et on profitera pleinement de tout ce que ce foutu pays peut nous offrir.

Il critiquait finalement beaucoup les États-Unis qu'il qualifiait de « *fake country* », qui exploitait selon lui ses habitants et les contrôlait totalement. Sur ces deux derniers points, il n'avait probablement pas tort, mais je me demandais parfois d'où lui venait cette haine envers le pays dans lequel il était né et avait grandi. Mais d'un autre côté, il en parlait tout le temps.

Je le fixai impassible pendant un long moment avant de soupirer :

- Décidément, tu n'as vraiment rien compris. Ce n'est pas une question d'argent Jason mais d'éthique et de responsabilités ! Tu peux au moins essayer de comprendre que certaines personnes ont tout simplement un code moral plus important que des millions de billets ? Tu crois vraiment qu'on est à quelques semaines maintenant ? Ces ados qui passent bientôt le bac vont pouvoir aller travailler pendant des décennies grâce à ce diplôme ou continuer des études et tu me demandes quoi ? De les planter et aussi mes collègues à moins d'un mois de leurs examens ?! Et je me vois bien, tiens, dire demain à mes parents que j'ai tout envoyé balader en l'espace d'une nuit ! Il en est hors de question !

- Mais pourquoi tu y tiens tant à ton boulot de merde qui ne te rapporte même pas par mois ce que je vais t'offrir en une journée, une fois arrivés à Los Angeles ? se moqua-t-il. Et tu préfères vraiment vivre encore plusieurs semaines dans ce petit taudis plutôt que dans une luxueuse villa en bord de mer pour faire cours à des morveuses incultes qui finiront par faire le trottoir d'ici quelques années ? Si ma proposition ne t'intéresse pas, je connais une petite Russe qui sera ravie d'accepter. Elle est beaucoup plus jeune que toi en plus. Et tes parents, pourquoi crois-tu qu'ils te rendent tous ces services ? Ils espèrent simplement que leurs chers enfants seront là quand leur entreprise aura coulé !

Je n'en croyais pas mes oreilles. J'eus soudainement un tournis, tellement j'étais choquée par ce que je venais d'entendre. Comment était-il possible d'être aussi méprisant, prétentieux, égoïste et mégalomane ? Il venait de piétiner tout ce que j'avais construit depuis dix ans, en quelques secondes.

- Comment tu peux être aussi arrogant ? raillai-je entre mes dents, les mains sur les tempes que je massais pour faire circuler le sang qui me montait à la tête.

Il s'approcha de moi et d'un air désolé :

- Claire, je ne sais pas ce qui m'a pr…
- Ne me touche pas ! criai-je, en lui repoussant violemment la main. Je tentais d'inspirer et d'expirer lentement et profondément pour me calmer, tout en évitant de le regarder, car je me retenais vraiment de ne pas lui arracher la tête. Après quelques minutes, je finis par dire calmement : « Tu prends tes affaires et tu dégages, je ne veux pas de toi ici cette nuit. Je ne comprends même pas pourquoi tu es revenu, vu l'image négative et dégradante que tu as de mon travail, de mes élèves, de ma famille et de moi. Pour information, ce travail de merde comme tu dis, me permet de payer mes factures et aussi mon soi-disant taudis, dans lequel je t'ai toujours très bien accueilli, et tu ne t'en es bizarrement jamais plaint avant quand tu venais. Et je crois qu'il serait temps que tu relises la définition d'une esthéticienne et celle d'une péripatéticienne, qui ne sont pas franchement les mêmes. La plupart des gens n'ont pas idée de la difficulté et des contraintes de ce métier, ni celles d'un enseignant d'ailleurs, toujours perçus comme des fainéants. Je pensais que tu étais assez intelligent pour comprendre tout ça, mais il semble que non. Tu es tellement obnubilé par l'argent et obsédé à l'idée de récupérer l'héritage perdu de ton grand-père, que ça te rend complètement con et méchant. Concernant mes parents, je préfère ne même pas répondre, parce que là, c'est le couteau sur la table que je vais être tentée d'attraper pour te frapper avec. Je te rappelle que je ne viens pas d'une famille pauvre non plus et je suis justement bien placée avec certains

membres de ma famille pour t'affirmer que l'argent peut causer de sacrés dégâts et ne fait donc pas le bonheur, même si je t'accorde qu'il y contribue. »

Il s'était carrément servi d'une information que je lui avais confiée quelques semaines plus tôt. Je lui avais fait part de mon inquiétude au sujet de mes parents qui avaient monté une entreprise qui fonctionnait plutôt bien, mais qui avaient pris un peu trop de risques dernièrement. Le fait qu'il utilise cette donnée contre eux me mettait hors de moi. Il tenta en vain de se rattraper, mais je ne lui en laissai pas le temps : « Tire-toi, on n'a plus rien à se dire ! Va rejoindre ta jeune Russe qui sera apparemment ravie de partir avec toi ! »

Une trentaine de minutes après le départ de Jason, j'éprouvais plusieurs sentiments en même temps : de la déception mélangée à de la tristesse, de la colère et du dégoût.

J'avais de la peine à maîtriser ce cocktail d'émotions, si bien que je ne pouvais presque plus bouger la tête à cause de violentes douleurs dans le cou. Afin de les atténuer, je décidai de prendre deux comprimés de décontractants de la boîte que Jason m'avait donnée lorsque nous étions aux Bahamas. En plus de décontracter les muscles, elles avaient le mérite de m'aider à dormir et je savais que sans elles, il me serait impossible de fermer l'œil de la nuit après cette horrible soirée. Moins d'une heure plus tard, elles firent leur effet, mais…

Je n'entendis pas le réveil le lendemain matin. Il était dix heures lorsque je me réveillai, alors que j'étais censée faire cours depuis huit heures du matin ! Je me levai d'une traite en pestant contre moi-même de ne pas m'être levée à l'heure. Un coup d'œil à mon téléphone portable et je feignis l'infarctus. J'avais plus de soixante appels en absence et une vingtaine de messages. Entre mes collègues et la secrétaire du lycée qui s'inquiétaient et voulaient s'assurer que tout allait bien, certaines élèves qui me demandaient si j'allais venir et Jason qui comptabilisait à lui tout seul les trois quarts des messages et appels manqués, je ne savais même plus qui contacter en premier. Je décidai d'appeler en priorité la secrétaire de direction du lycée. Je ne voyais pas tellement quelle excuse je pouvais trouver, alors j'optai pour la vérité. Elle me connaissait bien et savait que j'étais plutôt assidue et sérieuse dans mon travail. Elle comprit et me dit tout de même de me dépêcher, car une collègue gérait sa salle de cours, en plus de la mienne. Elle avait ouvert la porte de la salle aux élèves afin de les installer en atelier pratique, pour qu'elles puissent au moins travailler en autonomie. Je maudis Jason tout le trajet, surtout que j'avais l'impression d'avoir un marteau-piqueur qui tapait en permanence dans la tête.

Je remerciai ma collègue Solène en arrivant.

Elle était aussi une amie en dehors du travail. Nous travaillions en binôme depuis quelques années et nous pouvions toujours compter l'une sur l'autre.

Quand les élèves me virent arriver, plusieurs déclarèrent : « Pourquoi vous êtes venue ? Il ne reste même pas une heure de cours. » Je leur imposai le silence et de continuer ce qu'elles faisaient avant mon arrivée. Ma collègue leur avait donné des directives selon mon dernier cours effectué avec elles. Cela me permit rapidement de lire les messages envoyés toute la nuit par Jason. Il reconnaissait avoir été trop loin, m'informait qu'il était parti loger chez un de ses amis à Paris, que je lui manquais, qu'il n'aurait jamais dû tenir ces propos blessants et idiots, que les mots avaient dépassé sa pensée, qu'il regrettait ses paroles… Il disait également m'aimer comme un fou, qu'il ne quitterait pas la France sans moi, qu'il était prêt à accepter toutes mes conditions et qu'il m'attendrait aussi longtemps qu'il le faudrait. Il me suppliait à sa façon de lui accorder une dernière chance, en acceptant de le rejoindre au jardin du Luxembourg après le travail. Il savait parfaitement qu'il s'agissait de mon parc préféré à Paris et nous y étions déjà allés ensemble plusieurs fois.

Vers dix-sept heures et après la réception encore d'une vingtaine de messages sans aucune réponse de ma part, je finis par céder : « OK. J'y serai vers 18h. On se rejoint face au grand bassin que tu avais pris en photo pour ton père. » Je n'oubliais absolument pas toutes les horreurs qu'il m'avait balancées à la figure la veille, mais j'avais envie de satisfaire ma curiosité et j'avais surtout hâte de savoir ce qu'il pourrait bien me dire pour se rattraper.

Je franchis le portail du parc à dix-huit heures quinze et reconnus tout de suite Jason au loin dans un pantalon à pinces, avec son long manteau d'hiver noir cintré et un bonnet gris en laine, en train de taper un message sur son téléphone avec ses gants en cuir. Il portait une écharpe rayée d'une marque française de luxe que je connaissais bien, car je la lui avais offerte avant notre départ aux Bahamas. C'était de loin l'homme le plus classe aux alentours, je ne pouvais pas le rater. Un large sourire illumina son visage lorsqu'il m'aperçut. Il essaya de m'embrasser, mais j'esquivai de peu son baiser qui se posa furtivement sur ma joue. Il ne perdit pas son sourire pour autant et se lança directement dans une énième tentative de persuasion pour que j'accepte de lui pardonner : « Je ne sais pas si tu as eu le temps de lire tous les messages que je t'ai envoyés aujourd'hui avec ton travail, mais je t'ai dit à quel point je regrettais tout ce que j'ai pu dire hier. J'étais dans l'euphorie du moment et ça m'a rendu fou que tu ne te réjouisses pas comme moi de la situation. Je n'ai jamais voulu dénigrer tout ce que tu as construit et tu sais à quel point je t'admire pour un tas de choses. Je sais que tu as vécu des choses pas toujours évidentes, que tu étais très mal quand je t'ai rencontrée, mais ce que j'admire le plus chez toi c'est ta force. Tu n'abandonnes jamais et tu es une femme pleine d'ambitions. J'ai commencé à traduire ton premier livre en anglais et tu as un véritable talent d'écriture. Tu es toujours tirée à quatre épingles, toujours sublime avec ton maquillage, ta coiffure et tes tenues impeccables. C'est tellement rare de nos jours une femme qui ne porte jamais de pantalon, plaisanta-t-il. Mais au-delà de ton élégance et de ta beauté, tu es aussi belle de l'intérieur. Tu as un grand cœur. C'est pour ça que je ne pense pas que l'enseignement soit fait pour toi. Tu m'as dit toi-même que tu faisais de plus en plus office de psychologue et d'assistante sociale à ton travail. Tu es tellement fragile et sensible que je te verrais plus t'épanouir dans des œuvres caritatives. Essaye d'inverser les rôles quelques secondes et de te mettre à ma place. Je suis revenu tellement content de t'annoncer tout que j'allais pouvoir t'apporter, j'ai eu l'impression que tu t'en fichais et que tu me flanquais la porte au nez. C'est tellement frustrant de savoir que je peux t'offrir tout ce que tu souhaites, mais que tu m'en empêches. Je te connais assez pour savoir que ce que je vais te dire ne va pas te plaire, mais la plupart des femmes seraient déjà dans l'avion avec moi à l'heure actuelle et n'auraient pas eu autant d'états d'âme que toi à tout quitter. Et ta famille, ce sont des personnes formidables. Je t'ai souvent répété à quel point j'admirais ton père, qui est une personne très intelligente. Toutes ces raisons font de toi quelqu'un d'authentique et je ne veux surtout pas te perdre. Tu te rends compte que je suis fou de toi ? »

Chaque mot semblait avoir été minutieusement choisi et son discours soigneusement préparé, mais tous ces éloges ne pouvaient pas me laisser totalement indifférente.

- C'est temporaire Jason. J'aimerais simplement que tu prennes un peu plus en considération mes envies. J'ai l'impression qu'on se retrouve quand même parfois victimes de nos différences culturelles. Tu as eu l'habitude d'être en couple avec des femmes qui ne savent même pas ce que le terme « travailler » signifie. Elles dépendaient totalement de toi financièrement, donc c'est sûr qu'elles ne risquaient pas de te contredire. Au lieu de dénigrer celles qui travaillent, tu ne crois pas que tu devrais plutôt critiquer celles qui se lèvent le matin sans aucun but, si ce n'est celui de dilapider l'argent d'un homme dont elles ne sont pas amoureuses et qui se couchent le soir, aussi inutiles que lorsqu'elles se sont réveillées ? Et c'est qui cette Russe dont tu m'as parlé ? Tu te rends compte à quel point tout ce que tu m'as dit est blessant ? Quelques semaines de ta vie, ce n'est rien ! Si tu m'aimes autant que tu le dis, pars aux États-Unis régler tes histoires d'héritage et on verra bien cet été !

- Je ne sais vraiment pas ce qui m'a pris de te parler d'elle et même de te dire toutes ces choses que je ne pensais pas, répondit-il l'air embarrassé. C'est une jeune fille que j'ai rencontrée lors de mes déplacements en Russie. Elle a flashé sur moi, mais je ne suis pas idiot, ce sont surtout mes papiers qui l'intéressent. Il y a beaucoup de pauvreté dans ce pays et les femmes espèrent une vie meilleure en épousant notamment des Européens ou des Américains. *Tu n'as aucune idée de ce que ces pétasses sont capables de faire pour seulement quelques centimes.* J'en ai rien à foutre d'elle, elle est immature et n'a aucune culture générale. Elle n'a clairement pas inventé l'eau chaude et ne t'arrive pas à la cheville.

- Tu veux me faire croire qu'il ne s'est rien passé quand tu étais avec elle en Russie ? Même quand on était séparés en fin d'année ? demandai-je, sceptique.

- Tu ne me croiras peut-être pas, mais non. Et tu devrais savoir à quel point je n'ai aucune considération pour ce genre de filles. Je te rappelle que c'est à cause de l'une d'entre elles que ma famille a tout perdu. Je ne t'ai jamais trompée et je n'ai rencontré personne, même quand on n'était plus ensemble. Tu le sais très bien que mon travail accaparait tout mon temps et mon énergie. Et je ne vois pas les autres, elles sont transparentes. Ta personnalité est tellement atypique que même si je le voulais, je n'en trouverais jamais une autre comme toi. Et si un jour je devais aller voir ailleurs, ce serait pour ta copie conforme ! C'est pour toi que je suis là aujourd'hui, pas pour une autre. Tu vois une autre femme ici à part toi ? fit-il en balayant l'espace avec sa main autour de lui. Je sais que tu n'es pas comme les autres femmes que j'ai connues. Je n'ai pas l'habitude de rencontrer des gens normaux, les gens sont dingues à Beverly Hills. Et c'est bien la raison pour laquelle je suis tombé amoureux de toi. Mais tu es épuisée et je pensais que tu serais contente de quitter la grisaille parisienne pour te reposer pendant que je finalise toutes mes affaires. Je finis par me demander si ce n'est pas toi qui as rencontré quelqu'un d'autre pendant mes absences.

- Je n'ai jamais trompé un homme, je ne vais sûrement pas commencer maintenant ! Je trouve que c'est lâche. Si je devais être tentée un jour d'aller voir ailleurs, je me dirais que ça ne va pas si bien que ça dans mon couple et j'arrêterais la relation avant d'en entamer une autre.

- Et l'homme aux roses ? Tu crois que je n'ai pas vu les pots de fleurs encore chez toi hier ? Tu trouves que c'est respectueux pour moi ?

- Justement, si je t'en ai parlé, c'est que je n'ai rien à reprocher ! me défendis-je. Je n'y suis pour rien s'il n'arrivait pas à comprendre que je n'étais pas intéressée.

- Est-ce que tu as vraiment fait ce qu'il fallait pour ? Tu lui as dit que tu avais déjà quelqu'un ? Et pourquoi tu as gardé toutes ses fleurs ? Et comment il a eu ton adresse ? Je suppose qu'il est déjà venu chez toi ?

- Bien sûr que je lui ai dit que j'étais déjà prise, tu me prends pour qui ? Il a eu mon adresse parce que je n'avais plus de batterie sur mon téléphone, donc il m'a proposé de me commander un chauffeur et j'ai accepté ! C'est aussi simple que ça. Et pour toutes les fleurs qu'il m'a livrées, je n'allais pas les jeter, c'est ridicule. Je lui ai dit d'arrêter et ça fait déjà un bon moment que je ne reçois plus rien.

« L'homme aux roses » comme le surnommait Jason, était un type d'une petite quarantaine d'années que j'avais rencontré lors d'une soirée parisienne avec des amis quelques mois plus tôt. Depuis cette soirée, il m'envoyait des fleurs quasiment tous les jours, surtout des roses, accompagnées de petits mots. Il me faisait des compliments et souhaitait « vivement me revoir » et m'inviter à

dîner. Je dois reconnaître que je n'avais pas été totalement claire dès le départ, car c'était à un moment où la relation avec Jason était en dents de scie. Ce n'est qu'après plusieurs semaines que je lui avais annoncé avoir déjà quelqu'un dans ma vie. C'était donc peut-être un peu ambigu au début, mais je n'avais rien à me reprocher, car je ne l'avais finalement jamais revu et je n'avais rien fait de mal.

J'avais préféré être honnête et dire la vérité à Jason, mais j'avais oublié un léger détail : sa jalousie maladive.

- Tu connais l'effet miroir Claire ? questionna Jason.

- Qu'est-ce que tu veux dire ?

- Eh bien, c'est ce que j'ai fait avec la Russe. Tu as tout fait pour me rendre jaloux, j'ai juste reproduit la même chose.

- Tu trouves que c'est intelligent d'appliquer la loi du talion « œil pour œil, dent pour dent » avec moi ? Sachant que je n'ai commis aucun crime, ajoutai-je. Elle n'existe même pas en fait cette fille ?

Il s'avança vers moi et me prit dans ses bras :

- Si elle existe bien, mais je n'en ai rien à faire d'elle. Qu'elle reste en Russie ! On peut faire une trêve et laisser toutes ces rancœurs de côté ? J'en ai tellement marre qu'on se dispute. C'est à cause de tout ce stress ambiant. Je ne repartirai pas de Paris sans toi. Je t'attendrai, il ne reste pas beaucoup de temps.

Après encore quelques échanges, je finis par accepter sa proposition seulement à une condition : qu'il trouve du travail à Paris.

- Je ne pourrai pas t'entretenir jusqu'à ce qu'on parte, expliquai-je. Je viendrai avec toi cet été à Los Angeles dès que les cours seront terminés et on verra où ça nous mène. Mais que va-t-il se passer après ? Tu vas devoir retourner en Afrique ?

Je vis son visage se décomposer lorsque j'évoquai le fait de trouver du travail.

- Si tu fais référence aux billets que tu m'as avancés, je te les rembourserai dès qu'on sera arrivés là-bas, tu as ma parole. Mais c'est ridicule, je serai bientôt plein aux as et tu me demandes de trouver un travail seulement quelques mois, dans un pays où je ne parle pas la langue ? Pour notre retour des US, on en parlera en temps et en heure. On va déjà profiter au maximum une fois que nous y serons.

- Bientôt, mais pas pour le moment, précisai-je en posant délicatement mes mains emmitouflées dans des gants en cuir, sur ses joues rougies par le froid. Je ne te force à rien, tu as deux choix : ou bien tu pars maintenant et je te rejoins cet été ou tu restes ici avec moi, mais tu trouves un emploi dans ce que tu veux. Tu as fait des études dans la finance, tu as eu ta propre entreprise et tu es américain. Crois-moi, ça ne devrait pas être si difficile pour toi de trouver quelque chose dans la capitale. Tu n'as pas idée du nombre de personnes qui ne parlent pas un mot de français et qui travaillent ici !

- Je préfère rester avec toi, même si je dois mettre ma fierté de côté pendant quelques mois. Je serai même prêt à travailler temporairement dans un fast-food pour qu'on soit ensemble.

Il me serra ensuite pendant de longues minutes. Je n'entendais même plus le bruit des passants aux alentours. Je fixai la fontaine située dans le bassin près de nous. Je me souvenais lorsque Jason l'avait prise en photo pour l'envoyer à son père quelques mois plus tôt. Depuis son départ précipité pour l'Europe, ils avaient apparemment convenu qu'à chaque fois que Jason verrait une fontaine, il la prendrait en photo pour lui envoyer afin de lui montrer qu'il pensait à lui et ne l'oubliait pas. Je savais que sa famille lui manquait énormément. Il me l'avait dit plusieurs fois et m'avait même envoyé des photos de ses petits cousins qu'il ne voyait presque jamais, lorsque je lui en avais envoyées de mon neveu.

« On y va ? Je me sens vraiment fatiguée. On va prendre un taxi et on passe récupérer ta valise chez ton ami. » Proposai-je.

« On rentre chez toi en taxi si tu veux. Tu vas pouvoir te reposer le temps que j'aille chercher mes affaires. Mon ami habite juste à côté. »

Une semaine plus tard, je rentrai exténuée du travail. J'avais proposé à Jason l'éventualité de le rejoindre à la fin de l'année scolaire, car la période était tellement chargée avec les examens que je n'allais pas voir les semaines passer. Il était sur son ordinateur.

- Tu as vu ce que je t'ai envoyé ce matin ? questionnai-je en retirant mon manteau.

- Oui, les liens pour des postes aux sièges sociaux des banques. Je te remercie. J'ai postulé, on verra bien ce que ça va donner.

Je me dirigeai vers la cuisine pour préparer le repas tout en réfléchissant à diverses possibilités d'un emploi pour lui.

- J'espère que tu vas vite trouver. Ah tiens, tu as mangé des œufs ce midi ? Tu n'as pas pris le plat que j'avais posé sur la table pour ton déjeuner ?

- Si, j'ai pris le plat que tu m'avais dit pour ce midi. Je n'ai pas touché aux œufs. Tu sais très bien que je ne suis pas doué pour la cuisine. Même faire cuire un œuf au plat, je ne sais pas faire, dit-il en riant.

- C'est bizarre, j'aurais juré qu'il y en avait encore cinq hier soir et il n'en reste que trois.

- Tu travailles trop, tu es épuisée. Viens te reposer, je vais te masser.

- Je ne peux pas, je dois envoyer des mails. Et je dois couver quelque chose, je ne me sens vraiment pas bien.

- J'espère que ça ira mieux demain. Axel, mon ami qui habite juste à côté, nous invite à une soirée.

- En plein jour de semaine ? J'étais doublement surprise, car je n'avais jamais rencontré un seul de ses amis jusqu'à présent.

- Apparemment, ils font une soirée tous les mardis soir.

- C'est bizarre, tu m'aurais dit un vendredi ou un samedi, ça ne m'aurait pas étonnée, mais le mardi n'est pas tellement le jour des soirées. Enfin bref, on verra comment je me sens demain, car je commence très tôt mercredi et j'ai une longue journée.

Le lendemain, Jason me pressait, car le taxi que son ami lui avait envoyé attendait déjà en bas de l'immeuble.

- Je ne comprends pas pourquoi c'est ton ami qui te commande un taxi. J'aurais pu en appeler un et au moins, j'aurais eu le temps de me préparer, râlai-je.

- Mais enfin, tu passes ta vie apprêtée comme si tu te rendais au festival de Cannes, tu n'avais pas besoin de repasser dans la salle de bain. Tu es superbe ! Avec Axel, c'est comme ça, on s'est toujours rendu mutuellement des services. Si tu savais le nombre de chauffeurs que je lui ai commandés quand je vivais à LA. Mais je vais quand même descendre pour m'assurer que le chauffeur ne parte pas sans nous.

- Je n'ai pas envie de garder la robe que j'ai eue sur le dos toute la journée. Je préfère en mettre une autre. Et tu as quelque chose à me demander pour me complimenter autant ces derniers temps ? plaisantai-je. Ah mince, je vais chercher une bouteille de champagne.

- Mais non, tu n'as pas besoin, on s'en fout ! Il commençait à perdre patience.

- En France, ça ne se fait pas d'arriver les mains vides, même juste pour un apéro ! Comment crois-tu que j'ai été élevée ?

Il eut juste le temps de me lancer : « D'accord, si tu veux, je ne peux pas lutter *Frenchie*. Presse-toi, je t'aime ! » en m'adressant un clin d'œil, avant de disparaître dans les escaliers.

Je ne descendis que cinq minutes plus tard, car je ne trouvais plus mes bottes dans le placard. J'avais une multitude de paires, mais celles-ci étaient mes préférées. Dans la précipitation, je retournai tout l'appartement en quelques minutes, avant de les retrouver sous un fauteuil dans le salon.

« Eh bien, ce n'est pas du champagne casher ! » fut la phrase d'accueil d'Axel lorsque je lui tendis la bouteille. En voyant mon visage se décomposer, Jason me glissa un rapide : « Laisse tomber. J'ai oublié de te prévenir qu'il a un humour un peu particulier. »

Axel nous recevait dans l'appartement d'un de ses amis qui n'allait pas tarder à rentrer du travail. Il était coiffeur et était parti réaliser des prestations à domicile chez des clients, avant de passer chercher une amie et de nous rejoindre pour dîner.

Il s'appelait Ivan et était très sympa. Je le trouvais en tout cas bien plus chaleureux qu'Axel qui ne souriait pas beaucoup et qui avait carrément commencé de dîner avant même qu'Ivan et son amie Jessica ne soient rentrés. Presque aussitôt après notre arrivée, Axel était parti chercher une bouteille de vin rouge en me lançant : « Tu as déjà bu du vin casher Claire ? »

Il ne m'adressa presque pas la parole de la soirée, passant beaucoup de temps dans la cuisine avec Jason et avec Jessica aussi parfois. Les rares fois où il me parla furent pour me demander ce que je cuisinais pour Jason, prétextant que c'était parce qu'il travaillait dans la restauration. Mais je n'étais pas

complètement dupe concernant les allusions qu'il faisait, si bien que je finis par jeter un froid monumental dans la pièce, en lui demandant d'un air faussement détaché : « Dis-moi Axel, ça te pose un problème que je ne sois pas juive et que je ne cuisine pas casher pour ton ami ? » Il ne parut pas du tout déstabilisé et répondit du tac au tac : « Je te rassure, ça ne me pose aucun problème. Mais je suis étonné, car quand j'ai connu Jason à LA, il n'aurait jamais accepté de manger de la nourriture non casher. »
Ivan parut embêté de cette situation et tenta de détendre l'atmosphère en se dirigeant vers son studio improvisé dans un coin du salon. Il jouait plusieurs instruments de musique et proposa de me faire écouter une de ses compositions. Il me parlait de sa musique, mais je commençais à ne plus vraiment comprendre ce qu'il me disait, car j'avais un mal de tête de plus en plus intense et je sentais que j'avais trop bu. Jason me resservait un verre dès que j'en avais terminé un, si bien que j'avais bu plusieurs verres de vin rouge, mais surtout une bonne partie de la bouteille de champagne. Il devait probablement être aussi gêné par la scène avec Axel et se disait que l'alcool me détendrait, sauf que je commençais à être saoule, à un point…

Que je me réveillai entièrement nue le lendemain matin dans mon lit aux côtés de Jason. Mais ce n'est pas ce qui m'inquiéta le plus. C'est en allant dans la salle de bain que je constatai un évènement vraiment anormal en apercevant mon reflet dans le miroir : je ne m'étais pas démaquillée la veille et m'étais par conséquent endormie avec mon maquillage. J'avais eu l'habitude d'être une sacrée fêtarde pendant des années, surtout lorsque je vivais entre Paris et Marseille, mais j'avais toujours respecté scrupuleusement cette règle d'or de me démaquiller avant d'aller au lit. Je n'avais jamais dérogé à cette règle, excepté une fois lorsque j'avais quinze ans avec ma meilleure amie, parce que nous avions demandé à dormir à la bonne étoile à nos parents dans le jardin, pour finalement faire le mur et sortir.

J'avais beau essayé de faire appel à ma mémoire par tous les moyens, je n'arrivais pas du tout à me rappeler la fin de la soirée et n'avais aucune idée de comment nous étions rentrés avec Jason. À vrai dire, je ne me souvenais plus de rien à partir du moment où Ivan m'avait fait écouter sa musique. Je me revoyais seulement en train de discuter avec Jessica dans le canapé du salon lorsque les trois garçons étaient dans la cuisine. Je l'avais trouvée sympathique, mais un peu étrange. Elle semblait venir d'une autre planète, mais je me souvenais avoir été surtout surprise, car elle n'avait presque rien mangé. Le plus étrange, c'est qu'il était six heures trente du matin et que j'étais en pleine forme. Je me disais que j'allais le payer dans la journée. Je pris une douche rapide et m'enveloppai à la hâte dans une serviette, avant de regagner la chambre pour prendre des vêtements. J'aperçus Jason dans la pénombre qui dormait encore paisiblement. Je décidai de le secouer doucement pour le réveiller et lui faire part de mon étonnement quant à mon état. Tout ce qu'il trouva à me dire de sa voix encore endormie fut : « Claire, c'est la fin du monde si tu ne t'es pas démaquillée juste une nuit ? » Je ne voulais pas en démordre et je lui affirmai que je devais vraiment être dans un très sale état, car habituellement, même totalement alcoolisée, je n'avais jamais fini nue avec une totale perte de mémoire concernant une fin de soirée. Je ne pouvais plus compter le nombre de fois où je m'étais retrouvée dans des états pas possibles le matin, comme par exemple avec la nuisette enfilée à l'envers ou même avec un tee-shirt d'une marque de bière sur la tête, suite à une soirée « match de foot » extrêmement arrosée. Mais je maintins à Jason que je n'oubliais jamais de passer par la case salle de bain pour me laver le visage et que c'était même un réflexe qui avait souvent fait rire mes amis lors de soirées avec eux. Ils avaient plaisanté plusieurs fois à ce sujet, en me disant qu'il n'y avait aucun doute, je travaillais bien dans le monde des cosmétiques pour rester aussi assidue quant à ma toilette et mon hygiène corporelle.

« Et tu peux m'expliquer pourquoi je me suis réveillée toute nue ? Pourquoi tu ne m'as pas passé au moins une nuisette ? » lui reprochai-je. « J'ai essayé, mais tu ne voulais pas que je te touche et je ne sais pas pourquoi, tu as commencé à pleurer ! Je t'ai pris un moment dans mes bras et tu t'es endormie, je ne voulais pas te réveiller ! » se justifia-t-il.

J'eus effectivement un sacré coup de barre dans la journée. J'en voulais un peu à Jason, car c'était facile pour lui de me demander de sortir tard en semaine avec ses amis quand il pouvait dormir tranquillement le lendemain, alors que je devais me lever pour aller au travail.

Lorsque je lui fis part de mon agacement en rentrant du lycée le soir, il me lança tout fier de lui :

- J'ai une solution pour qu'on parte plus tôt que prévu. Jessica que tu as vue hier soir, est en arrêt depuis six mois et j'ai rencontré son médecin aujourd'hui. C'est un ami psychiatre d'Axel. Personne ne remettra en cause un arrêt prescrit par un spécialiste comme celui-ci.

- Elle m'a dit qu'elle était assistante dentaire quand je lui ai demandé ce qu'elle faisait dans la vie. Elle ne m'a pas dit qu'elle ne travaillait plus, fis-je pensive.

- Il a proposé de te mettre en arrêt jusqu'à la fin de l'année scolaire, comme ça tu n'as pas besoin de démissionner !

Je lui lançai un regard noir et son sourire s'effaça aussitôt.

- Jason, qu'est-ce que tu ne comprends pas dans : « je ne quitterai pas mon travail avant la fin de l'année scolaire » ?! Tu crois que je me sentirai moins coupable si c'est un psychiatre qui me prescrit un arrêt ? Je ne sais pas si c'est parce que je ne parle pas aussi aisément ta langue que la mienne, que tu ne saisis pas ce que je t'ai tenté de t'expliquer des milliers de fois. Je me suis engagée avec mes élèves à les former et j'irai jusqu'au bout. Ce ne sont pas seulement des gamins que je forme pendant quelques années. Je suis restée en contact avec beaucoup d'anciennes élèves dont je prends régulièrement des nouvelles. Certaines viennent même m'aider à corriger des examens. C'est vrai qu'il y a des professeurs qui se contentent de venir faire cours et repartent, mais ce n'est pas mon cas, je suis désolée. Je suis perfectionniste dans tout ce que j'entreprends et j'ai une conscience professionnelle, donc il va falloir t'y faire. Je vais quand même commencer à me renseigner un peu concernant mon appartement pour savoir ce qui est le plus intéressant entre le louer ou le vendre.

- Ne t'énerve pas comme ça ma chérie, c'était simplement une proposition. Je pensais que ça pourrait t'intéresser, mais visiblement non. Oublie ce que je viens de dire, mais tu sembles si fatiguée ! Je vais t'ouvrir une bonne bouteille de vin et te servir un verre, ça va te détendre. Je ferai la vaisselle aussi si tu veux après le dîner et je te masserai avant de dormir. On a le temps de voir pour ton appartement si on ne part que cet été.

- Je sais que ce que je te demande n'est pas facile. C'est pour ça que si tu veux partir, je ne te retiens pas. Pour l'appartement, je vais devoir m'y atteler rapidement, surtout si je le vends, vu le temps que la transaction peut prendre.

- Je ne comprends pas, fit-il, l'air très surpris. Tu m'as toujours dit qu'à Paris, la vente d'un appartement comme le tien serait très rapide. Tu m'avais assuré que ton logement partirait en un ou deux jours seulement !

- Oui, je trouverai un acheteur en seulement un ou deux jours, mais administrativement parlant, cela prend près de trois mois entre la signature de la promesse de vente et la remise des clés. Une vente d'un bien immobilier ne se fait pas en quelques jours seulement. Ce n'est pas le cas aux États-Unis ?

- Non, je suis vraiment étonné par ce que tu me dis. Ça ne met clairement pas autant de temps aux États-Unis. Il te faudra donc trois mois pour réellement vendre cet appartement ?
Il paraissait abasourdi par ce qu'il venait d'apprendre et se servit aussi un verre de vin.

Je commençais à désespérer que Jason trouve un emploi à Paris. Il avait postulé dans la plupart des banques françaises, sans succès. J'avais beaucoup de difficultés à comprendre pourquoi son CV ne les intéressait pas. Il s'était énervé un soir en passant près du siège social d'une grande entreprise, en me disant : « Il n'est même pas vingt-trois heures et les locaux sont entièrement vides. Ce sont vraiment des fainéants les Français ! Je serais capable de travailler encore à cette heure-là jusqu'au lendemain matin s'il le fallait ! Ils ne savent pas ce qu'ils ratent de ne pas me prendre ! »
Je lui avais expliqué qu'il y avait des lois assez strictes pour les horaires de travail en France et qu'on n'exploitait pas les employés. Il avait quelques difficultés à comprendre cette donnée et avait souvent trop tendance à comparer les États-Unis avec la France, alors que ces deux pays étaient diamétralement opposés en matière de conventions collectives et de droits des salariés. Jason avait même tenté sa chance auprès de plusieurs services hôteliers, mais ils ne recherchaient apparemment pas de nouveaux membres du personnel.

- Ce n'est pas possible que tu ne trouves rien ! m'emportai-je. Même pour entretenir des locaux tu m'as dit ? Tu as distribué les CV que je t'ai imprimés ?
- Je t'assure que j'ai tout essayé. Je passe mes journées à distribuer des CV dans tous les hôtels et restaurants de Paris. Je suis même allé plusieurs fois dans un organisme pour les immigrés clandestins ! Et quand j'y suis retourné cet après-midi, Georges, celui qui s'occupe de leur trouver du travail, m'a dit que je ne correspondais pas au profil.
Je le regardai pendant quelques secondes, complètement sidérée par ce que je venais d'entendre.
- Tu t'es rendu aujourd'hui dans un centre qui aide les clandestins à trouver un emploi ? répétai-je, en joignant mes deux mains en signe de prière sur la bouche et en tentant par tous les moyens de garder mon calme.
- Bah oui, qu'est-ce qui te dérange ? Au moins, je n'aurais pas eu d'impôts à payer.
Je me tapotai énergiquement les joues comme pour me réveiller, tellement ce qu'il me disait paraissait invraisemblable.
- Mais qu'est-ce qui ne va pas chez toi Jason ? Tu es allé dans un endroit rempli de types sans papiers qui ont fui leur pays en état de guerre, fauchés comme les blés, pour réclamer un travail dans ton costume Yves Saint Laurent, avec tes chaussures Berluti et tes lunettes de soleil Dior accrochées à ta veste et tu oses me demander ce qui me dérange ?! Mais putain, tu vis sur quelle

planète ?! Là, je ne sais vraiment plus quoi te dire à part que tes facultés d'adaptation n'ont jamais été aussi proches du néant !

- Tu crois vraiment qu'ils ont prêté attention à ce genre de détails ? demanda-t-il niaisement. Ils ne doivent certainement pas connaître tous ces créateurs de mode.

Je préférai ignorer sa remarque tellement je la trouvais stupide et déplacée.

- Ça fait plusieurs semaines maintenant que ça dure. On ne va pas pouvoir continuer comme ça encore longtemps. Il va falloir que tu trouves un moyen pour m'aider Jason, prévins-je.

Je n'étais pas nécessairement en difficulté financière, mais j'en avais marre de tout gérer. Il ne savait pas cuisiner et n'était pas non plus très compétent pour effectuer des tâches ménagères, donc je devais tout faire. Le lendemain de la soirée avec ses amis, il n'avait même pas rangé le bazar que j'avais mis dans l'appartement la veille en cherchant mes chaussures. Je me retrouvais donc à faire la cuisine quand je rentrais du travail, à nettoyer l'appartement et à payer les courses au supermarché, les sorties… Et encore, Jason refusait catégoriquement de sortir la plupart du temps. Nous n'avions dîné à l'extérieur qu'une seule fois tous les deux. Je lui avais proposé à plusieurs reprises de venir avec mes amis à différentes soirées. Il avait toujours refusé, prétextant vouloir rester seul dans l'appartement, me laisser profiter avec mes amis ou être trop fatigué. Je ne voyais pas tellement pourquoi il se disait fatigué vu qu'il n'avait toujours pas trouvé de travail, car il disait que les français « n'aimaient pas les Américains ». Il se levait cependant tous les jours très tôt, car il se rendait dans un hôtel de luxe dans Paris pour faire du sport. Il avait connu cet endroit par le biais de Téa, qui l'avait mis en relation avec un vigile de l'hôtel et qui lui laissait l'accès à la salle de remise en forme tous les matins entre cinq heures et huit heures.

On passait donc peu de temps ensemble, hormis le soir chez moi quand je ne sortais pas à l'extérieur. J'avais la chance d'avoir des après-midis où je pouvais travailler à domicile, mais il n'était généralement pas là, car en recherche d'un emploi. Il avait déjà passé plusieurs entretiens qui n'avaient malheureusement rien donné. Il avait tenté sa chance auprès d'agences dans l'évènementiel, car il avait beaucoup aidé son père étant plus jeune dans diverses organisations d'évènements importants.

Il n'eut pas le temps de me répondre, car mon téléphone sonna au même moment. C'était ma mère qui déplorait que je ne donne plus beaucoup de nouvelles depuis plusieurs mois. Elle avait fait quelques remarques négatives concernant Jason, car elle n'approuvait pas que je me sois remise avec lui. Elle trouvait qu'il ne me traitait pas très bien et qu'il m'éloignait progressivement de mes proches. Je lui annonçai ce soir-là que nous envisagions de partir ensemble, notamment parce que Jason avait enfin trouvé une solution pour son travail en Afrique. Il m'avait demandé de ne pas rentrer dans les détails, car ça ne regardait pas les gens autour de nous. Elle prit peur en pensant que le départ était immédiat et que j'allais tout quitter. Elle fut rassurée lorsque je lui précisai que ce ne serait pas avant l'été et que j'irais d'abord passer les vacances avec lui. J'entendis un long soupir de soulagement dans le combiné :

- Ne revends pas tout de suite ton appartement et attends au moins la fin des vacances scolaires pour donner ta démission, ce sera plus sûr. Tu as de la chance d'avoir presque deux mois de congés, ça va te permettre de voir…

- De voir quoi ? la coupai-je avec agressivité. J'ai bien remarqué depuis un moment que tu espérais que ça se termine avec Jason, mais je suis au regret de t'annoncer que j'ai bien l'intention de rester avec lui. Et je fais ce que je veux. Si demain je souhaite quitter mon travail et revendre mon appartement, tu n'as pas ton mot à dire !

- Je te rappelle quand même que cet appartement, c'est grâce à ton père et moi que tu l'as et que tu pourras nous remercier lors de la vente ! riposta-t-elle. Je ne te dis pas de tout arrêter avec Jason, mais on ne peut pas dire que votre relation ait toujours été sereine. Je me souviens de l'état dans lequel tu étais à ton anniversaire quand il n'était pas là et qu'il ne te l'avait pas souhaité. Je te disais juste que vous n'étiez pas à quelques semaines près et que tu verras à la fin de l'été, après être allée avec lui aux États-Unis.

- Tu n'as pas à me dire ce que je dois faire ou pas ! Je suis assez grande pour prendre mes décisions toute seule. Je préfère raccrocher parce que je sens que je vais m'énerver là et te dire des choses que je risque de regretter.

Je constatai en raccrochant que mes mains tremblaient sous le coup de l'énervement et que j'avais très chaud tout d'un coup. Jason se tenait juste derrière ma chaise et me tendit un verre de vin : « Je pense que tu en as besoin. » J'attrapai le verre et le regardai en souriant tristement : « Je crois que tu avais raison. Il est parfois mieux d'en dire le moins possible aux gens autour de nous, parce qu'après ils se servent des informations qu'on leur donne pour nous poignarder dans le dos. »
Une heure plus tard, Jason me massait sur le lit, mais je ne sentais presque rien tellement j'avais une forte migraine. Je n'étais pourtant pas sujette à en avoir, mais entre le stress et la contrariété de la conversation avec ma mère, je ne me sentais pas bien. Je voyais carrément la lampe située sur la table de nuit près du lit tourner dans la pièce qui était devenue floue.

Jason m'annonça qu'il allait rejoindre Axel pour dîner avec des amis. Il me proposa de me joindre à eux, mais je me sentais trop fatiguée et j'avais des maux de tête de plus en violents.

J'ouvris un placard dans la cuisine pour me servir un verre d'eau et constatai avec agacement :

- Jason, tu as encore cassé un verre aujourd'hui ?

- Non, pourquoi tu m'accuses encore ?

- Parce que je ne peux plus compter le nombre de verres que tu as cassés avec ta maladresse, m'énervai-je. Et je sais encore compter. Je ne suis pas stupide, je vois bien qu'il manque un grand verre dans le placard.

- Je n'en sais rien, fit-il en haussant les épaules et en reprenant la lecture d'une vidéo sur son ordinateur. Son indifférence m'irrita encore plus.
- Tu m'énerves ! hurlai-je. Non seulement, tu passes tes journées sur ton ordinateur à ne rien faire et en plus tu casses mes affaires ! Tu veux me faire croire que c'est trop dur avec tous tes diplômes et ta gueule d'ange de trouver un travail ? Tu ferais peut-être mieux de prendre un vol pour les US et je te rejoindrai cet été. Les jours passent et tu n'as toujours rien trouvé.

À ce moment-là, son téléphone portable sonna. J'aperçus son écran toujours strié à cause des nombreuses rayures, mais pus tout de même lire « Téa ». Il m'intima l'ordre de me taire en me posant l'index sur les lèvres. Elle l'appelait régulièrement depuis son retour, mais ignorait qu'il était à Paris. Il lui faisait croire qu'il était rentré aux États-Unis. Elle ne percevait pas notre relation d'un bon œil et avait peur que Jason ne soit plus assez concentré sur ses affaires, s'il était occupé dans une histoire de cœur. Je trouvais ce mensonge fatigant, car je devais donc régulièrement ne pas faire de bruit, éteindre la télévision ou encore changer de pièce lorsqu'il l'avait en ligne. Je lui avais fait plusieurs fois la remarque, mais il m'avait répondu, un grand sourire aux lèvres : « Tu vois, moi aussi je ne dis pas toujours la vérité aux autres quand il s'agit de préserver notre relation. » Il parlait tellement vite que je ne saisissais pas toujours leurs échanges. Mon anglais était convenable, mais j'étais loin d'être bilingue. Je blâmais d'ailleurs

souvent Jason qui ne me corrigeait pas assez à mon goût. Il trouvait mon anglais imparfait « *so chic, so French et so sexy* » et il disait en plaisantant que par conséquent, il ne m'aiderait pas à progresser.
Il raccrocha et se tourna vers moi : « OK, je vois que tu n'es pas encore d'humeur. Je préfère partir rejoindre Axel et revenir quand tu seras calmée. Tu crois que je n'en ai pas marre et que ce n'est pas humiliant pour moi d'être rejeté de partout ! Bientôt, tous ces connards gérants d'hôtel qui refusent de m'embaucher pour un travail ridicule, me baiseront les pieds quand je reviendrai en tant que client ! » Il éteignit rapidement son ordinateur, enfila sa veste et m'attrapa par le menton pour m'embrasser, en ajoutant : « Tu ne m'as pas laissé le temps de te dire, mais j'ai sympathisé aujourd'hui avec une employée d'un hôtel qui m'a fait rencontrer son supérieur. Ils seraient éventuellement intéressés pour que j'organise des évènements dans leur hôtel. Ils doivent me recontacter demain. »

Après son départ, je décidai de me démaquiller avant de prendre une douche et remarquai en voyant mon reflet dans le miroir à quel point j'avais le teint blafard et des cernes visibles sous les yeux. J'avais eu quelques soucis pigmentaires par le passé sur la peau du visage, dus à des excès d'expositions solaires, notamment aux solariums. Cela s'était résorbé avec le temps et quelques traitements. Je ne sais pas si c'était lié à la fatigue ou au fait que je sois plus pâle que d'habitude, mais je trouvais que certaines taches presque devenues invisibles, semblaient redevenir brunes.

Ma sœur m'appela quelques jours après pour savoir si Jason serait présent à son mariage le mois suivant. Elle me demanda des nouvelles, car comme ma mère, elle regrettait que je n'appelle pas plus souvent et me rappela que son enterrement de vie de jeune fille aurait lieu dans une quinzaine de jours. Jason se plaignait, car il n'était plus le bienvenu au mariage depuis notre séparation quelques mois auparavant. Je pensais qu'il sauterait de joie en apprenant la nouvelle, mais il se contenta d'un : « Oh c'est gentil, merci. Bien sûr que je viendrai. »

Il faut dire que je ne lui facilitais pas la vie ces derniers temps. J'étais tellement à cran que je m'emportais pour tout et n'importe quoi : des chaussures qui traînaient au milieu de l'appartement, la musique du voisin d'à côté qui était trop forte, une porte mal refermée…

Et c'était pareil à l'extérieur. Je pestais contre la météo, contre les gens qui me bousculaient sans le faire exprès, si les transports n'allaient pas assez vite...

Depuis plusieurs jours, j'avais pas mal de symptômes correspondant à une allergie au pollen. J'en faisais régulièrement, mais pas à cette période de l'année. Elles se déclenchaient généralement un peu plus tard au cours du printemps. Ce jour-là, les symptômes étaient plus que persistants. C'était d'ailleurs vraiment incompréhensible, car j'avais pris les comprimés de mon traitement annuel habituel. Je passais mon temps à me moucher et les larmes n'arrêtaient pas de couler tellement mes yeux piquaient. J'étais si rouge et mon visage avait tellement enflé, que mes élèves s'inquiétèrent durant le cours : « Tout va bien, Madame ? Vous ne semblez pas très bien ? »

Et là, j'explosai : « Oui, tout va très bien ! C'est parce que vous espérez que j'arrête le cours pour partir plus tôt que vous me posez la question ? » Elles me dévisagèrent, estomaquées pendant plusieurs longues minutes et l'une d'entre elle finit par dire timidement : « Non Madame, on se demandait seulement ce que vous aviez, car vous ne semblez vraiment pas dans votre état normal. » « Dans mon état normal ! Non, mais vous insinuez quoi là ? Je vais très bien, donc vous arrêtez vos conneries et vous vous remettez sérieusement au travail. Je vous préviens que s'il y en a une seule parmi vous qui a le malheur de prononcer un mot durant cette dernière heure de cours, elle reviendra en retenue deux heures mercredi après-midi ! » J'avais hurlé tellement fort qu'on aurait pu penser que je venais de les battre, au vu des expressions de leur visage qui se décomposaient.

Je les vis échanger des regards d'incompréhension, mais il sembla que mes paroles firent effet, car il n'y avait plus un seul bruit dans la salle. Je me dirigeai d'un pas rapide vers les toilettes et ouvris le robinet d'eau à fond, j'étais en sueur. Je me passai un peu d'eau froide sur le visage et constatai de nouveau que mes mains tremblaient. Un miroir se trouvait juste au-dessus du lavabo et je m'aperçus que j'avais une tête à faire vraiment peur. Je me laissai ensuite glisser contre le mur au point de me retrouver assise par terre et me pris la tête dans les mains. J'avais un bourdonnement horrible dans la tête et l'impression qu'elle allait exploser. M'énerver injustement de cette façon envers les élèves ne me ressemblait pas du tout. De plus, j'avais toujours entretenu de très bons rapports avec cette classe. Je ne sais pas pourquoi j'avais perdu mon sang froid sans aucune raison. Heureusement, je savais reconnaître quand j'avais tort et m'excusai en revenant dans la salle, en justifiant être véritablement souffrante.

En rentrant le soir, je racontai ma mésaventure à Jason pendant le dîner. Sa réaction ne se fit pas attendre.

- Tu vas encore râler, mais tu devrais réellement songer à ce que je t'ai proposé avec ce psychiatre. Je l'ai revu en plus aujourd'hui. Tu es lessivée. Regarde, tu ne sais même plus où tu ranges tes affaires et tu divagues souvent. Tu m'assures parfois ne jamais avoir dit ou fait telle ou telle chose, alors que je t'ai vue ou entendue les faire ou les dire.

- J'hésitais à t'en parler, car j'avais justement peur que tu en profites pour réitérer cette proposition, soupirai-je, exaspérée. Et pourquoi tu l'as revu aujourd'hui ? Tu n'étais pas censé chercher du travail ? Ça a donné quoi d'ailleurs ton histoire d'évènements dans l'hôtel de luxe dont tu m'avais parlé ? Ils t'ont recontacté ?

- Oui, ils n'ont pas donné suite finalement, car ils n'ont pas encore tout mis en place concrètement. Mais j'ai une super nouvelle à t'annoncer ! Je vais finalement travailler comme toi à domicile !

- Euh oui, enfin n'exagère pas, je fais aussi beaucoup de « hors domicile », mimai-je entre guillemets. Et je ne comprends pas, tu vas faire quoi en restant ici ?

- J'ai réussi à convaincre mon ami Robbie de reprendre un business qu'on avait ensemble avant.

- Tu me fais peur. C'est légal au moins ?

- Bien sûr ! Tu sais, je ne trempe pas systématiquement dans des affaires louches comme tu as l'air de le croire. Il va louer sa magnifique villa à Los Angeles sur un site très connu pour les vacanciers. Et je ne te cache pas qu'auparavant elle était aussi régulièrement en location pour tourner des films pornos.

- Tu plaisantes là j'espère ?

- Non, mais on s'en fout, l'essentiel c'est que je t'aide un peu à payer tes factures jusqu'à ce qu'on parte d'ici. Je suis chargé de m'occuper des réservations et ça me permet de toucher 30% de commissions sur la somme totale du séjour.

- Et cette idée t'est apparue soudainement, comme ça, par magie ? demandai-je sournoisement, en faisant claquer mes doigts.

- Quoi que je fasse, tu ne seras jamais contente, se plaignit-il. Tu sais très bien que je ne demande qu'à partir tout de suite avec toi. Il n'y a absolument rien de valorisant pour moi dans tout ça.

Quelques heures plus tard, une série d'appels interminables commença entre lui et son fameux ami Robbie, à propos de ces locations. Il me montra les photos de la villa qui était immense et magnifique. Robbie lui avait également envoyé des photos du jardin avec une belle piscine en extérieur, qui avait une vue imprenable sur les collines de Hollywood.

Je lui demandai si je pouvais jeter un coup d'œil sur le site pour passer éventuellement un week-end avec des copines avant notre départ ensemble. Je regardai un appartement et lâchai déçue :

- Ils abusent de mettre une caution aussi élevée. En même temps, on ne compte pas faire de dégâts, donc on devrait la récupérer sans problème.

- Non, s'écria-t-il. Ne prends surtout pas un logement avec une caution pareille, tu n'en reverras jamais la couleur !

- Mais enfin, pourquoi tu dis ça ? Ce serait malhonnête de leur part.

- Tu crois sincèrement que tout le monde est aussi honnête que toi ma chérie ? ricana-t-il. Laisse-moi te raconter une petite histoire. Je t'avais dit que j'avais vécu en Israël pendant plusieurs mois. Eh bien, j'avais mis le logement que j'avais à Tel-Aviv en location sur ce site et j'exigeais une caution presque aussi élevée que la location du séjour. Sache que je n'ai jamais rendu aucune caution aux locataires.

- Tu plaisantes ? Tu es au courant que ça porte un nom, ce que tu as fait ? On appelle ça une arnaque mon cher ! Tu te rends compte que les personnes qui réservent sur ce type de sites le font par souci d'économie, pas pour se faire plumer ! Et comment ça se fait que tu aies pu le faire plusieurs fois sans te prendre de commentaires négatifs par la suite ? questionnai-je avec suspicion.

- Mais qu'est-ce que tu t'imagines ?! J'ai bien plus profité de cet argent que ces connards ! Oui je l'ai fait et si c'était à refaire, je recommencerais sans aucun problème ni aucun scrupule. Et les commentaires négatifs, on s'en fiche sur ce site. On peut indéfiniment supprimer et créer de nouveaux comptes.

Une longue dispute s'ensuivit avec Jason suite à cette confession minable. Je m'emportai tellement que je jetai les couverts qui se trouvaient encore sur la table contre le mur et tentai même de lui mettre une claque.

Le lendemain, je me réveillai l'esprit encore embrumé. Je me tournai vers Jason qui dormait encore profondément. Je ne sais pas d'où lui venait cette manie de dormir systématiquement avec une écharpe nouée autour du cou, un bonnet en laine vissé sur la tête, un tee-shirt thermique ainsi qu'une veste de sport. Quelle que soit la saison ou la chaleur dans la pièce, il dormait toujours vêtu de cette façon, ce qui m'avait beaucoup fait rire lors de notre première nuit ensemble. Quand je revins de la salle de bain, il s'était réveillé et se trouvait dans l'embrasure de la porte. Il souriait de toutes ses dents et son regard brillait. Il m'attrapa par le bras pour m'attirer à lui et colla son torse contre ma poitrine en me caressant le visage :

- Je suis si chanceux d'être avec toi, tu es tellement belle.

- Tu ne m'avais pas précisé que tu étais atteint avant l'âge de la maladie d'Alzheimer quand on s'est rencontrés, répondis-je fermement.
- De quoi tu parles ?
- Tu as oublié ce qu'il s'est passé hier soir ? On en est presque venus aux mains toi et moi ! Je n'ai pas oublié tes actes malhonnêtes avec le site pour la location de logements. Je lui attrapai les bras pour les repousser sur les côtés et me dégager de son étreinte.
- Tu parles du site pour les locations de la villa que je vais faire avec Robbie ? Mais de quels actes malhonnêtes tu parles ? Il semblait ne pas comprendre du tout ce que je disais et cette réaction me déstabilisa totalement.

Je lui rappelai ce qu'il m'avait dit au sujet des cautions et la dispute qui en avait découlé. Il me dévisagea perplexe pendant un long moment, avant de répondre abasourdi par ce que je venais de lui dire : « Claire, je suis de plus en plus inquiet. Je t'ai effectivement annoncé hier que je comptais faire des locations avec Robbie et que ma commission serait de 30 %, mais je ne t'ai jamais parlé de cautions que je ne rendais pas. Et je n'ai jamais loué quoi que ce soit en Israël, même si c'est vrai que j'y ai vécu. Toi et moi, on s'est disputés un peu avant d'aller se coucher, car il était tard et que tu avais beaucoup bu, mais on n'a jamais levé la main l'un sur l'autre. Tu as simplement dû faire un mauvais rêve. Tu es certaine que tout va bien ? » Il posa sa main sur mon front

qui était brûlant et je sentis quelques gouttes de sueur perler le long de mes tempes.
Peut-être que c'était moi qui avais la maladie d'Alzheimer ?

Jason rentra en début de soirée après avoir passé la journée à l'extérieur avec Axel. Il travaillait dans la restauration et avait donc des horaires décalés. Il s'installa directement sur son ordinateur pendant que j'étais occupée à répondre à des mails professionnels. Il passa la tête au-dessus de mon épaule et demanda :
- Pourquoi tu as un compte mail sur ce site ? Tu sais que toutes tes données sont conservées et qu'on peut retracer presque toute ta vie à partir de ton adresse IP en étant connecté à cette merde ?
Je relevai la tête pour le regarder en face et répondis en souriant :
- Nous sommes d'accord que la liberté d'expression a été abolie il y a déjà fort longtemps mon chéri et que nous vivons dans une société de contrôle total et de l'abrutissement en masse des populations de façons diverses et variées, à travers les médias et les réseaux sociaux notamment. Tu oublies que je suis aux premières loges et que j'assiste tous les jours à la déchéance humaine en tant qu'enseignante, au contact de cette merveilleuse nouvelle génération d'adolescents, parfois tellement incultes et égocentriques, que je me demande même si on n'a pas évolué dans deux mondes parallèles. Sérieusement, tu espères quoi maintenant d'une société en déliquescence où les gens règlent leurs comptes sur Snapchat avec des têtes de biches, des oreilles

de chatons, le tout accompagné d'une voix de crécelle ? Mais si ça peut te rassurer, je doute que la vie de Claire Gabriel intéresse grandement ceux qui se trouvent tout en haut de la pyramide du pouvoir et c'est pareil pour toi. Je viens de résumer ce que tu passes tes journées à regarder sur l'ordinateur et à ruminer ensuite. Donc, sinon, on peut profiter ou tu préfères qu'on passe la soirée à se lamenter sur le système planétaire, en faisant une dépression et en critiquant tout le monde comme deux vieux cons ?

- Pourquoi tu le prends comme ça ? Il semblait vexé et partit se rasseoir en faisant le dos rond, comme un petit garçon qui venait de se faire gronder. Je me levai pour l'enlacer et tentai de me rattraper :

- Ce n'est pas contre toi, mais tu sais que j'ai déjà régulièrement des maux de tête et tu viens me prendre la tête avec des soucis que tout le monde connaît, mais qu'on ne peut pas résoudre, car on est impuissants face à tout ça. La seule chose qu'on peut éventuellement faire, c'est en avoir conscience et inculquer ce savoir à notre descendance. On a déjà eu un tas de fois des conversations de comptoir sur ce type de sujets. Et j'ai l'impression que tout ça te rend complètement parano. Je ne peux même plus compter le nombre d'adresses emails que tu m'as données ou les numéros de téléphones différents desquels tu m'as appelée ou écrit. D'ailleurs je suis désolée pour tous les messages que tu m'envoies tous les jours et auxquels je ne réponds pas toujours, car je n'ai pas beaucoup de temps dans la journée avec tout ce que je dois gérer au lycée. Mais ça me touche mon chéri, je te remercie.

Il m'attrapa pour m'asseoir sur ses genoux et déclara gaiement :

- Tu as raison, on informera nos enfants sur les rouages de ce monde de malades dans lequel nous vivons ! Je sais que tu ne me croiras pas, mais tant que je serai sur cette terre, je ferai tout ce qui est en mon pouvoir pour faire bouger les choses positivement. Eh oui, je préfère prendre des précautions même si tu es persuadée que personne ne s'intéresse à moi.

- Si tu le dis mon Napoléon ! J'espère en tout cas qu'on pourra passer un peu plus de temps ce week-end ensemble, surtout que je serai à l'enterrement de vie de jeune fille de ma sœur le week-end prochain, fis-je en l'embrassant.

- Moi aussi, j'ai hâte qu'on soit ensemble ma chérie ! Je travaille comme un fou tous les jours avec Robbie pour faire un maximum de locations. On a enfin trouvé notre solution avant le départ !

J'étais impatiente de passer le week-end avec Jason qui avait enfin résolu le problème et donc, l'objet de toutes nos disputes. De plus, mon allergie étrange avait enfin cessé et je me sentais un peu plus en forme. Il m'avait appelée sur l'heure du déjeuner pour me prévenir qu'il devait voir Axel dans l'après-midi. La semaine avait été tellement longue et harassante, que Judith me proposa de nous détendre après les cours en allant prendre un verre dans un de nos bars préférés, dans le centre de Paris. On en profita pour fêter aussi l'obtention de sa mutation en Polynésie dont elle rêvait depuis un moment. Elle allait terriblement me manquer, mais j'avais l'habitude malheureusement de voir mes amis quitter la France. C'était presque comme une malédiction. C'était systématique : à chaque fois que je rencontrais une personne à Paris que ce soit dans le cadre du travail ou de la vie privée et qu'on commençait à devenir proches, elle finissait par plier bagage et déménager ailleurs. Je me retrouvais donc à n'avoir plus que très peu d'amis à Paris, mais pleins aux quatre coins du monde. Je fis part de cette amertume à Judith qui me rassura :

- Ne t'inquiète pas. Il semble que ton tour soit aussi venu de partir d'ici. Vous serez bientôt en vacances loin de Paris et après, vous n'aurez plus qu'à vous mettre d'accord concernant la ville ou le pays dans lequel vous déciderez de vous installer.

- J'espère, mais ce ne sera pas non plus si évident de tout quitter ici. Je ne fais que de me plaindre de la vie à Paris, mais ça fait quand même plus de dix ans que j'y habite et c'est une très belle ville. En tout cas, ceux qui souhaitent quitter la France doivent définitivement sympathiser avec moi et ils seront sûrs d'en partir, plaisantai-je. Je vais juste tenter de ne pas être égoïste, en sachant à quel point tu es contente de t'envoler sur ton île et te souhaiter plein de bonnes choses, souhaitai-je en claquant énergiquement mon verre de champagne contre le sien.

Je jetai un coup d'œil à mon téléphone et m'aperçus qu'il était déjà vingt et une heures. Nous étions installées avec Judith dans le bar depuis plus de quatre heures. Elle est de nature tellement positive et drôle, que je n'avais pas vu le temps passer en sa compagnie. J'étais étonnée de n'avoir eu aucune réponse de Jason quant à mon message quelques heures plus tôt pour l'informer que je rentrerais plus tard que prévu. J'avais pris l'habitude qu'il inonde mon téléphone de messages écrits et vocaux. En me connectant à l'application qui nous permettait d'échanger, je constatai qu'il n'avait même pas reçu le message que je lui avais envoyé. Je décidai donc qu'il était temps de rentrer et dis au revoir à mon amie.

En ouvrant la porte d'entrée, je fus surprise de trouver l'appartement dans l'obscurité et aucune trace de Jason. Je tentai de l'appeler, mais tombai sur sa messagerie. J'en déduisis qu'il avait dû se faire embarquer dans une soirée par Axel et qu'il ne devait probablement pas avoir de réseau là où il se trouvait. Je me couchai exténuée vers une heure du matin et pris soin d'enlever ma clé de la serrure pour qu'il puisse ouvrir avec le double de la clé que je lui avais confiée.

Je me réveillai à quatre heures du matin pour boire un verre d'eau et constatai qu'il n'était toujours pas rentré. Je me dis qu'il avait certainement dû passer la nuit chez Axel ou peut-être même Ivan, qu'il rentrerait le lendemain matin et partis me recoucher. Cela ne faisait même pas vingt-quatre heures que je ne l'avais pas vu et il me manquait déjà. J'ignorais comment il avait tenu le coup ces derniers temps après toutes les remarques désobligeantes que je lui avais faites et pour toutes les fois où j'avais perdu la raison entre le stress et la fatigue. Mes collègues aussi avaient remarqué que je ne tenais pas toujours des propos cohérents et Solène m'avait dit de faire attention avec les élèves, qui lui avaient rapporté me trouver changée et de plus en plus bizarre. Je lui avais répondu qu'elles exagéraient ces petites ingrates, car je restais principalement pour elles. Mais comme Solène m'avait fait remarquer, elles ne le savaient pas et ignoraient pratiquement tout de ma vie privée. Autant, elles me racontaient souvent toutes leurs affaires de cœur et il m'arrivait de leur donner des conseils, mais je refusais en échange de leur donner des informations me concernant.

Quand je me réveillai vers dix heures le lendemain matin, Jason n'était toujours pas rentré.
Je pris tranquillement le petit-déjeuner, mais remarquai avec inquiétude qu'il n'avait toujours pas lu mon message. Je retentai de l'appeler et tombai de nouveau sur sa messagerie.

Dans l'après-midi, je n'avais aucune nouvelle de Jason. Je me dis qu'il rentrerait probablement bientôt, mais commençais à être furieuse après lui, de ne pas m'avoir au moins envoyé un message pour me prévenir qu'il ne rentrerait pas de la nuit ni de la journée.

En fin d'après-midi, Agathe me proposa de passer chez elle pour dîner avec Jason. Je ne préférai pas lui dire que je n'avais aucune idée de l'endroit où il se trouvait actuellement et lui répondis que

ça tombait bien, car il devait passer la soirée avec des amis et que ça nous permettrait de nous retrouver un peu toutes les deux.
Je réalisai avant de rejoindre Agathe que Jessica était dans mes contacts sur les réseaux sociaux. On avait dû s'ajouter durant la soirée très arrosée dont je n'avais presque aucun souvenir. Je lui envoyai donc un message, afin de lui faire part de mon inquiétude et lui demander si elle pouvait me communiquer le numéro d'Axel. Je m'aperçus que nous avions Ivan en contact en commun. Je lui envoyai donc approximativement le même message.
Agathe me parla longuement de ses prochains voyages et me raconta beaucoup d'anecdotes liées à son travail et ses collègues. Je ne comptais rien lui dire concernant ma chère moitié portée disparue. Personne n'était au courant et ça me rongeait de devoir cacher mon inquiétude. Il était hors de question que j'appelle ma mère ou mon frère dont j'étais très proche. Cela risquait de leur donner une excuse valable de le discréditer à mes yeux. Agathe me servit beaucoup de verres de vin, que j'acceptai dans le but de faire redescendre le stress et je finis par tout lâcher après qu'elle ait demandé comment cela se passait avec Jason.
« Donc là, tu n'as aucune idée d'où il est ? Et ses amis ne t'ont toujours pas répondu ? résuma-t-elle. Mais c'est bizarre, tu es sûre qu'il ne lui est rien arrivé ? »
En une fraction de seconde, je me remémorai une phrase qu'il avait prononcée dans la semaine : *« Si tu n'as aucune nouvelle de moi un jour, sache que je ne serai probablement plus en vie. Il y a tellement de personnes qui souhaitent ma mort, si tu savais ! »*

J'avais pensé à une énième plaisanterie de sa part entre sa paranoïa et sa mégalomanie, qui me paraissaient parfois forcées. Mais autant, cette phrase n'était que le fruit de mon imagination. J'avais de plus en plus de mal à faire la distinction entre mon imagination et la réalité quand j'étais très fatiguée.
Résultat : j'éclatai en sanglots de plus belle en faisant part de cette information à Agathe.
Elle suggéra d'aller au commissariat signaler sa disparition, ce que je refusai catégoriquement. La première raison que je lui exposai était qu'il fallait attendre quarante-huit heures avant de signaler la disparition de quelqu'un. La seconde, qu'il m'en voudrait vraiment d'être allée voir la police en donnant son nom et des informations le concernant. « Je crois qu'à ce stade, on s'en fout un peu Claire de ce qu'il pense. Soit il lui est arrivé quelque chose, soit c'est vraiment un gros con. Donc au lieu de te mettre dans un état pareil, on va enfiler nos manteaux et aller au commissariat juste à côté qui se trouve à moins de cinq minutes à pied. »
Je finis par céder en m'inquiétant : « Ils ne vont jamais nous prendre au sérieux Agathe, on est complètement ivres ! »

Dix minutes plus tard, je me trouvais pourtant devant un policier qui tentait de comprendre tant bien que mal mon histoire. Il semblait sincèrement désolé pour moi avec son collègue, mais me confirma ne rien pouvoir faire, car la procédure requise était d'attendre quarante-huit heures avant de signaler une disparition. En sortant du commissariat, je me tournai vers Agathe et lui lançai : « Il vaut mieux qu'il lui soit arrivé quelque chose, car c'est moi qui risque de le tuer à mains nues s'il a le culot de revenir comme si de rien n'était après m'avoir fait vivre cet enfer ! »

Le lendemain matin, je n'avais aucune nouvelle ni de Jason, de Jessica, d'Ivan et même du père de Jason. Agathe m'avait conseillé de lui envoyer aussi un message, car j'avais repéré son profil sur les réseaux sociaux et lui avait déjà parlé plusieurs fois au téléphone quand ils s'étaient appelés avec son fils. Je n'avais pas dormi de la nuit et passai la matinée à appeler tous les hôpitaux privés et publics de Paris et la région parisienne. J'appliquai les conseils du policier que j'avais vu la veille.

En raccrochant avec le dernier hôpital qui n'avait pas plus de renseignements à me fournir concernant Jason, j'aperçus sa valise près du radiateur du salon et décidai de l'ouvrir. Je n'avais jamais fouillé dans ses affaires et avais toujours critiqué les personnes qui se permettaient de s'introduire dans l'espace privé de leur moitié par jalousie, méfiance ou curiosité. Mais j'estimai que je pouvais faire une légère entrave à mes codes moraux, vu l'heure et la gravité de la situation. Il y avait un sacré bazar dans sa valise, entre ses vêtements mal pliés et des pépites d'or dans un sachet qu'il avait illégalement ramenées d'Afrique et qu'il m'avait montrées, tout fier de lui. J'aperçus une pochette jaune entre deux pantalons. Elle semblait contenir de nombreux documents.

En l'ouvrant, un sachet tomba à mes pieds. Il ne contenait pas moins d'une vingtaine de cartes SIM. Je savais que Jason en avait plusieurs, mais je n'imaginais pas qu'il en possédait autant. Je découvris plusieurs papiers au nom d'un certain *Barry Inoch*. Cela s'apparentait à des permis de construire, mais c'était bien compliqué dans une langue qui n'était pas la mienne et je commençai à avoir un sacré mal de tête. Je décidai de regarder les autres papiers. C'était des photocopies de Jason avec de nombreuses célébrités : des acteurs, des chanteurs et même des politiciens. Il m'avait déjà montré toutes ces photos, mais je ne comprenais pas bien l'utilité de les avoir imprimées en format A4. Sous toute cette pile de papiers, je trouvai quatre passeports comportant tous la photo de Jason, mais avec des noms différents. Je tombai également sur pas moins de sept passeports de différentes femmes. Elles venaient toutes de pays de l'Est et avaient une vingtaine d'années.

« Mais c'est quoi ce bordel ? » pensai-je.

Je tentai de me relever, mais je fus prise d'un vertige si violent que je vacillai en arrière. Il me fallut quelques instants pour reprendre mes esprits. J'aperçus son ordinateur sur un meuble et sans réfléchir, je l'ouvris et tentai de l'allumer. « Merde, il faut un code ! » pestai-je.

Ce qui me mit hors de moi fut de trouver sous ses boîtes de compléments alimentaires en haut d'un meuble, l'intégralité des CV que j'avais donnés à Jason pour trouver un emploi. Je recomptai au moins trois fois afin d'en être sûre : il lui en restait exactement le même nombre de pages que j'avais imprimées : quarante.

Ce n'est qu'aux alentours de midi que Jessica me renvoya un message pour m'assurer n'être au courant de rien et m'envoya le numéro d'Axel qui était sans cesse sur messagerie. Ivan me répondit dans l'heure qui suivit qu'il était à Tel-Aviv en Israël et ne pouvait donc rien pour moi.

L'inquiétude commença à laisser place à la colère et je lui renvoyai un message assez agressif en lui disant à quel point j'étais morte d'inquiétude, que je n'avais pas fermé l'œil de la nuit, m'étais rendue au commissariat et avais également contacté tous les hôpitaux de la région. J'ajoutai qu'il ne serait jamais parti sans toutes ses affaires, notamment son PC. Il m'appela dans l'après-midi après avoir contacté la femme d'Axel. Il m'expliqua que c'était normal que Jason n'ait répondu de rien durant tout le week-end, car il se trouvait chez le père d'Axel qui était extrêmement pratiquant et qu'ils fêtaient la fête juive la Pessa'h, qui interdisait de toucher tout objet électrique. Il me dit qu'il allait rentrer certainement le soir, car en Israël, la fête était déjà terminée, car elle ne durait que vingt-quatre heures, alors qu'en France, cela durait quarante-huit heures. Je clôturai la conversation par un : « Crois-moi qu'il va s'en rappeler toute sa vie cet enfoiré de Jason de sa fête ! »

Lorsque je mis cette même phrase par écrit à Jessica, j'eus droit en guise de réponse à : « Tu exagères, Jason est fou de toi et tu le traites d'enfoiré. Il passe son temps à parler de toi à tout le monde. Il y a dû y avoir une incompréhension. Et tu n'aurais jamais dû

prévenir son père. Tu l'as certainement inquiété pour rien, surtout qu'il ne peut rien faire vu qu'il est à des milliers de kilomètres. »
Non, mais c'était le monde à l'envers, pour qui elle se prenait pour me juger ?!
J'avais ressenti un léger malaise en sa présence, je compris mieux pourquoi. Comme j'avais dit à Ivan, je n'aurais jamais empêché Jason de se rendre à cette fête religieuse s'il m'en avait parlé avant et je pense que je méritais clairement ma place dans la catégorie : « Ce n'est pas moi qui étoufferais mon homme et lui ferais des crises de jalousie injustifiées. » Je décidai de ne même pas répondre, au risque de l'envoyer sévèrement et méchamment balader.

Dans l'après-midi, je tombais de fatigue et ressentis tellement le besoin de me reposer que je décidai d'aller me coucher. Ce n'est qu'à vingt-trois heures que je reçus un message d'Axel qui s'excusa de voir mon message si tard, en me précisant que Jason avait effectivement passé tout le week-end avec lui pour la fête et qu'il n'avait donc pas touché son téléphone. Il ajouta que Jason était dans les transports et qu'il arrivait.
Ce message me mit dans un état de nerfs indescriptible, entre la fatigue accumulée ainsi que l'inquiétude durant tout le week-end et l'envie que j'avais de fracasser Jason de s'être comporté ainsi. Je me précipitai dans le salon pour ouvrir sa valise et y mettre en vrac tous ses vêtements que j'avais lavés et étendus, ainsi que toutes ses affaires qui traînaient dans les différentes pièces de

l'appartement. J'y ajoutai également son ordinateur en prenant tout de même soin de le protéger dans sa housse et en le calant entre plusieurs vêtements.

Au moment où j'entendis gratter à la porte, je ne pourrais pas dire que je n'étais tout de même pas soulagée qu'il ne lui soit rien arrivé, car j'avais vraiment imaginé le pire. Mais malgré ce sentiment, la colère prit le dessus. J'ouvris la porte dans un bruit fracassant.

- Tu te fous vraiment de moi là Jason ?

Il me lança les clés dans l'appartement et commença à descendre les escaliers.

- C'est une blague là, tu pars ?! Non, mais c'est toi le plus gêné après ce que tu viens de me faire ? Tu t'enfuis comme un lâche ?

Il fit volte-face et remonta quelques marches.

- Tu es complètement folle Claire ! Qu'est-ce qu'il t'a pris de faire un esclandre pareil auprès de tout le monde ? Quand je t'ai appelée vendredi midi, je t'ai prévenue que je serais absent probablement tout le week-end vu que je me rendais chez le père d'Axel pour la fête ! Comment tu as pu me faire ça ?

J'eus un violent tournis avant de sentir le sol se dérober sous mes pieds.

Mais qu'est-ce qu'il me racontait ?

Je sais bien que je n'étais pas dans mon assiette ces derniers temps, mais je n'aurais pas pu oublier s'il m'avait dit ne pas être là ce week-end. Il se précipita pour me relever, mais je repoussai violemment son bras en hurlant.

- Laisse-moi tranquille, ne me touche pas ! Tu n'es qu'un menteur et un manipulateur ! Tu ne m'as jamais dit que tu ne serais pas là et toute la semaine tu répétais que tu avais hâte qu'on se retrouve enfin ensemble ! Et tu ne pouvais pas m'envoyer simplement un message ?

Je me relevai pour retourner dans l'appartement, mais je voyais tellement flou que j'avais beaucoup de mal à avancer. Il me suivit paniqué lorsque je me rendis dans la cuisine pour me servir un verre d'eau.

- Je ne comprends pas. Je te jure que je t'ai dit qu'il y avait de grandes chances que je reste là-bas. On ne s'est pas compris c'est tout. Et pour mon téléphone, tu ne connais pas le père d'Axel, il est à fond dans la religion. Durant cette fête, tu n'as plus le droit de toucher à un appareil électrique.

Je m'étouffai presque en avalant une gorgée d'eau en riant jaune et me retournai en face de lui.

- Mais tu me prends décidément vraiment pour une conne. Tu crois vraiment que je vais avaler ça ? Tu suis les règles qu'on t'impose à la lettre maintenant Dylan, Zachary, Taylor ?!

Il me regarda quelques secondes, estomaqué, le temps d'enregistrer et de digérer l'information.

- Tu as fouillé dans mes affaires ? fit-il surpris. Comment tu as pu me faire une chose pareille ?

- N'inverse pas les rôles et ne te positionne pas en victime s'il te plaît. Tu n'as aucune idée de l'enfer que tu m'as fait vivre encore ce week-end ! C'est quoi la prochaine étape ? Tu veux me rendre littéralement folle en fait ? Tu crois que je ne me suis pas rendu compte en plus que tu puais l'alcool ? Tu refuses de boire ne serait-ce qu'un verre quand tu es avec moi, alors que tu passes ton temps à m'en servir et là, tu reviens en sentant l'alcool à plein nez ?!

- C'est une tradition de boire pendant cette fête et je m'en suis rendu malade ! Regarde, je me suis même vomi dessus, surtout quand j'ai vu tous les messages que j'avais reçus ! Mon père m'a envoyé pas loin de dix messages dans lesquels il me demandait si tout allait bien.

Je constatai en grimaçant qu'il ne mentait pas, car sa chemise était couverte de vomi. Je soulevai ensuite difficilement sa valise en me dirigeant vers la porte d'entrée restée ouverte et la jetai de toutes mes forces dans le couloir en criant : « C'était la goutte d'eau qui a fait déborder le vase. Cette fois-ci, tu dégages pour de bon ! Tu vas pouvoir aller lui dire de vive voix à ton cher papa que tu vas bien. »

Il me lança un regard noir avant d'enjamber sa valise et de dévaler les escaliers à toute vitesse. « C'est ça, casse-toi comme un gros lâche et ne reviens plus jamais, sale menteur ! » criai-je, du haut des escaliers.

Je ramassai tout de même sa valise que je rentrai dans l'appartement à l'aide de coups de pied.

Une heure trente plus tard, je reçus un message : « Je suis à l'aéroport, tu n'entendras plus jamais parler de moi. Je ne voulais pas te faire autant de mal, ni en arriver là. Je jure sur tout ce que j'ai que je me souviens t'avoir dit que je ne serais peut-être pas là ce week-end. J'aurais dû t'écrire, c'est vrai, mais je voulais vraiment respecter la tradition. Tu ne me croiras peut-être pas, mais c'est pourtant vrai. Tu dis que je te manipule, mais je pense que c'est exactement l'inverse. Tu ne m'aimes plus, je le vois bien. Tu fais tout pour te débarrasser de moi et me rejeter depuis mon retour d'Afrique. »

J'étais tellement épuisée que j'arrivais à peine à lire son message, car mes yeux se fermaient tous seuls. Je lui répondis simplement : « Tu pars sans toutes tes affaires ? Je suis trop fatiguée pour discuter. Je ne me souviens même plus de notre discussion vendredi. »

Je ne m'en rappelais effectivement plus. Je commençais à avoir un trou noir au sujet de cette fameuse conversation téléphonique et à me demander sérieusement s'il n'avait pas ajouté qu'il se pourrait qu'il ne soit pas présent ce week-end. La sonnerie d'un message reçu sur mon téléphone me fit sursauter : « Non, je n'en ai pas besoin. Tu peux tout jeter, je me rachèterai tout ce dont j'ai besoin prochainement. J'ai l'essentiel : mon passeport. Je t'aime assez pour deux, mais ce n'est visiblement pas encore assez. Prends soin de toi, adieu. »

« Quel tragédien ! » pensai-je. Je ne saurais expliquer pourquoi, mais j'enfilai rapidement des bottes et un manteau par-dessus ma

tenue de nuit et commandai un chauffeur pour me conduire à l'aéroport. Moins d'une demi-heure après, j'arrivai à destination. J'appelai directement Jason qui décrocha dès la seconde sonnerie.

- Tu es où ? demandai-je agressivement.

- Toujours à l'aéroport. Qu'est-ce que tu veux ?

- Tu te trouves où exactement dans l'aéroport ?

Il m'indiqua où il était et je l'aperçus au loin assis sur un banc. Je raccrochai et le vis jeter son téléphone à côté de lui, avant de se prendre la tête dans les mains. Je me plantai juste devant lui, les bras croisés.

- Tu crois que c'est qui le plus fou de nous deux ?

- Mais qu'est-ce que tu fais ici ? fit-il en relevant la tête, son passeport dans une main. Il ne dissimula cependant pas un léger sourire.

- Je ne sais pas, c'est bien la question que je me pose aussi, soupirai-je en me laissant lourdement tomber à côté de lui sur le banc. C'est ça que tu appelles ne pas enfreindre les lois et être créatif, de mettre ta photo sur de faux passeports ?

- Claire, tu sais que mon visa arrivait à expiration. Comment crois-tu que j'ai réussi à revenir ? J'ai parfois l'impression que tu me vois comme un monstre. La plupart des papiers que tu as vus, c'est pour toi que je les ai faits. Mais bon sang, quand est-ce que tu vas te rendre compte que je n'ai rien à gagner à passer mes journées dans ton appartement en attendant qu'on parte ? s'emporta-t-il. D'accord, je n'aurais pas dû faire ce que j'ai fait ce week-end, mais je t'avoue que j'ai de plus en plus de mal à supporter tes crises et tes reproches. Je ne te cache pas que j'avais besoin de prendre l'air, mais je m'y suis sûrement mal pris.

- Je ne sais pas, je suis complètement à côté de mes pompes en ce moment. Mais une chose est sûre : je suis fatiguée de tout te pardonner. Je pense qu'on pourrait me décerner la palme de la petite amie la plus patiente du monde et même de l'univers ! Tu me promets toujours que les choses iront bientôt mieux et je me lève tous les matins sans savoir ce qu'il va encore se passer avec toi. Là, ce n'est pas un film que tu me fais vivre au quotidien, mais une série d'épisodes aussi absurdes les uns que les autres. Et d'un autre côté, j'en ai marre de perdre la mémoire, de cette fatigue et ces maux de tête permanents qui me mettent à cran. Et qui sont ces jeunes filles sur ces passeports dans tes affaires ? Pourquoi tu te trimballes avec des photocopies de leurs papiers d'identité ? demandai-je soudainement.

- Je comprends, mais je le subis aussi. Si tu veux vraiment savoir qui sont ces femmes, ce sont les petites-filles de la salope qui a épousé mon grand-père pour son argent et qui a déshérité ma famille. Nous avons essayé d'enquêter sur sa famille après la mort de mon grand-père pour essayer de récupérer ce qui nous appartenait. Si tu connaissais toute l'histoire… ces malades vivent la vie qu'ils nous ont volée. Désolé, mais je n'ai aucune envie de parler de ça maintenant. », soupira-t-il profondément.

Il sembla perdu dans ses pensées quelques instants avant de demander : « Et pourquoi tu as contacté Ivan ? Comment as-tu obtenu son numéro ? »

- Je n'ai pas son numéro, j'ai utilisé les réseaux sociaux. Pareil pour Jessica, l'espèce de pimbêche anorexique !

Il était surpris que nous ayons échangé nos contacts, mais ne semblait surtout pas comprendre pourquoi j'en voulais autant à Jessica.

- Pourquoi tu parles d'elle comme ça ? Je croyais que tu l'avais trouvée plutôt sympa.

- Je pensais qu'elle l'était au début. Mais pour rien, laisse tomber. Je ne les sens pas toutes ces personnes avec qui tu passes du temps.

- C'est Axel que je vois le plus. Les autres, je n'ai dû les voir que deux fois.

- C'est justement celui qui m'inspire le moins confiance ton Axel.

- Tes amis ne m'inspirent pas plus confiance tu sais, rétorqua-t-il.

- Comment tu peux dire ça ? Tu ne veux même pas les rencontrer. À chaque fois que je te propose de sortir, tu refuses de venir et dernièrement, quand j'avais des amis à l'appartement, tu es rentré tellement tard qu'ils étaient déjà partis, lui reprochai-je.

- Je ne veux pas les voir tout simplement, parce qu'ils ont déjà un avis négatif sur moi sans même me connaître. Je les rencontrerai quand j'aurai tout finalisé avec mes mines et je les inviterai tous même, si tu veux, dans l'un des meilleurs restaurants de Paris ! Mais tu devrais faire attention, je reste persuadé que tes amis seront jaloux de toi, mais profiteront quand même sans aucun scrupule de notre argent.

Mes amis trouvaient effectivement toute cette histoire avec Jason étrange et ne voyaient pas notre relation d'un très bon œil. Ils n'appréciaient pas le fait que je paye tout pour lui et me demandaient régulièrement si j'étais parfaitement certaine qu'il ne profitait pas de la situation. Je ne leur disais pourtant que très peu de choses, car je m'étais déjà disputée plusieurs fois à ce sujet avec eux. Jason était donc devenu un sujet sensible à aborder avec mes amis, et inversement. Jason fut extrêmement furieux contre Agathe, lorsque je lui racontai notre entrevue au poste de police. Il balança une réplique plutôt cinglante : « Quelle garce ! Elle a vraiment saisi le premier prétexte pour que tu ailles donner mon nom à la police et semer le trouble dans ton esprit. Ce n'est pas une bonne amie Claire. J'espère que tu t'en rendras compte un jour. Elle essaye de détruire notre relation, car elle ne supporte pas te voir en couple et voudrait que tu finisses seule comme elle. Ce n'est qu'une pauvre fille envieuse et mal dans sa peau. »

Je préférai changer de sujet, car j'étais trop fatiguée pour me lancer dans une nouvelle dispute ou pour trouver des arguments visant à défendre mes amis, qu'il attaquait injustement de nouveau. Il ne le savait pas encore, mais trois jours plus tard, j'avais invité à dîner et dormir un de mes meilleurs amis Maxime, qui vivait à Marseille et qui était de passage dans la capitale. Jason ne pourrait pas se défiler cette fois. Il me restait cependant un dernier point à éclaircir.

« Et peux-tu m'expliquer comment tu as pu me mentir au sujet des CV que tu n'as jamais distribués ? » demandai-je agressivement, en lui lançant un regard noir. Il parut surpris et se redressa sur le banc : « Écoute Claire, j'ai fait de longues études, j'avais ma propre entreprise dans la finance et tout apparaît dans mon CV. J'admets que je n'ai pas distribué les photocopies que tu m'avais gentiment faites, mais je m'imaginais mal arriver devant ces employés d'hôtels ou de magasins et leur demander un emploi, alors que ces personnes ont été à ma botte depuis toujours ! Crois-moi, j'ai été partout où je pouvais pour leur demander s'ils avaient besoin de quelqu'un, mais il aurait été indécent de leur montrer mon parcours professionnel. »

Nous échangeâmes pendant plus d'une heure, assis sur le banc. Il s'apprêtait à prendre son billet, mais ne l'avait pas encore fait. Il était quatre heures du matin quand je me levai en déclarant :

- Il est tard maintenant, heureusement que je ne travaille pas demain et que je ne reprends que mardi matin.

Il me regarda de la tête aux pieds en riant.

- Tu es vraiment venue à l'aéroport en nuisette transparente ?

Je constatai que je n'avais pas pris le temps de fermer mon manteau et que je devais certainement avoir un look très particulier dans ma nuisette noire, avec mes bottes en velours à talons aiguilles.

- Elle n'est pas transparente, c'est de la dentelle, précisai-je en prenant un air hautain. Tu peux parler en plus avec ton costume plein de vomi ! Tu me connais assez pour savoir que je me moque royalement de ce que peuvent penser les gens. Et je te rappelle que c'est toi qui m'as fait venir ici en pleine nuit.

Décidément, je repensai que je n'avais pas que de bons souvenirs dans cet aéroport. Je m'étais retrouvée presque deux ans plus tôt, à tenter par tous les moyens de récupérer une valise que je venais juste d'enregistrer. Je n'avais pas vu un message à temps du Croate qui me faisait une énième crise existentielle sur notre relation à distance impossible. Dans ce message, il me prévenait de ne plus venir, car il se trouvait à Split et qu'il ne viendrait finalement pas me chercher à Zagreb. Cet imbécile m'attendait pourtant déjà depuis plusieurs heures dans l'aéroport de la capitale croate. Dans la panique de ne plus embarquer et de ne jamais revoir ma valise, j'avais carrément essayé de monter sur le tapis roulant d'enregistrement des bagages, sous l'air médusé de l'hôtesse pour la récupérer. Elle avait appelé la sécurité, persuadée que je venais de consommer du crack. J'avais ensuite embarqué en me disant qu'au pire, je passerais une nuit dans un hôtel près de Zagreb et repartirais le lendemain matin. Mais il était très tard et cela risquait d'être assez compliqué de trouver un hôtel en urgence. Je profitai donc dans l'avion d'être installée près d'une femme croate qui parlait couramment français, pour lui demander comment je pourrais faire une fois arrivée là-bas. Elle m'avait attendue à l'aéroport pour m'aider, mais je lui avais montré le grand brun de deux mètres qui me regardait avec un sourire niais, en lui disant que ce ne serait visiblement plus la peine. Elle fonça dans sa direction et lui hurla dessus en croate pendant une dizaine de minutes, ce qui sembla fortement amuser tous les passants et ceux qui attendaient encore des voyageurs. Je ne sus jamais vraiment ce qu'elle lui avait dit, mais il ne m'avait presque pas adressé la parole pendant deux jours suite à cette scène. J'en avais donc déduit que ce n'était pas une idée reçue quand on disait qu'en Croatie, c'était les femmes qui portaient la culotte.

Je constatai aussi en repensant à cette histoire que j'avais toujours le chic pour me mettre dans des situations pas possibles.

Je lançai alors à Jason, en commençant à me diriger vers la sortie : « Je te préviens, tu ramènes tout de suite ton derrière avant que je ne change d'avis et que je revienne pour te ramener ta valise cette fois ! Mais surtout avant que quelqu'un me demande combien je prends pour une passe ! Et au fait, je peux te la donner la réponse à la question que je t'ai posée en arrivant : je suis définitivement plus cinglée que toi pour être venue te rechercher ici, ça ne fait aucun doute ! »

- Je ne veux pas rencontrer ton ami maintenant ! s'emporta Jason.

- Et pourquoi tu refuses systématiquement de rencontrer mes amis ? C'est l'un des meilleurs amis que je connais depuis des années et je suis sûre que vous vous entendrez bien, affirmai-je.

- Ce n'est pas le bon moment Claire. Je n'ai pas le temps de parler de la pluie et du beau temps.

- Je ne peux pas annuler, il est trop tard. Je lui ai proposé de dormir ici et il a des choses à faire à Paris.

Cela faisait deux jours que j'avais dit à Jason que j'avais invité Maxime et depuis, c'était devenu une source de disputes.
- Reste tranquillement avec ton ami et profite du temps avec lui, vu que vous ne vous voyez pas souvent. Je vais aller chez Axel.
- Mais je veux vraiment que tu fasses sa connaissance. La seule personne de mon cercle amical proche que tu as rencontrée est Kate, qui est maintenant partie voyager à l'autre bout du monde ! déplorai-je.
Jason soupira un long moment avant de céder : "OK jeune fille, je vais rester, car cela semble être important pour toi."
« Oh vraiment ? Je suis trop impatiente ! » m'écriai-je, en sautant de joie dans ses bras.
Je voulais vraiment avoir l'avis de mon ami concernant Jason et notre relation émotionnelle en dents de scie. On se connaissait depuis des années et il savait très bien analyser les gens. Je l'appréciais beaucoup, malgré son côté totalement *borderline.* Et on avait un point commun : nous étions tous les deux des *« Pierre Richard »* en puissance, célèbre acteur connu pour son interprétation dans différents films du personnage *François Pignon*, un type maladroit qui se retrouve systématiquement dans des situations invraisemblables qui le dépassent, mais dont il sort toujours indemne. *Cet ami Maxime est mon double au masculin.*

Le lendemain, je préparais tranquillement le dîner, quand j'entendis sonner. Je me précipitai pour ouvrir la porte et sautai dans les bras de Maxime pour lui dire bonjour.

Nous échangeâmes quelques banalités, quand il finit par demander : « Alors, où est ton prince presque charmant ? » Je réalisai que Jason n'était toujours pas rentré d'une sortie avec Axel. J'essayai de l'appeler plusieurs fois, mais mes appels restèrent sans réponse. Maxime me fit part de sa relation chaotique et toxique avec sa copine qui n'était pas très gentille avec lui et le laissait tomber parfois sans aucune explication… mais je ne l'écoutais plus vraiment.

Je me demandais ce que faisait Jason et pourquoi il n'était pas déjà rentré à la maison, comme convenu en début de journée.

À ce moment-là, j'obtins la réponse à toutes mes questions en un message : « Ne m'attends pas ce soir. Je suis désolé, on est sur un gros coup avec Robbie. Je ne veux pas ruiner ta soirée avec ton ami. Je vais rester avec Axel. Profitez de votre temps ensemble et ce n'est que partie remise pour rencontrer ton ami. »

« On dirait que tu n'es pas le seul à se faire avoir. » Soupirai-je, m'adressant à mon « âme jumelle », qui se retrouvait souvent dans des situations similaires au même moment. Je préférai ne pas répondre à Jason, sentant la moutarde me monter au nez.

Il comprit aussitôt et répondit : « Ne t'inquiète pas, ça va être sympa de passer la soirée ensemble, car on ne se voit pas souvent. Tu sembles si fatiguée. Je suis désolé de te dire ça, mais tu as une mine terrible ma chère amie. Tu es sûre que tout va bien ? »

Franc et direct... comme moi.

Ce n'est pas pour rien que je voyais en Maxime mon double masculin.

Je lui parlai de toutes les disputes et réconciliations avec Jason, ainsi que des crises d'hystérie et de cet épuisement que je ressentais parfois. J'omis volontairement de lui mentionner certains détails, comme tous ses nombreux allers-retours et ses mines en Afrique. C'est ce qui m'avait déjà valu des conversations désagréables avec d'autres amis. Il répondit que chaque relation était compliquée et nécessitait certaines concessions. Nous étions pareils : nous avions la théorie, mais il nous était impossible de la mettre en pratique.

- Prends-tu des champignons hallucinogènes ? demanda-t-il soudainement.

- Ça ne va pas ? Bien sûr que non ! m'écriai-je.

- Ne t'énerve pas, je posais simplement la question, parce que ça peut me mettre aussi dans cet état. Mais cela dit, je me sens plus euphorique quand j'en prends.

Il avait eu beaucoup d'accidents auxquels il avait miraculeusement survécu. Il avait subi de nombreuses opérations et soignait sa douleur en fumant de l'herbe et en prenant parfois des champignons hallucinogènes. Encore un point commun quant à notre temps passé dans les hôpitaux, je n'avais clairement rien à lui envier à ce sujet. Je repensai à l'époque où je m'y étais rendue pour subir une opération après qu'un élève m'ait accidentellement cassé le nez, une autre fois parce je m'étais presque tuée en ratant une marche dans des escaliers. Et ce ne sont là que quelques exemples. Je réalisai que mon ami et moi n'avions pas tout à fait ce qu'on appelle des vies conventionnelles.

Avant d'aller au lit, je lui demandai : « Tu penses qu'un jour on aura une vie plus paisible, sans nous retrouver systématiquement dans des situations rocambolesques ? »
Il me regarda un instant en souriant, avant de répondre : « Je n'ai aucun doute là-dessus. Mais pas toujours j'espère. Toi et moi, on s'ennuierait très vite sans toutes nos aventures. On a besoin d'adrénaline dans nos vies, c'est une question d'énergie. »
Le lendemain matin, Maxime me remercia pour la soirée et me prit dans ses bras pour me dire au revoir : « Ce fut court, mais intense ma jumelle, comme toujours ! Et comme ceux qui sont absents ont toujours tort, je préfère te le dire, j'ai un mauvais pressentiment pour ton prince charmant. Fais attention qu'il ne se transforme pas en crapaud et surtout, pense à toi et prends le temps de te reposer, tu en as besoin. Où est ma petite Miss Paris ? » plaisanta-t-il.
Il sortit et revint brusquement sur ses pas, en mettant la main dans la poche de son jean : « Ah et j'allais oublier, j'ai trouvé ça sur le canapé quand je l'ai déplié pour dormir cette nuit. Je suppose que c'est à toi. » C'était un morceau de papier qui ressemblait à une carte de visite. Je la mis directement dans mon portefeuille sans réfléchir, car j'étais déjà en retard pour aller faire cours.

Trois jours plus tard, je dis au revoir à Jason, car je m'absentais pour le week-end. Je me rendais à l'enterrement de vie de jeune fille de ma sœur. Son mariage avait lieu quinze jours après. Je me dis que ce serait donc l'une des dernières fois où je serais séparée de Jason. Lorsqu'il était revenu après le départ de Maxime, une violente dispute avait éclaté entre nous. Il s'était excusé un milliard de fois et m'avait emmenée dans l'un des meilleurs restaurants parisiens pour faire amende honorable et fêter une sorte de nouvelle affaire avec Robbie. Il me promit que c'était la dernière fois qu'il me laissait seule dans ce genre de situation. J'avais fini par laisser couler, car je n'étais pas mécontente d'avoir passé la soirée seule avec mon ami. Je ne pourrais pas expliquer pourquoi, mais je m'étais sentie de nouveau complètement moi-même quand j'étais avec Maxime.

Après ce jour-là, la fin de semaine s'était très bien passée et nous ne nous étions pas disputés. Il avait même tenté de cuisiner un peu, mais je lui avais dit qu'il ne pourrait définitivement jamais rivaliser avec une femme française qui aimait faire la cuisine. Je m'étais toutefois inquiétée, car j'avais perdu la mémoire à plusieurs reprises, que ce soit avec Jason ou même au travail.

Il m'envoya des messages durant tout le week-end et ça nous fit probablement beaucoup de bien à tous les deux d'être un peu séparés. Avant de rentrer, je lui envoyai : « Tu penses qu'on va enfin réussir à cohabiter sans risquer de nous entretuer ? » Il me répondit : « Je n'ai aucun doute là-dessus ! » En même temps, comme il le répétait lui-même, depuis que Trump était devenu président de son pays natal, tout était désormais possible !

J'avais fini par raconter à ma famille ce qu'il s'était passé le week-end précédent, ainsi que ma visite au commissariat. Ils n'eurent pas vraiment de réaction, mais me firent comprendre qu'ils n'approuvaient pas son absence sans m'avoir avertie avant. Mon père passa un long moment à naviguer sur le Web concernant cette fête religieuse, car il s'intéressait beaucoup aux différentes cultures et religions.

Je me trouvais à moins de trente minutes de l'appartement, quand il me renvoya un message pour me dire que la connexion Internet venait d'être interrompue et qu'il allait tenter de la rétablir. Je lui envoyai : « Mais qu'as-tu encore fait ?! Ne touche à rien stp, j'arrive ! »

J'avais à peine eu le temps de décompresser avec ma famille, qu'il me donnait une raison de stresser à nouveau. Jason était excessivement maladroit. Je ne pouvais plus compter le nombre de choses qu'il avait fait tomber ou cassées depuis notre rencontre. Mais parfois, ça devenait extrêmement fatigant. Et quand il essayait d'arranger ses bourdes, c'était encore pire. Un jour, il avait brisé un verre et j'avais commencé à ramasser les morceaux à la main. Il était arrivé avec une balayette et m'avait dit qu'il fallait que je laisse tout dans l'état où c'était, car il allait s'en occuper. En posant la balayette sur le carrelage, il avait appuyé par inadvertance sur mon doigt tellement fort, qu'il s'était retrouvé écrasé contre un morceau de verre. Il avait ensuite voulu m'aider à mettre de la glace sur la plaie qui saignait et avait trébuché sur les morceaux de verre encore au sol. Depuis ce jour-là, je lui demandais de ne plus bouger quand il venait de commettre une maladresse.

En arrivant, je frappai à la porte et il m'ouvrit rapidement. J'étais contente de le retrouver, mais mon enthousiasme disparut en une fraction de seconde lorsque j'aperçus Axel, installé sur une chaise dans le salon, qui me fit un signe de la main en souriant.

Jason semblait gêné et le fut encore plus quand je m'énervai devant son ami : « Je ne comprends pas. Qu'est-ce qu'il fait là ? Désolé Axel, ce n'est pas contre toi, mais il sait très bien de quoi je parle. » En effet, j'avais toujours dit à Jason que je recevais rarement du monde chez moi, excepté mes proches, car j'avais entassé pas mal de choses ces dernières années et trouvais que mon appartement manquait d'espace. Axel était tranquillement installé avec une bouteille de vin rouge et une boîte de pizza sur la table en face de lui. Il tenait une cigarette dans sa main et me dit d'un air complaisant : « Je suppose que je peux fumer vu que la fenêtre est ouverte ? » Comme beaucoup d'anciens fumeurs, je ne supportais plus l'odeur du tabac, mais tolérais quand même ceux qui n'avaient pas pu se défaire de cet engrenage mortel. « Oui, tu peux, mais ce ne sera pas à cette fenêtre. Ce sera à celle de la cuisine. » fis-je, en lui adressant d'un mouvement de tête l'autre pièce.

Il attrapa la pizza ainsi que la bouteille et partit s'installer sur le rebord de la fenêtre de la cuisine. Il me fixait avec ses petits yeux vicieux pendant que je jetai un regard glacial à Jason, qui s'était assis sur le canapé et qui fixait le sol. Axel brisa le silence qui se faisait pesant.

- Tu sais que tu lui fais peur à Jason ?

- Pardon ? répondis-je médusée.

- Il a systématiquement peur de tes réactions. Il voulait absolument que je parte avant que tu arrives, tu te rends compte ?

- Tu aurais peut-être dû l'écouter non ? ripostai-je, avec un rapide sourire forcé. Tu sais, Jason te raconte bien ce qu'il a envie. Je ne sais pas ce qu'il t'a dit pour votre virée de la semaine dernière, mais il adore se positionner en victime.

- Qu'est-ce que tu fous avec lui alors ?

J'ignorai sa question et lui demandai froidement :

- Que s'est-il passé la dernière fois chez Ivan ? C'est bizarre, je n'ai aucun souvenir de cette soirée.

- C'est normal, tu étais bien faite, pouffa-t-il.

- J'étais la seule peut-être ? Jason m'a dit que tu avais discuté avec Jessica jusqu'à sept heures du matin. Personne ne travaille parmi vous ?

- Jessica n'a pas de boulot et Ivan et moi travaillions tard le lendemain. Mais c'est quoi cet interrogatoire ? demanda-t-il avec arrogance, en m'envoyant la fumée de sa cigarette dans la figure.

- Jessica m'a dit qu'elle était assistante dentaire, pas qu'elle n'avait rien, objectai-je en balayant la fumée d'une main.

Il éclata de rire et ses yeux malicieux brillèrent davantage.

- Assistante dentaire ! Mais tu crois vraiment tout ce que tout le monde te dit toi ! Je suppose que tu n'avais même pas remarqué qu'il y avait beaucoup de coke durant cette soirée ?

- De la coke ? Où et quand ?

- Dans la cuisine, toute la soirée voyons ! *L'Oxycontin, ça te parle ? Très pratique à casser, donc à sniffer et même à s'injecter si besoin.* Jessica et Ivan s'en sont mis plein le nez ! Tu n'as pas remarqué qu'ils n'avaient quasiment rien mangé tous les deux ?

- Je n'en sais rien et personnellement, je m'en fous s'ils ont passé la soirée à s'enfariner le nez tous les deux !

Jason surgit à cet instant derrière moi et ouvrit le frigidaire. Il me proposa un verre de sangria, mais je le refusai. Il ne parlait pas assez bien français pour avoir compris nos échanges avec Axel, mais bien assez pour avoir saisi que le ton montait et qu'il était temps pour lui d'intervenir afin de calmer le jeu.

Axel rit en voyant Jason ranger la bouteille de sangria.

- Il n'y a vraiment rien de casher dans ton frigidaire et dans tes placards. Il écrasa son mégot sur le carton de la pizza et se releva.

- J'espère seulement que je n'y ai pas touché à votre farine de merde ! lui lançai-je, l'air amer.

- Mais non, toi tu es parfaite voyons ! ricana-t-il, en m'attrapant le menton comme on pourrait le faire pour un animal afin de saluer sa bravoure. Je dois y aller. Je vous invite demain soir à la maison avec Jason. Vous n'avez rien besoin d'apporter, on a tout ce qu'il faut avec ma femme !

Je savais pertinemment que c'était encore une pique en référence à la bouteille de champagne non casher que j'avais « osé » ramener chez Ivan. Je lui demandai d'attendre un instant en me dirigeant vers un placard pour chercher une boîte de cigarettes colorées qu'une amie m'avait ramenée de New York il y a des années.

Ce n'était pas nécessairement un service que je voulais lui rendre, mais plutôt un cadeau empoisonné.

Dans mon esprit je pensais plutôt que c'était une bonne chose si les effets néfastes du tabac pouvaient nous débarrasser d'un connard en plus sur la planète. Le paquet ne se trouvait pas dans sa boîte habituelle. Je commençai donc à fouiller d'autres endroits, sans plus de succès. Il me demanda avec étonnement ce que je cherchais. Lorsque je lui répondis, il lança : « Ah, mais non, ne t'embête pas, laisse tomber. Bon courage, à demain les amis ! » Il claqua ensuite la porte.

Je me retournai vers Jason, furieuse.

« Il lui faut aussi des cigarettes casher à ton connard de pote ? Je te préviens, il est hors de question que j'y aille demain ! Ce type est un abruti fini et d'un racisme absolu envers les non-juifs ! Tu fais ce que tu veux, mais je ne comprends vraiment pas comment tu peux être ami avec un parasite pareil ! »

Une grosse dispute s'ensuivit et Jason finit par reconnaître qu'il n'aurait pas dû le faire entrer chez moi, surtout en mon absence. Il en conclut que ce n'était peut-être pas très sain pour lui d'être associé à ce type de personne. Il le qualifia de serpent venimeux et déclina finalement aussi son invitation à dîner le lendemain.

Quelques jours plus tard, Jason qui avait comme d'habitude, le derrière vissé sur une chaise devant son écran d'ordinateur, me proposa de venir regarder des photos. Il était accompagné de personnes apparemment *« influentes »* lors de diverses conférences. Il me raconta des anecdotes sur plusieurs d'entre elles, en me précisant leurs fonctions et en me montrant des articles à leur sujet sur le Net. Je connaissais assez Jason pour savoir que c'était une façon de se mettre en avant. Le fait de me dire et de me montrer en images qu'il avait fréquenté toutes ces personnes dans les « hautes sphères », le rendait fier et lui permettait de se valoriser. Et paradoxalement, il se moquait régulièrement des groupies qui idolâtraient des célébrités, sans savoir qui elles étaient exactement, ni ce qu'elles avaient été capables de faire pour en arriver à une gloire parfois éphémère.

Il ouvrit ensuite un nouveau dossier et me montra des photos de vacances où je pus parfois le voir en compagnie de son ex Allison, mais également de sa mère. Il y avait d'ailleurs une quantité de photos plus importante avec la mère qu'avec la fille, ce que je ne manquai pas de lui faire remarquer.

Il me répondit que c'était normal, car la fille était un démon et la mère, un ange.

En faisant défiler les photos, il passa très rapidement sur certaines, mais j'aperçus furtivement plusieurs fois des femmes. J'attrapai sa main pour l'arrêter.

- Qu'est-ce que tu fais ? demanda-t-il l'air surpris.

- Je veux que tu reviennes en arrière. J'ai vu qu'il y avait plein de photos de femmes. Pourquoi tu les as passées aussi vite ?

- Mais non enfin, tu as halluciné.

- Vraiment ? feignis-je la stupéfaction. Dans ces cas-là, tu ne verras aucun inconvénient à me montrer ces photos, ajoutai-je avec un grand sourire.

Quelques minutes plus tard, il n'eut pas d'autre choix que de me les montrer tellement j'insistai.

- Tu es vraiment un menteur ! lançai-je, en regardant les différentes photos de femmes.

- Je n'ai pas menti, il n'y en a pas plein comme tu disais. Seulement quelques-unes.

Je le regardai en soupirant.

Il avait vraiment un culot monstre parfois.

Il me laissa aux commandes de son ordinateur, mais je sentais bien qu'il n'était pas à l'aise et que ça ne lui plaisait pas. Il y avait un mélange de photos de vacances et de femmes. Je voyais défiler des brunes, des blondes, des rousses, toutes plutôt jolies. Certaines avaient des positions assez aguichantes et je finis par tomber sur des photos de plus en plus dénudées. Je me tournai vers Jason.

- Tu m'expliques qui sont toutes ces femmes sur ton ordinateur ?

- Ce sont des ex après l'autre folle ! répondit-il, l'air exaspéré.

- Tu as eu combien d'ex là après Allison ?

- Tu le sais que j'ai beaucoup voyagé quand je suis arrivé en Europe et oui, je me suis bien amusé. Après Allison, je n'avais pas forcément envie de relations très sérieuses.

- Et donc, tu as des « ex » si on peut dire ça, un peu partout dans le monde ? Une dans chaque pays ? Remarque, c'est plutôt une dans chaque ville de tous les pays où tu es allé, vu le nombre de personnes différentes.

- Tu préférerais quoi Claire ? Que je te mente ? Je n'étais pas bien et pour oublier tout ça…

- Tu as décidé de baiser la Terre entière et que ton corps deviendrait une déchèterie ? le coupai-je sèchement. Et pourquoi tu gardes toutes leurs photos si elles sont si insignifiantes ces femmes pour toi ?

- Mais qu'est-ce qu'il te prend ? Tu n'as jamais été jalouse. Et tu connais les hommes ! Quand tu intéresses de jolies femmes et que tu es un homme célibataire, pourquoi se priver ?

- Non, mais tu t'es entendu avec ta fierté de mâle viril à deux balles ? Je ne suis pas jalouse, mais je n'aime pas être prise pour une idiote. Je me demande maintenant si tu étais réellement en déplacement en Afrique ou dans d'autres pays comme tu me disais. Qu'est-ce qui me prouve que tu n'étais pas en leur compagnie pendant que je t'attendais bêtement ici ? Et je ne suis pas d'accord quand on dit que les hommes qui ont eu beaucoup de conquêtes sont des Dom Juan et les femmes qui le font, sont des salopes ! Les personnes qui font ça manquent de confiance en elles et essayent juste de se prouver le contraire, en comblant leurs failles narcissiques. En plus, elles n'assument généralement même pas après. Quand je vois le nombre de personnes autour de moi hommes et femmes qui ont fait ça et quand ils se mettent sérieusement en couple, elles le cachent à la personne avec qui elles sont.

- Jamais je ne t'ai trompée ! s'écria-t-il. J'étais complètement pris dans mes soucis de travail en plus. Et oui, je n'étais pas bien après tout ce qui m'était arrivé aux États-Unis à cause de l'autre garce ! Tu sais ce que ça fait de monter une entreprise et de devoir tout liquider et licencier plus d'une cinquantaine de personnes ? Des mères et pères de famille se sont retrouvés sans travail quand j'ai dû fermer l'entreprise.

Si tu y tiens vraiment, je vais t'expliquer en détail comment j'ai rencontré chacune de ces filles et combien de fois je les ai vues. D'ailleurs, si tu ne me crois pas, regarde toi-même les dates !

Il attrapa son ordinateur et avança dans l'album pour me montrer des captures d'écran d'échanges écrits sur plusieurs applications où on pouvait voir les dates, les noms et les photos de profil des filles. J'en reconnus certaines et lus rapidement en diagonale plusieurs messages.

- Mais t'es un grand malade ! Pourquoi tu as fait des captures d'écran de toutes vos conversations ? Tu es en train d'empirer ton cas ! m'exclamai-je. Je remarquai cependant avec soulagement que les dates étaient toutes antérieures à ma rencontre avec lui.

- Tu vas trouver ça idiot, je te connais. Mon grand-père, dont je te parle souvent, perdait complètement la tête à la fin de sa vie. Il regrettait de ne pas avoir pris plus de photos pour mémoriser des évènements de sa vie quand il avait des trous de mémoire. Je ne veux pas être comme lui. Ces photos font partie de bons moments que j'ai eus et je n'ai pas forcément envie de les oublier.

Je ne l'écoutais plus vraiment depuis quelques minutes, car un message venait particulièrement d'attirer mon attention. Il avait écrit : *« Bientôt, toi et moi on partira ensemble à LA. Ce n'est qu'une question de temps. »*

Ce à quoi la fille répondit *« J'ai hâte. J'attends ça depuis tellement longtemps. »*

Ils échangèrent encore plusieurs messages dans lesquels Jason s'excusait d'annuler leur soirée ensemble, car il devait se rendre d'urgence à New York. Il la rassurait en lui promettant de revenir le plus vite possible. Je sentis mon corps vaciller en demandant des explications à Jason. Il me lança un regard glacial et referma violemment son ordinateur, avant de se lever et de le poser sur la table. Il se tourna ensuite vers moi et me reprocha : « Je pensais qu'on se faisait confiance mutuellement ! Cette fille dont tu me parles était une jeune Ukrainienne avec qui j'avais passé six mois en Suède. Ses parents avaient un appartement là-bas et l'y avaient envoyée, car c'était la guerre dans son pays. Ils n'avaient pas voulu laisser sa grand-mère seule en Ukraine et c'est elle qui se retrouva donc esseulée en Suède. Au départ, il n'y avait rien de sérieux et ça l'est devenu un peu plus au fil des mois. On devait se retrouver à mon retour de New York pour partir en vacances ensemble à Los Angeles. Quand je suis revenu en Suède un mois plus tard, elle m'avait déjà remplacé par un autre homme qui vivait chez elle. Je n'ai même pas pu récupérer mes affaires. » Regretta-t-il.

Cette nuit-là, je dormis très mal et fus réveillée plusieurs fois en sursaut à cause de mauvais rêves.

Cinq jours plus tard, je repensais encore à toutes ces femmes que j'avais vues en photo. Dans la journée, je n'avais pas tellement le temps d'y songer au travail. Les rares fois où ça arrivait, de violents maux de tête se déclenchaient et j'avais même parfois l'impression que ma vue se troublait. Je m'efforçais donc d'éloigner au mieux de mon esprit toutes ces pensées négatives. Jason me proposa de prendre une douche ensemble peu de temps après être rentrée du travail. Je lui répondis que je préférais finir d'écrire des mails avant de la prendre et que vu mon humeur, il était préférable qu'il prenne la sienne d'abord seul.

Lorsque j'entendis l'eau couler, je m'arrêtai un instant de pianoter sur mon clavier d'ordinateur. Je fermai les yeux quelques secondes pour mieux apprécier le calme qui régnait dans la pièce, baignée dans la pénombre. Lorsque je les rouvris, une petite lumière sur la table attira mon attention. C'était l'ordinateur de Jason qui était resté entrouvert. Je m'approchai tout doucement pendant que l'eau continuait de couler dans la salle de bain. Jason pouvait rester plus de trente minutes sous les jets de douche brûlants. C'était d'ailleurs souvent un sujet de discorde, car je lui rappelais régulièrement que ce n'était pas lui qui payait les factures d'eau. Cela ne me ressemblait pas du tout, mais la tentation était trop grande et l'occasion trop belle, pour ne pas jeter un œil dans son ordinateur.

Je tombai sur différents dossiers de photos que j'avais déjà vues pour la plupart. Je grimaçai en voyant de nouveau le fameux dossier des « vacances ». J'allais tout refermer quand un dossier nommé « W » attira mon attention et je décidai de l'ouvrir.

Il y avait encore de nombreuses photos de femmes et des captures d'écran de plusieurs conversations. C'était les mêmes que j'avais déjà vues. Mais en avançant, j'en découvris de nouvelles, de femmes de plus en plus dénudées et... je crus avoir une hallucination, mais plusieurs photos de moi se trouvaient entre ces femmes nues. C'étaient toutes des photos que je lui avais envoyées, certaines sur lesquelles j'étais entièrement vêtue. Mon cœur s'arrêta presque de battre pendant quelques secondes, lorsque je découvris des photos de moi endormie, presque nue.

Pourquoi avait-il pris des photos de moi pendant que je dormais ?

Et pourquoi avait-il classé mes photos dans cet album ?

Je continuai de faire défiler les photos de l'album et tombai sur des images carrément pornographiques. Je reconnus les différentes femmes que j'avais déjà vues habillées, mais je ne les regardais plus tellement de la même manière. Certaines tiraient la langue et étaient recouvertes d'un liquide blanchâtre. Elles ressemblaient vraiment à des actrices pornos qui faisaient de la promotion pour des films déconseillés aux mineurs, à un détail près : elles ne souriaient jamais sur les photos. Je parcourus rapidement l'album qui se terminait par quelques vidéos. Je cliquai sur l'une d'entre elles au hasard et tombai sur un film pornographique amateur sur lequel apparaissait la fameuse Ukrainienne. Je mis sur pause quelques instants pour m'assurer que l'eau coulait toujours dans la salle de bain. Il venait de finir et je l'entendais s'habiller. Je repris la vidéo à peine quelques secondes. Seule la tête de la jeune femme blonde qui semblait soumise était visible. L'homme lui faisait simplement des gestes, qui s'apparentaient à des ordres et elle s'exécutait. Il m'était donc impossible de voir s'il s'agissait de Jason, car le cadrage n'était pas bien fait et l'image n'était pas nette. Je décidai d'ouvrir une autre vidéo et quelle ne fut pas ma surprise !

Je tombai sur Axel en plein ébat torride comme des animaux sauvages avec... Jessica !

Une vision de l'horreur pour moi qui ne supportais pas cet homme. Je refermai immédiatement cette vidéo et en ouvris une autre au hasard.

Cette fois, je tombais sur une femme grimaçant de douleur, mais qui se forçait à sourire face à la caméra, avec un homme violent que je ne pouvais pas voir. Cela s'apparentait à du sadomasochisme. Son visage me disait étrangement quelque chose, mais impossible de me rappeler où je l'avais déjà vue.

Je savais que Jason n'allait pas tarder à sortir, mais j'étais aussi consciente qu'il mettait du temps après la douche.

Je ne pus m'empêcher d'ouvrir un dernier dossier nommé « K » et ce que je me retrouvai à visionner, entre des photos et vidéos, me pétrifia. Elles étaient tellement nombreuses, que je n'eus le temps d'en voir qu'une petite partie. Je découvris à cet instant, face à une vidéo insoutenable, que le corps pouvait se paralyser entièrement quand on est en état de choc. Je crus au départ que ces photos et vidéos n'étaient pas réelles, tellement c'était abominable et inhumain. Je ne pouvais même plus détourner le regard ou cligner des yeux, car même eux semblaient paralysés. Cela dépassait tellement l'entendement du commun des mortels, que mon esprit effaça toutes ces images du dossier « K » en une fraction de seconde et c'est beaucoup plus tard qu'elles revinrent me hanter…

En entendant la porte de la salle de bain s'ouvrir, j'eus tout juste le temps de refermer tous les dossiers et de rebaisser l'écran de l'ordinateur comme il était avant que je ne le touche. Jason entra dans la pièce au moment où je me levais. Je me forçai de sourire, encore effarée par ce que je venais de voir. « Je vais préparer le dîner. » Annonçai-je en me levant rapidement pour qu'il ne remarque pas que j'étais en état de choc. « Parfait ! Je vais servir l'apéritif mon amour ! » lança-t-il, enthousiaste.

J'avais décidé de ne pas parler à Jason de ce que j'avais vu dans son ordinateur. Je me sentais honteuse d'avoir fouillé dans ses affaires. J'avais surtout l'impression d'avoir violé son intimité en regardant des photos et cette vidéo de ses ex-copines. J'essayais tant bien que mal de les effacer de mon esprit, surtout celle d'Axel et de Jessica. Mais j'avais régulièrement des flashs d'images de la vidéo dont je n'avais pourtant vue que quelques secondes. Quand je rentrais le soir, j'avais du mal à regarder Jason dans les yeux et préférais ne pas me coucher trop tard pour ne pas y penser. Seulement, j'étais très insomniaque et rencontrais beaucoup de difficultés à m'endormir, notamment à cause du stress. J'avais donc pris la mauvaise habitude ces derniers jours de boire plus d'alcool pour m'endormir plus facilement. Jason me reprochait de consommer trop de vin et de champagne, et me conseillait de ralentir la cadence. Je me disais que ce n'était que temporaire, le temps que je m'habitue à vivre avec en mémoire toutes ces femmes qui appartenaient au passé de la personne qui partageait ma vie. Mon objectif était d'être capable d'y penser sans ressentir de gêne. Mais je ne ratais pas grand-chose, car Jason passait beaucoup de temps avec son ami Robbie concernant la location de sa villa. Je peinais à croire que Jason pratiquait le sadomasochisme, car il ne m'avait jamais fait part d'une quelconque attirance pour cette pratique. Mais d'un côté, nous avons tous notre jardin secret…alors je préférai remettre mes œillères et m'enfermer dans une forme de déni.

Quant au dossier « K », il avait été effacé de ma mémoire. C'était certainement plus confortable pour mon esprit.

Le mariage de ma sœur approchait à grands pas et je savais que ça nous changerait un peu les idées avec Jason de quitter Paris pour une autre ville de province, l'espace de quelques jours. C'était le bon moment, car j'étais en vacances.

On s'était encore querellés le lendemain de ma découverte des photos dérangeantes dans son ordinateur. Une de mes meilleures amies, Mélody, qui était partie vivre au Canada depuis quelques années, m'avait appelée en activant le mode vidéo pour me présenter son nouveau petit-ami. Lorsque j'avais demandé à Jason de venir pour leur dire bonjour, il avait prétexté des crampes d'estomac et était parti s'enfermer dans la salle de bain pendant plusieurs heures. Il ne m'avait pas répondu lorsque je lui avais demandé à plusieurs reprises comment il se sentait à travers la porte. Il était sorti quelques minutes à peine après avoir raccroché avec mon amie. Elle me rappela un quart d'heure après, car elle avait oublié de me poser une question. Il repartit aussitôt s'enfermer dans la salle de bain. Une grosse dispute avait ensuite éclaté, car il m'avait vraiment fait honte. Je lui en voulais d'avoir été incorrect et lui, me reprochait de montrer son visage « à n'importe qui ». Il avait ajouté que c'était mon amie qui était malpolie, car elle ne m'avait pas prévenue avant.

Ses délires paranoïaques et mégalomanes devenaient de plus en plus insupportables et pouvaient le rendre absolument abject.

Ce soir-là, je n'avais pas envie de cuisiner. Quand Jason dit qu'il avait faim, je lui suggérai de réchauffer le reste d'une tarte, avec de la salade verte dans le frigidaire. Il était très occupé entre son ordinateur pour envoyer des mails et son téléphone, qui sonnait sans arrêt pour gérer les locations. Il était tard, mais avec le décalage horaire, c'était seulement le début d'après-midi sur la côte Ouest des États-Unis.

Il pestait contre Robbie qui ne répondait pas à ses messages, alors qu'une personne était en route pour visiter la villa, qu'elle souhaitait louer pour organiser une soirée.

Quand il réussit enfin à l'avoir en ligne, il s'énerva en lui reprochant de ne pas être sérieux et espérait au moins que la villa soit propre.

Il raccrocha quelques minutes plus tard et me fis signe de baisser le son de la télévision.

« Il exagère, il part prendre une douche, alors que la fille qui m'a appelé plusieurs fois ce soir va arriver avec son père. Ils habitent à une centaine de kilomètres de LA en plus, donc ils font plus de deux cents kilomètres aller-retour simplement pour voir l'endroit. »

Une demi-heure plus tard, son téléphone n'arrêtait pas de sonner. La fille attendait avec son père à l'adresse indiquée, mais personne ne répondait et elle commençait à s'inquiéter.

Jason me dit en riant qu'il ne serait pas étonné que son ami soit sous la douche, car il était complètement à côté de la plaque. « Je peux savoir pourquoi ça te fait autant rire que cette pauvre fille soit en train d'attendre dehors, après s'être tapée une heure de route ? » lui demandai-je d'un ton acerbe. Il stoppa net de sourire et tenta de joindre son ami pendant une vingtaine de minutes. Il disait rire sous le coup de la nervosité, mais il commençait tout de même à s'inquiéter, car la potentielle locataire s'impatientait et souhaitait partir.

Il poussa un soupir de soulagement quelques minutes plus tard, en recevant un message de Robbie qui allait leur ouvrir. Il était effectivement encore sous la douche.

Dix minutes après, la fille l'appela de nouveau et hurla dans le combiné si fort, que je l'entendis de l'autre bout de la pièce : « Vous n'avez pas honte ? Je viens de faire plus de cent kilomètres pour ça ? C'est quoi cette arnaque ?! Je vais vous dénoncer pour escroquerie auprès de l'hébergeur du site ! » Jason s'écarta du téléphone en grimaçant et baissa le volume. Je n'entendis donc pas la suite. Mon cerveau embrumé par la fatigue et le stress n'enregistrait plus rien, tellement il parlait vite.

Son visage était aussi rouge qu'une écrevisse quand il raccrocha quelques instants plus tard.

- Que s'est-il passé ? demandai-je.

- Laisse tomber, c'est une folle, déclara-t-il.

- Mais dis-moi, qu'est-ce qu'elle vous reproche concrètement ? insistai-je.

- Elle n'était pas contente, parce que Robbie allait rester dans la villa avec sa mère pendant la soirée.

- Je la comprends aussi. Tu m'as déjà dit que ton ami vivait toujours avec sa mère à plus de trente-cinq ans pour gérer ses différentes dépendances, mais cette fille qui voulait seulement organiser une soirée n'a pas à gérer ça. Ils ne pouvaient pas aller passer la nuit ailleurs ?

- C'est leur maison ! Robbie partirait sans aucun problème, c'est sa mère qui ne veut pas. Ce n'est pas grave, elle peut aller se plaindre sur le site si elle le souhaite, je m'en fiche. On peut indéfiniment supprimer et créer de nouveaux comptes sur ce site.

On peut indéfiniment supprimer et créer de nouveaux comptes sur ce site.

Cette phrase ne m'était pas étrangère et je commençai à me perdre dans mes pensées.

Au loin, j'entendis Jason se disputer avec son ami Robbie qui criait aussi tellement fort avec sa voix grave et cassée, que je pouvais aussi l'entendre. Il envoya balader Jason en lui disant qu'il le saoulait avec ses « putains de locations ». Jason lui balança qu'au moins, lui n'était pas toxicomane et accro aux putes et il me sembla entendre vaguement Robbie lui renvoyer la balle dans ce match de reproches et d'insultes, qui s'annonçait plutôt serré. J'avais entendu, mais n'avais pas enregistré l'information, car je venais soudainement de réaliser pourquoi cette phrase m'était si familière.

J'attrapai un manteau, une écharpe et des chaussures dans la penderie et sortis. Jason accourut sur le pas de la porte : « Tu vas où chérie ? »

« J'ai besoin de prendre l'air. » Répondis-je calmement. L'air frais dehors me fit du bien. Je faisais régulièrement du sport, mais je ressentis le besoin de marcher. Tout s'embrouillait dans mon esprit. Je repensai à tous ces derniers mois en me demandant si je ne devenais pas complètement folle. Je me raccrochai à l'idée de partir prochainement loin de tout ça, de mon appartement que je ne supportais plus, de toute cette agitation parisienne, du trajet

que je faisais presque tous les jours de mon domicile au lycée. Les disputes avec Jason cesseraient probablement pour de bon. Comme il disait, si je ne baignais plus dans tout ce stress, nous pourrions être tellement bien ensemble.
J'étais partie sans mon téléphone et je n'avais aucune idée de l'heure qu'il était. Je m'étais perdue dans mes pensées et réalisai que je m'étais bien éloignée de l'appartement. Il était donc temps de faire demi-tour.

Lorsque j'arrivai devant la porte d'entrée, je sentis une forte odeur de brûlé. J'attrapai la clé dans la poche de mon manteau et ouvris le plus rapidement possible la porte, malgré mes mains qui tremblaient. Il y avait tellement de fumée dans l'appartement, que je luttai pour me frayer un chemin, car je ne voyais rien et mes yeux piquaient. J'entendis le bruit de la fenêtre, puis des volets s'ouvrir et Jason : « Ne t'inquiète pas mon amour, ce n'est rien ! »

Dix minutes plus tard, je suffoquais encore tellement, que je restais sur le rebord de la fenêtre à inhaler l'air frais. Je respirais de plus en en plus fort et luttais pour vaincre un vertige que je pressentais arriver. Lorsque la fumée se dissipa peu à peu, je me dirigeai dans la cuisine d'où provenait l'origine du feu. J'aperçus une poêle avec un morceau de triangle noir dedans. Je ne compris pas tout de suite qu'il s'agissait du morceau de tarte que j'avais proposé à Jason pour son dîner. Je vis ensuite l'état des plaques chauffantes en soulevant la poêle et c'est à cet instant seulement que je percutai ce qu'il venait de se passer. Je me retournai tel un fauve enragé vers Jason.

- Je me suis absentée moins d'une heure de mon appartement et tu as failli tout faire brûler à cause d'une tarte ?! Et moi qui pensais qu'on avait atteint le summum quand je suis venue te rejoindre en nuisette à l'aéroport il y a deux semaines, mais il semble non !

Il me fixait et n'avait aucune expression dans son regard. Il était complètement vide et ses pupilles ne bougeaient pas.

Je m'étais souvent fait la remarque que ses pupilles ne se rétractaient jamais.

Il finit tout de même par dire, en plaisantant maladroitement :

- Tu sais bien que la cuisine n'est pas mon fort, chérie. Il n'y a pas eu de dégâts, donc ça va.

- Non, ça ne va pas ! rétorquai-je. Tu ne t'es pas rendu compte que ça sentait le brûlé ? Et regarde l'état de ma plaque, elle est fichue !

- Tu étais partie dehors sans me donner d'explication. J'ai eu peur en te voyant descendre les escaliers en titubant, tu as tellement bu ce soir. Pourquoi tu n'as pas pris l'ascenseur ? Du coup, je suis sorti pour te chercher quand j'ai raccroché avec Robbie et j'ai oublié que la poêle était sur le feu ! Pour la plaque, ne t'inquiète pas, je vais t'en racheter une. Il recula au même moment et fit tomber un beau vase ancien qui appartenait à mon arrière-grand-mère. L'objet s'écrasa au sol en mille morceaux dans un bruit assourdissant.

- Oups, je suis désolé, fit-il en éclatant de rire.

Je vis tellement rouge en une fraction de seconde, que je me ruai sur lui en le poussant violemment contre le mur et lui crachai au visage : « Tu es vraiment un connard égoïste ! Tu n'en as rien à faire des biens des autres ! En plus, tu continues de ne rien faire. Tes locations c'est du vent, tu n'as pas gagné un dollar depuis que tu fais ça ! », *puis ce fut le trou noir.*

Je me réveillai le lendemain matin avec une gueule de bois abominable et courus directement vomir aux toilettes. Je repassai dans le salon, dans lequel je trouvai Jason assis sur le canapé. Il m'expliqua ne presque pas avoir dormi de la nuit et se trouver sur le canapé depuis plusieurs heures déjà. Je tendis mon bras vers lui et remarquai que mon poignet était rouge violacé. Je constatai avec effroi que j'avais la même marque sur l'autre poignet. Jason vit la panique se dessiner sur mon visage et m'attrapa doucement les mains : « Je suis désolé, tu es devenue incontrôlable hier soir. Je ne sais pas d'où te venait cette force surhumaine, mais tu as tenté de me planter avec un couteau. J'ai eu tellement peur que j'ai carrément dû te maintenir au sol jusqu'à ce que tu te calmes. »
Je clignai plusieurs fois des yeux en tentant de me rappeler, mais n'avais aucun souvenir de la fin de soirée la veille.

- Tu es en train de me dire que je deviens folle ? J'ai essayé de te tuer en faisant une crise d'hystérie ? Je me cachai un instant le visage avec les mains, car je sentais les larmes monter, mais ne voulais pas pleurer devant lui. Je suis tellement désolée, finis-je par dire au bout de quelques minutes complètement lasses.

- Je ne sais pas ce qui s'est passé. Je sais que je n'aurais pas dû oublier d'éteindre le feu, mais il faut vraiment que tu relativises sur tout là, chérie. Je t'aime, mais je ne vais pas non plus prendre le risque de perdre la vie à tes côtés. Je n'ai pas envie que tu me plantes un jour un couteau en pleine nuit pendant mon sommeil, parce qu'on viendra de se disputer juste avant. Je me pose sérieusement la question de repartir Claire.

Je lui avais jeté à la figure apparemment un sacré nombre d'insultes et lui avais même affirmé ne plus éprouver de sentiments pour lui.

- Je comprends, répondis-je, complètement *stone*. Je ne sais pas quoi te dire, je ne me souviens de rien. Je ne le pensais pas, je t'aime vraiment, tu sais.

Ma gorge était tellement sèche, que j'avais de plus en plus de mal à déglutir. Je me levai vers la cuisine pour me préparer un jus de citron chaud. Au moment où je jetai le zeste du citron à la poubelle, j'aperçus un amas de morceaux de verre. Jason arriva au même moment et se pencha au-dessus de moi.

- Tu as aussi cassé plusieurs verres. Tu étais tellement énervée que tu les as jetés contre le mur. En fait, je crois que tu essayais de me viser, fit-il tristement.

Je me sentais totalement vidée. J'imaginais la scène et avais tellement de mal à y croire.

Perdre la mémoire est un sentiment que je ne souhaite à personne. On se triture le cerveau dans tous les sens à s'en donner des maux de tête, sans pour autant la recouvrer. Je relevai légèrement la tête et en croisant son regard perçant, je me jetai dans ses bras en sanglotant.

- Je suis tellement désolée. Je ne sais pas ce qui m'a pris, je perds complètement la raison apparemment. Je devrais peut-être consulter quelqu'un ? Mais je t'en prie, ne pars pas, j'ai besoin de toi.

Il me serra dans ses bras pendant un long moment avant de répondre.

- Je sais depuis un moment déjà que tu es une tornade. Je comprends juste mieux ton surnom, fit-il en souriant. Je suis tellement fou de toi que je ne pourrai jamais partir seul. Le jour où tu voudras vraiment te débarrasser de moi, tu n'auras pas d'autre choix que d'appeler la police, plaisanta-t-il.

En début d'après-midi, je lui dis que les locations avec Robbie lui prenaient beaucoup trop de temps, sans aucun résultat finalement. Je lui suggérai à nouveau de trouver un emploi temporaire.

- Je pense que ça nous fera du bien de ne plus être enfermés continuellement dans un espace aussi étriqué qu'ici. Ce serait aussi une bonne chose pour toi d'avoir un peu plus de vie sociale à Paris. Tu me fais de la peine depuis que tu as coupé les ponts avec Axel, tu ne sors plus du tout. À tous points de vue, on se sentira mieux tous les deux.

- Tu as raison, concéda-t-il. Mais je vais encore avoir le même problème pour trouver un emploi et je t'avoue que j'espérais que tu m'aiderais plus. Tu connais du monde ici, tu aurais pu me trouver quelque chose par le biais de tes relations.

- La plupart de mes amis ne sont pas à Paris et ce n'est pas aussi simple ! Je vais avoir plus de temps là pendant les vacances. Mais je te rappelle que je t'avais quand même imprimé tous tes CV, j'avais même racheté de l'encre pour ça !

Quelques minutes plus tard, je regardais les différentes agences d'intérim situées à Paris. J'avais déjà envoyé toutes ces adresses à Jason. Il s'était déjà rendu dans la plupart d'entre elles et ça n'avait rien donné. Je m'arrêtais toutefois sur une adresse et vérifiai dans mon téléphone que je ne lui avais pas déjà envoyée.

- Je vais appeler cette agence. Tu n'y es pas allé dans celle-ci et ça passera peut-être mieux si c'est moi qui appelle, vu que je parle la langue.

Il sembla surpris et répondit aussitôt :

- Donne-moi l'adresse, je vais m'y rendre cet après-midi.

- Non, tu viens de me reprocher que je ne t'avais pas aidé et je suis en vacances là. Donc laisse-moi te donner un coup de main.

La personne qui décrocha lorsque j'appelai l'agence était plutôt sympathique. C'était un homme qui ne me garantissait rien vu la situation complexe de Jason. Je la lui avais brièvement expliquée au téléphone. Il proposa tout de même de le recevoir à quinze heures. Il me demanda quelques pièces à fournir pour lui monter un dossier.

- Pourquoi as-tu besoin de tous ces papiers ? râla Jason. Je ne le sens pas ce plan, je suis sûr que c'est foireux et qu'on va perdre notre temps.

- Si on n'y va pas, on ne saura jamais ! Et tu n'as pas de meilleur plan actuellement, donc je vais t'accompagner et on verra bien. Imagine, il va peut-être te trouver une solution, même pour tes histoires de visa.

Il traîna des pieds jusqu'à l'agence, mais plaisanta ensuite longuement avec le gérant, qui disait beaucoup apprécier les États-Unis. Il lui posa tout un tas de questions sur la vie à Los Angeles dans un anglais approximatif, mais ils arrivaient plutôt bien à se comprendre. Jason parlait parfois en français et je n'avais pas réalisé qu'il avait autant progressé, car je parlais rarement cette langue avec lui. On avait déjà essayé, mais je perdais patience au bout de quelques phrases et basculais de nouveau sur l'anglais.

Il proposa un travail pour distribuer du courrier au sein d'une grosse entreprise. Elle se situait assez loin en banlieue parisienne et c'était très tôt le matin. Cependant, quand il demanda à Jason si cela le dérangeait, il répondit non avec un grand sourire.

Il précisa qu'il n'y avait rien de sûr et qu'il nous recontacterait si le patron de la boîte acceptait de le prendre.

En sortant de l'agence, Jason reçut un mail pour un entretien dans l'après-midi dans une boîte d'évènementiel. Il avait postulé il y a un moment. Je lui dis de s'y rendre, car il n'avait rien signé avec le gérant de l'agence et qu'il n'y avait rien de concret pour le moment. Il hésita à y aller immédiatement, car il ne se sentait pas en forme à cause d'une allergie au pollen qui le gênait. Ses yeux brûlaient et son nez coulait depuis plusieurs jours. Je lui donnai donc un comprimé : « Dans une heure maximum, tu n'auras plus aucun symptôme, donc j'espère que tu arriveras à les convaincre ! », dis-je en l'embrassant.

J'étais confortablement installée devant la télévision, quand je sentis mon téléphone vibrer près de ma jambe. Un texto de Jason : « J'ai eu le travail ! » Je décidai de l'appeler aussitôt :

- Je suis tellement fière de toi ! m'écriai-je gaiement.

- Je sais, tu vas voir, tout va changer maintenant. Je préfère juste te prévenir que je vais rester dîner chez lui. Tu comprends bien que je ne suis pas trop en position de refuser.

- Qui lui ?

- Mon nouveau patron ! s'exclama-t-il.

- Il est tard, je t'attendais pour dîner. Mais ne t'inquiète pas, je comprends, soupirai-je. Mais attends, ça signifie que tu ne pourras pas venir au mariage de Marion ? réalisai-je.

- On en parlera plus tard, je dois vraiment y aller là ! Je te rappelle que je fais tout ça pour toi, ne l'oublie pas princesse. Je fais au plus vite, je t'aime !

- Je sais, à plus tard. Je raccrochai un peu brutalement, mais je lui en voulais malgré tout de me laisser tomber à quelques jours du mariage de ma sœur. J'étais parfaitement consciente que j'insistais depuis des semaines pour qu'il trouve du travail à Paris en m'attendant jusqu'à la fin de l'année scolaire, avant qu'on parte définitivement ensemble. Mais je ne me sentais pas très à l'aise d'appeler Marion pour lui dire qu'il ne serait finalement pas présent.

Quelques heures plus tard, lorsqu'il rentra, il m'assura qu'il ne pouvait pas refuser ce travail qui était très bien payé ni demander à commencer deux semaines après. Il préférait ne pas passer à côté de cette belle opportunité. D'un côté, cela ne me déplaisait pas totalement, car j'en avais aussi marre de l'entretenir depuis son retour d'Afrique.

« Je me retrouve sans cavalier pour le mariage de ma sœur. J'aurais tellement aimé que tu sois là », regrettai-je. Jason se tourna vers moi dans le lit et me contempla un long moment, avant de m'enlacer.

- C'est un sacrifice qui vaut le coup, crois-moi. Dans quelques semaines, quand on sera à Los Angeles, on n'y pensera déjà plus. Ce sera un nouveau départ, tu verras. Et si ça ne tenait qu'à moi, nous y serions déjà. C'est toi qui tiens absolument à terminer ton programme de l'année avec tes élèves et qui ne veux pas les abandonner.

- Je sais, mais je ne peux pas non plus disparaître avant le mariage de ma sœur. Et je me suis aussi engagée à animer plusieurs activités pendant la soirée, grommelai-je, avant de lui tourner le dos et d'éteindre la lumière.

Le lendemain, j'étais assise avec mon frère sur mon canapé, pour finaliser le diaporama qui serait diffusé lors du mariage de ma sœur.

- Je te dis qu'il n'est pas dans son état normal, il y a un truc qui cloche. T'es certaine qu'il n'a pas pris quelque chose ce soir ? chuchota-t-il.

- Mais t'es sérieux ? Je m'en serais rendu compte quand même s'il prenait de la drogue, depuis le temps qu'on est ensemble ! En plus, il ne boit pas une goutte d'alcool, il ne fume pas et fait du sport presque tous les matins. Difficile de faire plus sain ! argumentai-je.

- Tu ne vois pas que depuis tout à l'heure, il rigole tout seul, nous coupe tout le temps la parole et parle hyper fort ! surenchérit-il.

- Arrête ton délire ! Je sais que tu ne le portes pas vraiment dans ton cœur, mais là tu abuses.

Je tournai la tête en direction de Jason qui était, comme à son habitude, captivé par son ordinateur. Il regardait des vidéos sur Internet. Il se tourna vers moi et sourit. C'est pratique parfois de ne pas parler la même langue. Je ne pense pas qu'il avait entendu les échanges avec mon frère et même si c'était le cas, je savais qu'il n'aurait rien compris de ce qu'on disait en français. En revanche, durant la soirée, mon frère avait parfaitement compris lorsque nous nous étions disputés en anglais avec Jason. Il était arrivé avec trois heures de retard. Il m'avait répondu que c'était sa première journée de travail et qu'il avait donc posé beaucoup de questions au directeur de l'entreprise. Je ne suis clairement pas le genre de petite amie possessive et jalouse qui empêche son conjoint de faire ce qu'il veut et de sortir. Mais je m'étais encore une fois inquiétée pour lui, vu qu'il n'avait pas répondu à un message que je lui avais envoyé pour savoir à quelle heure il rentrait et si sa journée s'était bien passée.

Quelques heures plus tard, nous avions enfin terminé le diaporama et mon frère s'apprêtait à partir. Lorsque je me penchai pour lui faire la bise, il me dit tout bas : « Fais attention à toi s'il te plaît. Il y a vraiment quelque chose de pas clair dans tout ça. »
Nous avons sept ans d'écart, je suis la plus âgée et pourtant, il se comporte régulièrement comme mon grand frère protecteur. Je sentis de l'inquiétude dans son regard au moment où je refermai la porte. Ce que Jason avait fait quinze jours plus tôt n'avait clairement pas aidé mon frère à mieux l'apprécier, bien au contraire. Je me retournai et sursautai en me retrouvant nez à nez avec Jason. Je ne l'avais pas entendu s'approcher.
- Je sais qu'il est deux heures du matin, mais on se fait un ou deux épisodes de *« Californication »* ? proposa-t-il avec un large sourire. On regardait souvent des épisodes de cette série. Lui, parce que ça lui rappelait le mode de vie déjanté de Los Angeles et moi, parce que j'affectionnais tout particulièrement le personnage Hank Moody, l'écrivain passionné ravagé par l'alcool, totalement perdu dans toutes ses dérives sexuelles.
- Ok, si tu veux. Mais tu es sûr que tout va bien ? questionnai-je.
- Oui parfaitement, pourquoi ?

- Je ne sais pas, tu as parlé très fort toute la soirée et… non, mais rien, laisse tomber. Va t'asseoir sur le canapé, j'arrive tout de suite.

Je préférai finalement couper court à la discussion. Il était tard, je n'avais pas envie de me disputer et je savais que je partais deux jours après.

Au moment où j'arrivai près du canapé, je surpris encore cette lueur étrange dans ses yeux, à donner des frissons dans le dos. Son regard semblait tellement vide, froid et glacial.

- Je n'aime pas quand tu me regardes comme ça ! protestai-je.

- Quand je te regarde comment ? Il semblait surpris et ses yeux verts étaient revenus à la normale.

- On ne t'a jamais dit que tes yeux n'étaient pas humains ?

Il éclata de rire et répondit simplement : « C'est normal, je n'ai jamais dit que j'étais humain ! »

Je ne pris pas tellement en considération sa remarque, mon esprit étant trop occupé à chercher désespérément à qui ce regard angoissant me faisait penser.

Ce n'est seulement que quelque temps plus tard que j'eus la réponse. Si j'avais fait le rapprochement à ce moment-là, j'aurais probablement tout arrêté et je me serais épargnée bien des ennuis par la suite…

Jason se leva une fois de plus à cinq heures du matin, après seulement deux heures de sommeil. Depuis qu'il était revenu d'Afrique, nous ne dormions que très peu. Et pourtant, je me réveillais aussi assez facilement ces dernières semaines vers cinq-six heures du matin, en étant toujours pleine d'énergie. On dit souvent que l'amour nous épanouit et nous donne des ailes. Cela devait donc être vrai. Je ne m'attendais cependant pas à ce qu'il parte faire du sport si tôt, avant d'entamer sa seconde journée de travail. Il revint presque quatre heures plus tard, quand je m'apprêtais justement à partir aussi à la salle de gym. Il eût à peine le temps de déposer ses affaires de sport et de repartir pour travailler.

« Essaye de ne pas rentrer tard s'il te plaît ce soir. C'est notre dernière soirée ensemble avant que je ne parte pour une semaine. » Je préférai le lui rappeler, vu que la veille, nous nous étions disputés devant mon frère à ce sujet.

En partant, il me promit de s'arranger pour revenir beaucoup plus tôt, afin de profiter de notre dernière soirée ensemble. J'avais pris l'habitude de l'avoir toujours près de moi depuis son retour, si bien qu'il me manqua terriblement ce jour-là. D'autant plus que j'étais toujours en vacances. L'ennui étant un concept qui m'est foncièrement étranger, je réussis tout de même à m'occuper sans aucun problème. Ce n'est qu'en fin de journée que je levai les yeux vers la pendule de la cuisine et fus surprise, car il était déjà vingt heures trente. Jason aurait dû rentrer à dix-neuf heures. Un coup d'œil rapide sur l'écran de mon téléphone : rien.

Bon sang, mais qu'est-ce qu'il fait ! Je décidai de lui envoyer simplement un message : « Tu es où ? »

J'avais passé une bonne partie de la journée à cuisiner du bœuf bourguignon, dont je savais qu'il raffolait, mais je commençai à pester quand je vis qu'il était déjà vingt et une heures trente. J'étais toujours sans aucune nouvelle. À cet instant, j'entendis un son à peine audible sur la porte d'entrée. Il venait encore de frapper à la porte tout doucement. Il avait vraiment de la chance que j'aie une bonne audition.

« Mais enfin, qu'est-ce que tu faisais ? Tu m'avais promis de ne pas rentrer trop tard pour qu'on passe la soirée ensemble ! » fut ma phrase d'accueil.

Il me répondit que sa journée avait été tellement intense qu'il n'avait pas vu l'heure et me rappela encore une fois que c'était pour moi qu'il avait accepté ce travail.

Je décidai de prendre sur moi et de ne pas provoquer une nouvelle dispute. Il y avait eu tellement de querelles ces dernières semaines ! J'appréhendais une nouvelle crise d'hystérie de ma part. Ces crises devenaient d'ailleurs totalement incontrôlables. Je ne comprenais toujours pas comment je pouvais perdre à ce point le contrôle de moi-même.

Après le repas, je remarquai que Jason s'affairait à taper avec frénésie sur un petit objet noir, que je ne reconnus pas tout de suite. Il n'avait pratiquement pas parlé pendant le dîner et semblait perdu dans ses pensées.

- C'est quoi ce truc dans ta main ? questionnai-je.

- De quoi ? fit-il en relevant la tête. Il était tellement absorbé par ce qu'il faisait, qu'il n'avait même pas entendu la question. En relevant légèrement sa main, j'aperçus un écran de téléphone.

- Il vient d'où ce nouveau téléphone portable Jason ? m'exclamai-je, en lui arrachant des mains.

Il bondit de sa chaise, me lança un regard noir, m'attrapa violemment le bras et le pressa si fort, que j'en lâchai l'appareil.

- Mais ça ne va pas, qu'est-ce qu'il te prend ?! hurlai-je, estomaquée.

- Je t'ai déjà dit de ne pas fouiller dans mes affaires ! Tu apprécierais toi que je prenne ton téléphone et que je regarde ce qu'il y a dedans ?

- Mais enfin, je n'ai même pas regardé ce que tu écrivais ! me défendis-je. Et où l'as-tu eu ? C'est un ancien modèle qui date de Mathu....

- Tu poses trop de questions, je t'ai déjà dit d'arrêter, coupa-t-il sèchement, avant de se rasseoir. Il continua de taper sur les touches à toute vitesse. À chaque fois qu'il en pressait une, j'entendais un claquement et cela me rendait dingue.

Je préférai retourner dans la cuisine faire la vaisselle, en le laissant à ses occupations.

Mais de la cuisine, je continuais d'entendre *« clac, clac, clac... »*

Je revins donc vers la salle à manger : « Jason, peux-tu mettre ton téléphone en mode silencieux, s'il te plait ? », demandai-je, calmement.

Il se leva d'un coup, me foudroya de nouveau du regard et me lança : « J'en ai marre Claire. Je ne peux pas le mettre en mode silencieux, parce que ces messages sont importants et je ne peux pas en rater un seul. » Puis, il partit s'enfermer dans la salle de bain, en flanquant violemment la porte. Je ne le reconnaissais pas. Lui qui était habituellement toujours si enjoué et calme. Quelques jours plus tôt déjà, je me rappelai qu'il avait déjà passé un après-midi entier cloîtré, lorsque j'étais au téléphone avec mon amie Mélody. Je m'approchai de la porte de la salle de bain et j'entendis encore les touches du clavier, sur lesquelles il appuyait frénétiquement.

« Jason, mais qu'est-ce qui se passe ? Je ne te reconnais pas ! Pourquoi tu es si agressif ? »

Clac clac clac…

Il ne me répondit pas, ce qui ne fit qu'accentuer de plus belle ma colère. L'indifférence de quelqu'un peut me rendre littéralement folle. Je tambourinai donc à la porte en criant : « Qu'est-ce que tu fabriques dans la salle de bain ? Sérieusement, tu vas passer ta soirée barricadé ici, au lieu de la passer avec moi, alors que je pars demain pour une semaine ?! »

Toujours aucune réponse de sa part.

Je m'apprêtai à repartir dans la salle à manger, quand j'entendis l'eau du robinet couler à flot. Cela résonnait dans tout l'appartement dont les murs étaient aussi épais que du papier en carton. Je frappai de nouveau à la porte encore plus fort que la fois précédente et hurlai à m'en décrocher un poumon : « Arrête

l'eau s'il te plaît ! Tu es fou, mais enfin qu'est-ce qu'il te prend ?! »
Je sentis la crise d'hystérie arriver. Comme d'habitude, mes mains commencèrent à trembler, et je fus prise d'une bouffée de chaleur. Mes joues chauffaient tellement que je commençai à suffoquer. Je courus donc jusqu'à la fenêtre de la salle à manger, afin de l'ouvrir en grand et respirer un peu d'air frais. J'inspirai et expirai longuement pendant quelques minutes, en fermant les yeux. J'entendais au loin l'eau qui coulait toujours très fort dans la salle de bain.
Mais pourquoi il fait ça ! J'avais la tête qui tournait et mon corps fut pris de spasmes si violents, que je tombai par terre, en me raccrochant à la table située près de la fenêtre.
Mais qu'est-ce qui m'arrive ! J'inspirai et expirai encore pendant plusieurs minutes à moitié allongée par terre, avant de me relever soudainement dans un élan de rage. Cela devait bien faire quinze minutes que Jason avait allumé le robinet à fond. Je me ruai dans le couloir qui menait à la salle de bain et donnai des coups de pied dans la porte. Je n'arrivais plus du tout à me contrôler. Je hurlai de nouveau à travers la porte : « Tu sais quoi, Jason ? Tu m'as dit que tu ne t'en irais jamais de toi-même et que si je voulais te faire partir, je n'avais qu'à appeler les flics ! Eh bien, je vais faire encore mieux, je vais aller directement les chercher ! »

Suite à cette menace, j'attrapai mes bottes dans le placard de l'entrée, mon sac à main et mon téléphone portable. Je flanquai ensuite la porte d'entrée derrière moi le plus fort possible. Je descendis les étages à toute vitesse, tel un lion enragé et me pris de plein fouet la voisine du 7ème étage qui montait tranquillement. C'était une femme d'une soixantaine d'années, avec qui j'échangeais parfois lorsque nous nous croisions dans l'ascenseur ou même dans la cour de l'immeuble. Lors du choc, elle était tombée à genoux par terre, pratiquement à mes pieds.

- Je suis vraiment désolée, balbutiai-je, tout en l'aidant à se relever. Je ne vous avais pas vue.

- Mais ça ne va pas de courir aussi vite ! s'emporta-t-elle, encore un peu sonnée. Vous tombez bien d'ailleurs vous ! Vous vous rendez compte que ces derniers temps, tout le monde dans l'immeuble entend vos disputes avec votre petit-ami ? Vous faites parfois carrément trembler les murs de mon appartement ! En plus, en anglais, c'est juste insupportable !

Je n'en croyais pas mes oreilles, la honte !

Je n'aurais jamais imaginé que tous les voisins avaient entendu mes crises d'hystérie. Même si je demandais régulièrement à Jason de parler moins fort vis-à-vis des voisins, je n'avais pas réalisé que nos disputes pouvaient autant les incommoder.

« Je suis désolée, madame. Je n'avais pas réalisé que nous faisions autant de bruit », bredouillai-je. J'étais tellement gênée que je détournai le regard et partis en courant, tout en lui lançant à la volée un « bonsoir » à peine audible.

Je ne fus pas mécontente de sentir la brise fraîche en arrivant dans la cour. Je sortis mon téléphone du sac pour regarder l'heure : une heure trente du matin.

Je longeai entièrement le bâtiment qui menait au portail et commençai à marcher dans la rue, sans vraiment savoir où j'allais. Je ressentais simplement le besoin de prendre l'air et de me dégourdir les jambes. Je ne comprenais décidément pas ce qui se passait.

Étais-je en train de devenir complètement folle ?

Je n'avais jamais eu de crises comme ces dernières semaines auparavant. Quelques jours plus tôt, j'aurais été capable de tuer Jason quand il avait failli mettre le feu chez moi par inadvertance. Il avait quand même été obligé de me maintenir au sol pour me calmer. J'avais par moment tellement de colère et de haine en moi, mais je ne parvenais pas à en trouver la cause. Et tous ces verres que je cassais pendant les crises, sans même m'en rappeler…

Mon Dieu, mais j'ai vraiment perdu la raison !

Dans deux mois et demi, tout cela ne sera plus qu'un mauvais souvenir. Deux mois, ce n'est rien dans une vie. Mais ça me paraissait tellement long ! Les examens de mes élèves venaient de passer. Après les vacances, la plupart de mes classes allaient être en stage et j'allais pouvoir profiter pleinement de Paris, avant de quitter cette ville définitivement. Le lendemain, je comptais aller à la mairie pour prendre les renseignements sur le Pacs, ce qui me permettrait d'avoir probablement une année de disponibilité de droit avec l'Éducation nationale. J'allais enfin revendre mon

appartement et Jason allait signer ses papiers aux États-Unis, avant qu'on passe tout l'été ensemble. Et j'allais pouvoir me consacrer pleinement à écrire la suite de mon premier roman, qui était attendue par les lecteurs depuis plus de deux ans.
Alors pourquoi je me sentais aussi mal ?
J'avais le cou toujours complètement bloqué à cause du stress et mon corps avait réellement changé ces derniers temps. J'étais très enflée, même du visage, alors que je pratiquais presque deux heures de sport par jour. Je repensais à Jason qui avait été froid et distant toute la soirée. Cela devait être difficile pour lui de me supporter, surtout en période de crises.
Et pourquoi avait-il disparu de façon si étrange quinze jours plus tôt ? Et cette pochette avec tous les papiers et les photocopies, cachée au fond de sa valise. Et ces photos et vidéos de filles dans son ordinateur, pourquoi il les gardait ?
Je ne comprenais pas non plus pourquoi il ne prenait pas un vol pour Los Angeles, où je pourrais le rejoindre dès l'été. Tout s'embrouillait dans mon esprit. Il m'avait déjà prévenue que la vie à ses côtés serait mouvementée et pourrait s'avérer dangereuse. Je savais qu'il avait eu une vie compliquée, qu'il l'avait encore et l'aurait toujours. Mais j'en étais tellement amoureuse que j'étais prête à tout accepter pour lui. Je ne pouvais cependant pas nier que je ressentais parfois un malaise quand il se trouvait dans la même pièce. Après avoir failli faire brûler mon appartement, je lui avais craché au visage tant d'horreurs. Mais pourquoi lui avais-je balancé que je ne l'aimais plus ? Cela pouvait sembler paradoxal, mais je ressentais à ses côtés parfois de la peur et d'autres fois, un

sentiment de sécurité. Il m'avait pourtant toujours assuré qu'il ne s'en prenait qu'aux personnes profondément mauvaises ou malhonnêtes.

Je suis un requin uniquement avec les serpents. Toi, je ne te ferai jamais de mal. Tu m'es trop précieuse.

Je voulais tellement y croire ! Un bruit de klaxon à côté de moi me sortit de mes pensées. Je levai la tête : *« Hôtel de police ».*

J'avais marché jusqu'au commissariat près de chez moi, sans même m'en rendre compte. Je restai devant un long moment, à fixer cette grande porte vitrée. Des policiers en uniforme allaient et venaient, tout en me dévisageant quand ils passaient à côté. Ils devaient probablement se demander ce qu'une jeune femme en robe à manches courtes faisait en plein milieu de la nuit, assise devant un commissariat.

Même si mon esprit était totalement embrumé et que je commençais à avoir du mal à distinguer le vrai du faux, le bien du mal et que j'avais l'impression d'avoir une inconnue qui avait pris possession de mon corps, j'étais sûre d'une chose à ce moment-là.

J'avais le sort et le destin de Jason entre mes mains.

Mais j'étais bien trop attachée à lui... J'attrapai mon téléphone dans mon sac pour regarder l'heure : deux heures trente-six et… dix-sept appels en absence de Jason ! Il devait commencer à s'inquiéter.

« Je peux vous aider ? » Je relevai la tête en sursautant et découvris une jeune femme blonde en uniforme de police. Je la fixai sans lui répondre. « Ça fait plus d'une demi-heure que je vous vois à travers la vitre. Vous allez bien ? » reprit-elle, en s'agenouillant et en posant doucement sa main sur la mienne.

J'enlevai précipitamment ma main, me levai d'un coup et me forçai à lui sourire : « Non, ne vous inquiétez pas, tout va bien. »

Je lui tournai rapidement le dos et repartis en direction de l'appartement.

Jason m'attendait, assis dans le couloir devant la porte. « Je m'inquiétais. Tu es partie où pendant tout ce temps ?

Je lui fis signe de la tête d'entrer dans l'appartement, avant de refermer doucement la porte derrière nous.

- J'étais au commissariat, je te l'ai dit, répondis-je calmement en me dirigeant vers la cuisine. Machinalement, je sortis un plat à tarte du placard et pris les ingrédients nécessaires dans le frigidaire pour en préparer une.

- Ah bon, fit-il en hochant la tête, mais ne semblait pas si surpris. Et qu'est-ce que tu leur as dit ? Il souriait et ses yeux verts brillaient. Il semblait jubiler d'avance de connaître ma réponse.

- Rien. Je ne suis pas rentrée finalement. Tu peux me passer deux boîtes de thon dans le placard derrière toi s'il te plaît ?

- Qu'est-ce que tu fais ? Tu ne vas quand même pas cuisiner à trois heures du matin !

- Je te fais une tarte thon-tomates avant de partir. Je sais que c'est ta préférée. Et demain, j'irai faire des courses. Il va bien falloir que tu te nourrisses quand je ne serai plus là. Et tu ne toucheras

pas ta paye avant le mois prochain, donc… dis-je, un peu exaspérée, en levant les mains au ciel.
Il me les attrapa avant que je n'aie le temps de les redescendre et les pressa dans les siennes : « Claire, tu n'as pas besoin de faire tout ça pour moi. Ne va pas au supermarché demain. Ne t'inquiète pas, je me débrouillerai. »

Je savais qu'il ne s'excuserait pas de son comportement de la soirée. Jason avait en horreur les excuses, qu'il percevait comme un signe de faiblesse. Il ne s'était jamais excusé et ne supportait pas que je le fasse, notamment après une crise.
« Jason, il est tard. Tu sais très bien que si je ne vais pas faire de courses demain, tu ne pourras pas y aller. Tu n'as plus d'argent pour le moment. Laisse-moi préparer cette… » et là, je m'écroulai en pleurs sur une chaise à côté du bar de la cuisine.
C'était la première fois que je pleurais devant lui après un an de relation. Il m'avait déjà eue au téléphone en larmes, mais jamais en face de lui. Je me pris la tête dans les mains, comme une petite fille qui avait honte de se montrer dans un tel état de tristesse. Il s'avança prudemment vers moi : « Mais enfin, qu'est-ce que tu as ? » demanda-t-il à voix basse.
Je relevai la tête vers lui, les yeux embués de larmes : « Jason, qu'est-ce que tu attends de moi ? Je suis complètement folle. Je fais des crises d'hystérie presque tous les jours, alors que tu as la patience de m'attendre et que tu as même trouvé du travail pour

moi ! Il y a quelque chose qui ne colle pas ! Tu n'es pas amoureux de moi ! »

Il s'accroupit, m'attrapa de nouveau les mains et dit en me regardant droit dans les yeux : « Je t'aime d'accord ? Est-ce que tu réalises seulement tous les sacrifices que j'ai faits pour toi ? Si je ne t'aimais pas, je ne serais pas là à l'heure actuelle et j'aurais déjà signé tous mes papiers aux US. Oui, ça t'arrive de faire des crises de démence, mais tu es épuisée et stressée à cause de ton travail, et de cette vie de dingue que tu mènes ici. Ce n'est pas pour toi. C'est pour ça que je ne veux pas te laisser seule, mais t'attendre et t'emmener avec moi. Et pour demain, non s'il te plaît, j'insiste, n'achète rien pour moi. »

- Ça ne s'explique pas. J'ai l'impression que tu attends quelque chose de moi. Tout ce que tu me promets semble trop beau pour être vrai ! continuai-je, prise de doutes.

- Mais enfin Claire, je suis désolé de te dire ça, mais tu n'as rien. Tu n'es pas riche, alors que moi, je le serai bientôt ! affirma-t-il.

- Je ne sais pas. J'ai juste un mauvais pressentiment. J'ai l'impression d'être possédée, chuchotai-je. Et j'ai croisé une voisine tout à l'heure qui était très remontée. Apparemment, tout l'immeuble nous entend quand on se dispute.

- Quelle voisine ? Jason semblait étrangement inquiet.

- Celle du septième. Pourquoi tu me demandes ça ?

- Pour rien. Il avait l'air rassuré, bien que je ne comprenne pas pourquoi. Il me prit dans ses bras quelques minutes, avant d'ajouter : « Je vais te servir un bon verre de vin, le temps que tu termines ton plat. »

- Il est plus de trois heures du matin ! m'exclamai-je, en lui montrant la pendule.

- Tu répètes souvent qu'il n'y a pas d'heure pour boire du vin et du champagne je te rappelle ! répondit-il, en m'adressant un clin d'œil.

Finalement, nous n'étions pas revenus sur cette histoire de salle de bain et de téléphone portable.

Je remarquai que Jason avait toujours le chic de détourner une conversation dérangeante afin d'éviter toute justification.

Le lendemain matin, quand le réveil sonna, nous n'avions pas vraiment la même énergie que la veille. Nous étions tous les deux épuisés. Jason partit pourtant à six heures faire sa séance de sport. J'espérais qu'il repasserait à l'appartement avant d'aller travailler, vu que j'allais m'absenter une semaine. Malgré nos disputes incessantes dernièrement, je savais qu'il allait beaucoup me manquer. À huit heures trente, je décidai de me lever pour me préparer. Si jamais il repassait, je ne voulais pas que la dernière image qu'il ait de moi pendant une semaine, soit une tête fatiguée avec des cernes jusqu'en bas des joues. Vu ce qu'il s'était passé la veille, je préférais ne pas rester sur cette mauvaise note. Alors que je terminais de me maquiller dans la salle de bain, j'entendis la clé tourner dans la serrure. Je me précipitai à la porte et lui sautai dans les bras. Il me repoussa légèrement et demanda, un peu surpris : « Pourquoi tu es déjà debout, alors que tu ne pars que ce soir ? »

- J'espérais que tu repasserais avant d'aller travailler et je voulais que tu me voies dans une des dernières robes que j'ai achetées ! répondis-je, fièrement en souriant et en lui dévoilant la jolie robe que je venais tout juste d'enfiler.

- Tu es trop mignonne. Viens, j'ai besoin de me reposer un quart d'heure avant de partir et je veux que tu sois à côté de moi. Il m'entraîna dans la chambre, souleva la couette et m'invita à me joindre à lui.

Il me prit dans ses bras et implora : « Ne pars pas aujourd'hui s'il te plaît. Tu n'as pas besoin d'une semaine pour un mariage. C'est seulement la journée de samedi. Pars vendredi et reviens dimanche. »

Ce n'était pas la première fois que nous avions cette conversation, mais ma réponse n'avait pas changé.

- Il y a le retour de mariage le dimanche et j'ai aussi envie de voir ma famille avant. Je te rappelle que si on part vivre à l'étranger, je ne les verrai plus beaucoup. J'ai envie d'en profiter maintenant.

- Je comprends, mais ça va être long sans toi pendant une semaine. Il me serra ensuite tellement fort, qu'il me fit presque mal. Mais je ne dis rien, car je ne voulais pas le contrarier. Je l'abandonnais déjà sept jours, alors qu'il allait travailler, notamment parce que je lui avais demandé. Au bout de dix minutes d'un long silence qui se faisait pesant, il lâcha : « Tu n'as qu'un mot à dire et j'arrête tout. »

- Tu veux arrêter quoi ? J'étais assez surprise par ce qu'il venait de dire.
- Tu sais très bien.
- Non, je ne sais pas.
- - Tant pis, ce n'est pas grave. Je dois bientôt partir, soupira-t-il. Il resserra ensuite si fort son étreinte qu'il me fut difficile de respirer.

Une heure plus tard, je ressortis de la mairie avec les papiers pour le Pacs. J'avais demandé tous les renseignements nécessaires au préalable et savais donc que lorsque Jason me fournirait les papiers justifiant ses activités professionnelles à l'étranger, je pourrais bénéficier d'une année de disponibilité que l'Éducation nationale ne pourrait pas me refuser. On n'est jamais trop prudent. Cela me laissait un an pour voir si ma relation avec Jason pouvait fonctionner. Et si jamais ce n'était pas le cas, je pourrais toujours retrouver mon poste d'enseignante.

Après avoir fait du ménage dans l'appartement, je partis à la recherche d'une tenue pour le mariage de ma sœur. Je me sentais à l'étroit dans la plupart de mes vêtements, tellement j'étais gonflée ces dernières semaines. Heureusement que je ne portais exclusivement que des robes et des jupes extensibles. Lors de ma session shopping de quelques heures, j'explosai la carte bleue en achetant quatre robes, une veste et une combinaison. Habituellement pourtant, c'était lorsque j'allais mal que je dépensais autant.

En fin de journée, j'envoyai une photo à Jason du frigidaire et du congélateur remplis, en lui joignant un message : « Je suis la meilleure petite amie du monde ! Je t'aime tellement ! »

Il m'avait demandé de ne rien acheter, mais je n'avais pas pu m'en empêcher. J'avais pris tous les aliments qu'il préférait, mais surtout des plats déjà préparés, car je savais bien que cuisiner n'était pas sa tasse de thé. Au moment de partir, je déposai une copie du document concernant le Pacs sur la table de la salle à manger, à côté des croissants que j'avais pris pour lui. Il était totalement fan des viennoiseries françaises, notamment les croissants. J'attrapai un stylo-feutre et écrivis sur le sachet : « Tu vas terriblement me manquer. J'ai hâte de te retrouver. Je t'aime. »

Mon père arriva quelques heures plus tard. Il venait régulièrement de province voir des clients à Paris et il m'avait proposé de me ramener dans la maison familiale en voiture. Il était dix-neuf heures trente et Jason n'était pas encore rentré. Il m'avait pourtant assuré rentrer au plus tard à dix-neuf heures, en espérant que je ne sois pas déjà partie. Au moment où je fermai la porte de l'appartement, je ressentis un sentiment étrange, comme une angoisse.

À peine arrivée chez mes parents, j'appelai directement Jason qui me dit être extrêmement fatigué et ne pas se sentir très bien. Son allergie au pollen avait apparemment repris de plus belle. Je l'avais prévenu que je quittais Paris au moment même où je montais en voiture avec mon père. Il m'avait aussitôt répondu : « Tu me manques déjà mon amour. » Les jours qui suivirent passèrent à une vitesse impressionnante. Les derniers préparatifs du mariage de Marion occupaient la plupart de mes journées. Jason aussi semblait débordé par son nouveau travail à Paris et n'avait pas beaucoup de temps à m'accorder. Chaque soir, après vingt et une heures trente, je ne tentais même plus de l'appeler, car il était tellement épuisé qu'il dormait déjà. Le jour du mariage, je respectai ce qu'il m'avait demandé avant mon départ et lui envoyai des photos des mariés, de la salle, de moi… Il avait hâte que je revienne et me rappela que notre mariage à Malibu serait aussi mémorable. Durant le vin d'honneur, j'aperçus au loin mon autre sœur qui tenait mon neveu dans ses bras, en buvant un verre de jus d'orange… *Tiens, bizarre.*

Je m'approchai d'elle et lui glissai à l'oreille : « Alors comme ça, mon petit neveu va avoir un petit frère ou une petite sœur ? » Elle sourit en retour.

Le lendemain matin, je me levai avec une monstrueuse gueule de bois et courus vomir aux toilettes. J'avais énormément bu la veille, mais j'eus tout de même un pressentiment. Je regagnai la chambre où je dormais et sortis de mon sac un test de grossesse. Je m'étais rendue dans une pharmacie à Paris le jour où j'étais partie pour acheter des comprimés contre les allergies au pollen. J'en avais profité pour acheter un test de grossesse. Jason m'avait répété à plusieurs reprises qu'il se demandait si je n'étais pas enceinte, vu que j'avais parfois des nausées le matin et que mon corps et mon visage avaient beaucoup gonflé. Je m'étais complètement emmêlée les pinceaux avec différentes pilules contraceptives en début de mois et savais pertinemment qu'il y avait donc un risque. Je retournai tant bien que mal aux toilettes, en respectant à la lettre toutes les indications écrites sur la notice. Les trois minutes d'attente avant la lecture du test me parurent interminables. Je vis enfin apparaître deux traits sur le petit écran.

Je restai assise un long moment sur l'abattant des toilettes à me demander pourquoi je ne ressentais aucune émotion : ni joie ni déception.

Je décidai de retourner me coucher quelques heures avant le retour du mariage, qui avait lieu à treize heures. Lors du déjeuner, mes cousins furent étonnés de me voir boire du jus de pomme. « J'ai une gueule de bois atroce », prétextai-je auprès de toute ma famille. C'était la meilleure excuse à leur fournir.

« J'espère que tout va bien. Tu rentres quand ? Tu me manques. »

Le message de Jason me faisait plaisir, mais je n'avais pas envie de lui annoncer la nouvelle par message.

Je lui renvoyai : « Je suis fatiguée. Je n'ai presque pas dormi cette nuit et j'ai beaucoup bu hier soir. Et toi, comment vas-tu ? » Il me répondit de faire attention avec l'alcool et qu'il ne se sentait pas bien du tout à cause de son allergie qui avait empiré. Je clôturai la conversation pour la journée, en lui écrivant que je n'avais pas bu une goutte d'alcool aujourd'hui et que je n'étais pas prête d'en reprendre une seule.

Le lundi après-midi, je n'avais aucune nouvelle de Jason. Je décidai de lui demander comment il allait et s'il travaillait le lendemain. Il me répondit que tout allait bien et qu'il devrait malheureusement se rendre au travail. J'étais très étonnée de sa réponse, car le 1er mai est le jour de la fête du Travail. C'est le jour férié le plus important de l'année en France, où toutes les entreprises sont fermées. Je ne pris pas le temps de la réflexion et l'agressai d'emblée : « Tu te fous de moi là ! Tu veux me faire croire que tu vas travailler un 1er mai ?! »

Je n'obtins aucune réponse en retour. Il était convenu que je rentre à Paris le soir même, mais à vingt heures, j'étais toujours assise dans un fauteuil chez mes parents à fixer le mur en face de moi, perdue dans mes pensées.

Il travaille le 1er mai. Ce fameux travail qu'il avait obtenu au moment où je m'apprêtais à lui en trouver un. Je n'avais d'ailleurs jamais vu son contrat et ce n'était pas faute de le lui avoir demandé. Il dit que son allergie a empiré, alors que je lui ai laissé sur la table une plaquette de médicaments juste avant de partir.

Je commençais à me sentir aussi anxieuse, comme lorsque j'avais quitté mon appartement à Paris. Je restai dans cet état catatonique toute la soirée.

À vingt-deux heures trente, je pris mon courage à deux mains et j'envoyai : « Je sens qu'il s'est passé quelque chose de grave. Je préfère me protéger et ne rentrerai donc pas ce soir. »
Je ne fermai pas l'œil de la nuit et pleurai silencieusement dans mon lit, sans même savoir véritablement pourquoi.

Le lendemain matin, je croisai ma mère dans la cuisine : « Je sens qu'il s'est passé quelque chose. Jason est parti. »

- Pardon ? Elle semblait surprise. Pourquoi tu dis ça ?

- Je n'ai plus aucune nouvelle et j'ai un mauvais pressentiment, répondis-je, d'un ton complètement neutre et détaché.

Dans l'après-midi, ma mère me proposa de me ramener à Paris. Elle passerait ensuite la soirée avec mon frère dans la capitale. Je restai muette durant tout le trajet à écouter en boucle *« Here I go again »* du groupe *Whitesnake*.

Hasard ou pas, je trouvais que cette musique correspondait tout à fait à mon état d'esprit du moment. Je me sentais dans un état second.

Je suis enceinte.

Je n'aurais jamais imaginé qu'on puisse être aussi indifférente en tant que femme à une telle nouvelle. J'en étais consciente, mais c'était comme si ce n'était pas réel ou comme si cela arrivait à quelqu'un d'autre.

Ma mère me déposa devant chez moi. J'avais tellement hâte de le revoir. Mais au moment où j'appuyai sur le bouton de l'ascenseur, je savais… je savais déjà qu'il ne serait plus là.

J'ouvris la porte à toute vitesse. Il faisait complètement noir dans l'entrée. J'allumai la lumière et avançai quelques mètres dans le séjour. Je n'en crus pas mes yeux. Totalement sous le choc, j'en laissai échapper ma valise et mon sac qui s'écrasèrent au sol dans un bruit sourd, qui résonna dans tout l'appartement.

« Oh non putain, ce n'est pas possible ! Il n'a pas fait ça l'enfoiré ! » m'exclamai-je à voix haute.

Je ne le savais pas encore, mais je m'apprêtais à vivre le plus long et horrible cauchemar de ma vie, qui allait débuter par une nuit interminable d'interrogatoire au commissariat de police.

III. La désillusion

J'avançai dans l'appartement et crus avoir une hallucination pendant une fraction de seconde, en regardant la pièce principale autour de moi.

Où sont passées toutes mes affaires ? Ma déco ?

Tous mes meubles étaient encore présents, mais entièrement vides. Au fur et à mesure que j'avançais dans la pièce, une petite voix résonna en moi.

Tu le savais que ça finirait mal et qu'il n'était pas clair !

Cette scène, je l'avais imaginée quelques nuits plus tôt. Rentrer chez moi et retrouver l'appartement vide, car Jason avait disparu en embarquant toutes mes affaires.

J'arrivai au bout de la pièce et butai contre un objet par terre. Je me relevai rapidement et allumai la lumière située à proximité. C'était un très grand carton et il y en avait plusieurs les uns à côté des autres le long de ma bibliothèque. En les ouvrant, je découvris toutes mes affaires.

Mais, c'est quoi ce bordel ?

En l'espace de trente secondes, une idée totalement saugrenue me traversa l'esprit. Peut-être avait-il voulu me faire une surprise en emballant mes affaires pour qu'on quitte Paris plus tôt que prévu. Il m'avait dit durant le week-end être très content, car ses miniers avaient réussi à extraire pas mal d'or en Afrique et allaient le revendre, ce qui allait lui faire une belle rentrée d'argent. Il s'était extasié en me disant que nous pourrions ainsi profiter pleinement de la capitale, avant de partir. En déballant les cartons, je réalisai cependant rapidement que cette théorie était complètement absurde. Mes affaires avaient été entassées n'importe comment. Rien n'avait été protégé et tout était tellement mis en vrac. Je retrouvai plusieurs objets cassés.

Sans réfléchir, je me dirigeai calmement vers le téléphone fixe et appelai mon frère. Il décrocha aussitôt. Je lui demandai si ma mère était arrivée chez lui. Il me dit qu'elle n'allait pas tarder et qu'elle était encore en chemin.

- Qu'est-ce qui ne va pas Claire ? J'entends bien au son de ta voix qu'il y a un problème, demanda mon frère, inquiet.

- Il est parti. J'eus simplement le temps de lui répondre cette phrase avant de fondre en larmes. Je le savais qu'il était arrivé quelque chose et qu'il ne serait plus là. Depuis plusieurs jours, je le sentais.

Comment ai-je pu être aussi bête.

- Attends, je ne comprends pas. Où sont ses affaires ?

En regardant autour de moi, j'eus un violent tournis et m'effondrai sur le sol. J'étais tellement sous le choc que j'avais du mal à parler, mais ce n'était pas le moment de perdre le contrôle de la situation.

- Il n'y a plus rien. Il a tout pris. Ses affaires ne sont plus là.

- Mais les tiennes, où sont-elles ? demanda-t-il, affolé.

- Il a tout mis dans des cartons. Je me demande s'il n'a pas loué mon appartement à des vacanciers pendant mon absence. Je ne vois que ça comme explication. Sinon, pourquoi avoir tout emballé ?

Tout en continuant de lui parler, j'ouvris un à un les tiroirs de la pièce principale. Je constatai avec soulagement que mes affaires étaient toujours là. J'ouvris une grande armoire et plein d'objets vinrent s'écraser à mes pieds au sol. La plupart de mes effets personnels étaient simplement retenus par la porte fermée, tellement il l'avait remplie. Je me retournai en apercevant un meuble et hurlai au téléphone : « Putain le connard, il est parti avec mon ordinateur ! »

Il ne s'agissait heureusement pas de mon ordinateur principal que j'avais emmené avec moi, mais de l'ancien, dont l'écran était cassé. Ce n'était pas l'aspect financier qui me gênait, mais plutôt ce qu'il contenait. J'avais beaucoup de dossiers professionnels, de photos et autres documents personnels dans cet ordinateur, qui se trouvait toujours près du meuble de la télévision. Sous le coup de l'énervement, je m'excusai auprès de mon frère et lui dis que je le rappellerais plus tard. J'avais besoin d'être plus libre dans mes mouvements afin de mieux inspecter l'appartement.

Je me dirigeai vers la cuisine. Toutes mes affaires se trouvant habituellement sur les meubles et le bar avaient disparu. J'avais aperçu la bouilloire et d'autres ustensiles de cuisine dans un carton dans le séjour. J'examinai les placards. Rien n'avait bougé. J'ouvris le frigidaire et sentis mes jambes flageoler.

Il n'y avait plus rien !

Je fis le même constat en ouvrant la porte du congélateur. J'avais pourtant entièrement tout rempli avant de partir. Il était impossible qu'il ait mangé toute la nourriture qui s'y trouvait. J'ouvris un grand placard et découvris avec stupeur certains aliments qui étaient normalement dans le frigidaire : de la moutarde, du ketchup…

Le connard, le connard, le connard…

Je n'avais que ces deux mots en tête qui se répétaient inlassablement. Je me dirigeai vers la chambre à coucher. Tout ce qui était visible avait été également mis dans de grands cartons le long du mur. Dans la salle de bain, les étagères aussi étaient vides et je retrouvai tous mes produits en vrac dans les placards.

Pourquoi avait-il fait ça ?

Je n'en revenais pas qu'il ait pu me faire un truc pareil. La veille, il me disait être fou de moi et me promettait encore de belles choses pour l'avenir, et aujourd'hui, il avait de nouveau disparu. Mais cette fois, je savais que c'était définitif et que je ne le reverrais jamais. Je sentais que ma tête allait exploser. Une multitude de questions s'entrechoquaient dans mon esprit. Je m'assis sur le lit de la chambre et me massai doucement les tempes, pour tenter de me détendre un peu. C'était peine perdue, ma respiration se faisait de plus en plus forte et saccadée et mes mains et mes jambes tremblaient comme des feuilles. Je fermai les

yeux quelques secondes, puis inspirai et expirai longuement. Je n'étais pas tant surprise finalement de retrouver mon appartement dans cet état. Au plus profond de moi, c'était tout à fait le genre de scène que j'aurais pu imaginer… mais que j'avais totalement niée et ignorée. J'entendis la sonnerie de mon téléphone au loin. Je me levai malgré la sensation que je risquais de m'écrouler sur le sol d'un instant à l'autre. C'était mon frère qui m'avait envoyé un message : « On part dans dix minutes avec maman et on arrive. »
Ils seraient donc là dans une vingtaine de minutes.

Ne pas s'effondrer, ne pas s'effondrer, ne pas s'effondrer… étaient les trois mots qui résonnaient dans ma tête à ce moment-là.

En tout cas, il ne fallait pas que je laisse mes émotions prendre le dessus. Je tentai de faire le vide au maximum dans ma tête et vis la pièce complètement tourner autour de moi.
Non, ce n'est pas le moment !
Une petite voix aiguë venait de hurler dans ma tête et son écho semblait rebondir contre toutes les parois de mon cerveau. Je pris de nouveau une longue inspiration et expiration. Je jetai un coup d'œil sur mon téléphone pour voir l'heure. Il était déjà vingt heures. Je ne supportais pas de voir mon appartement désert comme ça. Je décidai donc de vider au plus vite les cartons. En moins de quelques minutes, j'avais déjà redonné vie à la moitié des meubles du salon, lorsque j'entendis frapper à la porte.
Serait-ce Jason ? Pourquoi pas, il était capable de tout.

Je me précipitai vers la porte et l'ouvris en grand.

- Bonsoir, qui êtes-vous ? me demanda un grand brun, d'à peu près mon âge, que je n'avais jamais vu.

- Pardon, mais c'est vous qui venez de frapper chez moi. Ce serait peut-être plus logique si vous me disiez qui vous êtes, vous ne croyez pas ?

- C'est vous qui vivez ici ? fit-il, surpris. Mais c'est quoi ce bordel ? Il est où l'autre fils de pute d'Américain ?! beugla-t-il.

- Je crois qu'on va avoir pas mal de choses à se dire, soupirai-je, en lui faisant signe d'entrer.

Il avait bien fallu quelques minutes avant que je n'arrive à le calmer et à obtenir un échange un minimum constructif. Il était entré en hurlant qu'il voulait récupérer son argent ou qu'il faisait monter le serrurier qui attendait dans le hall de l'immeuble, pour changer la serrure.

Dix minutes plus tard, j'étais assise sur le canapé, les yeux complètement perdus dans le vague avec la sensation d'être dans une situation qui me dépassait complètement.

« Il t'a donc dit s'appeler Josh Barnett » ? répétai-je, en riant jaune et en secouant la tête.

Samir était le nom du grand brun à qui j'avais ouvert la porte un quart d'heure plus tôt. Il tirait à présent nerveusement sur sa cigarette. Il m'avait demandé s'il pouvait fumer et vu l'état de choc dans lequel je me trouvais, je lui avais répondu que je n'étais plus à une odeur de nicotine près dans l'appartement. Nous étions passés assez rapidement au tutoiement, car ce n'était pas le moment pour des formalités de politesse.

Il m'expliqua qu'il avait rencontré Jason avec son ex-compagne, Justine, le mercredi de la semaine précédente. Soit, deux jours après mon départ. Ils l'avaient contacté suite à une annonce sur un site commercial qui proposait toutes sortes de ventes et locations en tous genres. Lui et Justine s'étaient récemment séparés et ils avaient eu un enfant ensemble. Elle était retournée vivre chez sa mère avec le petit, mais avait exigé qu'il se trouve un autre logement. Elle était même prête à l'aider un peu financièrement. Ils étaient tous les deux interdits bancaires. Il venait tout juste de retrouver du travail après une longue période de chômage et Justine venait de perdre son emploi. Il ne pouvait pas louer par le biais d'une agence classique et avait donc dû se tourner vers une solution plus accessible. C'est pourquoi ils s'étaient connectés sur un site d'annonces et avaient trouvé *« un magnifique appartement pas cher »*, selon le titre de l'annonce en question. Elle avait été mise en ligne deux jours avant leur rencontre, soit le dernier jour que j'avais passé avec Jason. Ce fameux soir où je m'étais retrouvée devant le commissariat…

Il me montra une capture d'écran qu'il avait prise de l'annonce juste avant qu'elle ne disparaisse. On reconnaissait difficilement mon appartement, mais la photo était jolie. Il s'était arrangé pour qu'il ne soit pas possible d'identifier clairement l'intérieur de mon logement, en ne prenant que le parquet de la pièce principale avec la fenêtre ouverte. Le prix qu'il avait proposé sur le site était beaucoup plus avantageux par rapport aux mêmes types d'annonces dans des agences traditionnelles. Je comprenais pourquoi Samir avait pensé que la chance lui souriait avec cet appartement, qui se présentait comme une véritable aubaine. Jason avait demandé un règlement en espèces de deux mois de loyer et de la caution, qui s'élevait au prix d'un mois de loyer. Cela représentait plus de deux mille euros.

Au même instant, ma mère et mon frère arrivèrent dans l'appartement, ainsi que l'ex-compagne de Samir, Justine. Il l'avait appelée en lui expliquant brièvement la situation par téléphone. Je fis un rapide résumé de ce que je venais d'apprendre à ma mère et mon frère, avant de laisser Samir et Justine poursuivre. Ils avaient pris contact avec Jason dès le mardi et celui-ci leur avait proposé un rendez-vous le mercredi matin au Ritz, un bel hôtel de luxe situé place Vendôme au cœur de Paris. Il leur avait sorti le grand jeu en tentant de les impressionner : il était arrivé et reparti en voiture avec chauffeur, en leur disant qu'il n'empruntait jamais les transports en commun. Il leur avait offert un chocolat chaud à chacun dans le salon de l'hôtel et leur avait dit qu'il possédait plusieurs appartements à New York, à Dubaï et même à Paris, dont un situé rue de la Pompe, dans le riche quartier du 16ème arrondissement de la capitale. Il avait justifié la présence des cartons en leur disant que sa locataire actuelle était en plein déménagement et devrait être partie à la fin du week-end. Justine assurait s'être fait complètement berner, alors que Samir l'avait mise en garde plusieurs fois. Il trouvait cet Américain *« un peu trop propre sur lui »*.

Elle se souvint avoir dit à Samir, en le voyant arriver au Ritz : « Ce mec, ça se voit, il est ultra blindé. Regarde-le avec sa montre Rolex au poignet, son costume Yves-Saint-Laurent et ses chaussures de créateur italien. Tu as vu la classe qu'il a ? »

En entendant cette dernière phrase, je fus prise soudainement d'un fou rire nerveux incontrôlable, qui n'échappa à personne dans la pièce. Ils se tournèrent tous vers moi, complètement interloqués, ce qui raviva encore plus mes spasmes.

« Ne me dévisagez pas comme ça. Je viens juste de réaliser que ce mec, c'est vraiment de la poudre aux yeux.

En fait, *« plus le mensonge est gros, plus il est facile de le faire passer »*.

Les paroles de Jason venaient de me revenir à l'esprit comme un boomerang.

Je repris mon explication : « Ce connard ment autant qu'il respire et est finalement fauché comme les blés, contrairement à ce qu'il fait croire ! »

Justine ne comprit pas tout de suite ma remarque et m'invita à développer mon raisonnement. Je leur parlai donc de tous ses vêtements de luxe troués, des verres de ses lunettes de soleil Dior, de son écran de téléphone et d'ordinateur, tous deux complètement rayés. J'ajoutai qu'à chaque fois qu'il était revenu à Paris, je l'entretenais et qu'il n'avait rien eu à payer. Je préférai taire pour le moment devant ma mère les billets que je lui avais achetés. Je réalisai d'ailleurs que je pouvais me brosser, si j'espérais un jour revoir la couleur de l'argent qu'il me devait. En fait, il avait dû quitter les États-Unis en urgence et s'était donc retrouvé à embarquer des affaires de sa vie d'avant. Je leur expliquai qu'il avait bien grandi dans des quartiers très riches et huppés de Beverly Hills. Ce n'était donc pas dur pour lui de prétendre qu'il était fortuné, vu que sa famille l'avait été dans le passé. C'est un milieu qu'il avait longtemps côtoyé et qu'il connaissait donc bien. Je n'arrivais pas à me débarrasser entièrement de mon fou rire nerveux, ce qui sembla agacer Samir qui me lança un regard noir.

Il commença à se disputer avec Justine, car il lui reprochait d'avoir été naïve et d'avoir perdu toutes ses économies à cause de cette arnaque. Lui ne sentait pas Jason honnête et me le prouva en me montrant une vidéo qu'il avait prise, à l'insu de celui-ci. Il l'avait discrètement filmé lors de la signature du bail de location. Je reconnus tout de suite Jason dans son éternel costume bleu Yves-Saint-Laurent. Il semblait très concentré sur ce qu'il faisait. Rien que de le voir et d'imaginer que cette crapule avait déjà tout planifié bien avant que je parte, me donna de sacrées envies de meurtre. Je pense que j'aurais été largement capable de le tuer à mains nues de rage à ce moment-là, si je l'avais eu devant moi.

- En tout cas, je peux vous assurer qu'il ne s'appelle pas Josh Barnett, finis-je par dire, après le visionnage de la vidéo. En même temps, vu tous les passeports et les cartes SIM qu'il avait sur lui, il aurait pu s'appeler n'importe comment, pensai-je à haute voix.

Cette réflexion ne plut pas du tout à Samir, qui s'emporta.

- Qu'est-ce qui me dit que vous n'êtes pas de mèche tous les deux ? C'est vrai, tu n'arrêtes pas de rire depuis tout à l'heure !

- Stop, Samir, arrête ! Elle t'a dit qu'elle ne savait pas et n'était pas au courant ! intervint Justine, en lui attrapant le bras pour qu'il arrête de pointer son doigt vers moi.

- C'est une blague ? Cela faisait un an qu'on était ensemble et oui, je savais qu'il ne surfait pas toujours sur la vague de la stabilité et de la légalité, mais crois-moi que j'étais à mille lieues de penser qu'il me ferait ça un jour ! Alors oui, j'ai eu un fou rire nerveux en réalisant l'absurdité de la situation. Mais je t'assure que là, je ne rigole pas du tout !

- Justement ! Un an avec un enfoiré d'escroc comme ça, ce n'est pas possible de ne rien voir ! Il s'adressa ensuite à Justine. En plus elle vient de dire qu'il avait plein de passeports et de cartes SIM. Ce sont des éléments qui interpellent, non ?! Hurla-t-il.

Cette fois, c'est ma mère qui jugea bon d'intervenir.

- Oui, enfin un an, c'est un grand mot. Il était régulièrement en déplacement et on ne sait pas trop ce qu'il faisait.

- Maman, je t'en prie, ne t'en mêle pas, implorai-je.

Samir avait raison, je n'avais aucune excuse et je comprenais son énervement. Il avait dit n'avoir nulle part où dormir, car il n'y avait pas assez de place chez la mère de Justine. Je venais de réaliser que j'avais effectivement parfaitement conscience que beaucoup de choses n'étaient pas claires concernant Jason. Je le

savais depuis un long moment, mais j'avais refusé de voir la réalité en face.
Ma mère me sortit de mes pensées : « Claire, il faut qu'on aille au commissariat maintenant. »
Samir souhaitait compléter sa plainte avec ces nouveaux éléments, car il en revenait justement. Il avait montré le bail de location, qui était en règle selon la police. Les officiers qui l'avaient reçu pensaient que le propriétaire n'avait simplement pas honoré la remise en main propre des clés. Jason avait demandé durant le week-end un mois de loyer en plus, ce que Samir avait catégoriquement refusé. Ils avaient convenu que Justine viendrait récupérer les clés à partir de vingt heures le lundi soir, mais il n'était évidemment jamais venu. J'étais d'ailleurs censée rentrer ce jour-là, mais avais eu ce mauvais pressentiment, qui m'avait incitée à ne rentrer que le lendemain. Les policiers avaient donc donné leur accord pour faire venir un serrurier afin de casser la serrure et la remplacer par une nouvelle, pour que Samir puisse s'installer dans l'appartement auquel il avait droit. Il semble que je venais de rentrer à temps…
J'attrapai donc rapidement mon passeport, qui se trouvait toujours dans un tiroir d'un meuble du salon. Mon frère proposa de rester chez moi, car Jason n'avait visiblement pas remis en place le double des clés, ce qui n'était pas surprenant. On imaginait qu'il s'en était probablement débarrassé, mais dans le doute, il était préférable que l'appartement ne reste pas vide, tant que les verrous n'étaient pas remplacés.

Dans la rue qui menait au commissariat, je me retournai soudainement vers Samir.

- Attends, il y a quelque chose qui m'échappe. Tu dis qu'il t'a remis un bail de location. J'imagine qu'il est rédigé en français, vu que tu m'as dit que Justine et toi ne parliez pratiquement pas anglais. Et comment vous faisiez pour discuter avec lui ?

- Son français n'était pas parfait, mais on le comprenait plutôt bien quand il parlait. Il semblait comprendre tout ce qu'on disait, répondit-il, en se tournant vers Justine, qui acquiesça d'un hochement de tête.

- Je t'avais dit Claire qu'il semblait parler mieux français que ce qu'il voulait te faire croire, mais tu ne voulais rien entendre, soupira ma mère.

Je repensai aussitôt à la fois où nous étions dans l'agence d'intérim et que j'avais été surprise de constater qu'il avait véritablement progressé en français. Mais s'était-il amélioré ou savait-il déjà mieux parler que ce qu'il voulait me faire croire depuis le début ? Toutes les informations se mélangeaient dans mon esprit et j'avais de plus en plus de mal à faire le tri.

- Mais même si son français était meilleur que ce qu'il prétendait, il n'a pas pu se fournir un vrai bail, il ne connaît pers…

Je ne finis pas ma phrase, car je venais de comprendre et Samir me confirma mes craintes.

- Maintenant que tu le dis, avant notre rendez-vous au Ritz, je l'ai aperçu, mais il ne m'avait pas vu. Je ne savais pas encore que c'était lui, mais il discutait avec un grand type basané qui portait une casquette rouge. Ils se sont rapidement serrés la main et le mec à la casquette est parti.

- Et c'est vrai qu'on a été étonnés de le voir partir à la fin dans une voiture avec chauffeur, qu'il nous avait dit avoir commandée. On ne l'avait pas vu faire, ajouta Justine.

- Il était comment ce gars avec la casquette ? Je lui fis ensuite une description détaillée de la personne à qui je pensais.

- Oui, c'est exactement ça, répondit Samir. Comment tu sais ça ? me demanda-t-il, stupéfait.

- Putain, Axel, m'exclamai-je ! J'aurais dû me douter qu'il n'avait jamais coupé les ponts avec cette ordure !

Samir s'éloigna avec Justine pour récupérer sa moto, garée plus loin et nous convînmes de nous rejoindre directement au commissariat.

Je marchais silencieusement près de ma mère, car j'étais dans l'incapacité de parler, tellement les émotions reprenaient le dessus sur la raison. Je fus prise d'un excès de colère soudain. Je jetai un grand coup de pied dans une poubelle située à proximité, ce qui la renversa avec tous les déchets qu'elle contenait. Puis je m'accroupis par terre pendant une minute, en me prenant la tête dans les mains. Ma mère s'approcha, mais je la repoussai d'un grand mouvement de bras. Je commençais à respirer difficilement et me focalisais donc au maximum sur ma respiration, en inspirant et expirant profondément. Mais moins d'une minute plus tard, j'éclatai en sanglots.

« Comment j'ai pu laisser les choses s'envenimer à ce point sans réagir ? C'est quoi mon problème ? Ce n'est pas possible, je suis d'une débilité profonde pour avoir cru à tous ces mensonges ! Je sentais depuis un moment que ça risquait de finir de cette façon-là. Pourquoi n'ai-je rien fait ? Toi qui as toujours réponse à tout, maman, tu peux m'expliquer comment j'ai pu être aussi aveugle ?! »

Elle se pencha vers moi et n'eut pas besoin de parler, car je compris à l'expression de son visage que pour la première fois, elle n'avait aucune réponse à m'apporter.

- Je n'en reviens toujours pas ! répéta Justine, au moins pour la cinquième fois. On lui aurait donné le bon Dieu sans confession. Il présentait tellement bien et il souriait tout le temps.

- Je sais, sa gueule d'ange c'est son fonds de commerce, soupirai-je, assoupie contre le mur.

Comme quoi l'habit ne fait véritablement pas le moine !

Nous attendions dans la salle d'attente du commissariat depuis une trentaine de minutes.

Je n'arrivais plus à réfléchir tellement j'avais mal au crâne. J'avais surtout aussi beaucoup trop d'informations et ne pouvais donc pas tout emmagasiner en si peu de temps. Et j'avais très mal dormi déjà la nuit d'avant à cause de Jason justement.

- Tu sais, j'avais compris que ce n'était pas quelqu'un de bien depuis un moment, mais je n'aurais pas pensé qu'il s'en prendrait à toi de cette façon-là, regretta ma mère.
- J'ai l'impression d'être une *cassos* de me retrouver ici, lui chuchotai-je.
Je regardai justement ma mère avec son petit foulard en soie, impeccablement noué autour de son cou. J'admirai sa façon de se tenir aussi droite sur une chaise aussi inconfortable, que celle qu'on peut trouver dans la salle d'attente d'un hôtel de police.
« Et voilà comment la rencontre avec un vrai *cassos* amène des bourgeois à attendre dans un commissariat pour déposer une plainte en pleine nuit. » Soupirai-je de nouveau.
Ma mère se tourna vers moi, mais ne semblait pas avoir entendu ce que je venais de dire. Elle ne laissait transparaître aucune émotion. Je savais cependant qu'elle aurait préféré se trouver n'importe où, mais certainement pas ici. J'avais ruiné sa soirée et celle de mon frère.
Mais ce n'était pas de ma faute.
C'était indirectement celle de Jason, le clochard qui n'avait tellement plus un sou en poche, qu'il avait été obligé de trouver une solution de secours pour s'en sortir. J'étais toujours choquée qu'il ait pu s'en prendre à moi après tout ce que j'avais fait pour lui et tout le soutien que je lui avais apporté. Je remettais en cause tout ce qu'il m'avait dit. Je n'avais plus aucune idée de ce qui était vrai ou faux. Je savais que je n'avais pas d'autre choix que de limiter les divers vagabondages dans mon esprit. Il fallait que je

me concentre sur l'essentiel : ce que j'allais dire à la personne qui allait recevoir ma plainte.

- Je te préviens, il est hors de question que je dorme dans la rue ! lança tout d'un coup Samir. Je suis désolée de ce qui t'arrive, mais c'est toi qui lui as laissé les clés de ton appartement, donc tu es en partie responsable de ce qui arrive. Je ne sais pas comment on va faire, mais on va devoir rapidement trouver une solution. Moi, j'ai le bail. Je m'installerai donc ce soir, décréta-t-il.

- C'est une plaisanterie ? répondis-je, agressivement. Déjà, ça faisait un an que nous étions ensemble, alors je ne pense pas qu'on puisse me reprocher de lui avoir confié mes clés trop tôt. Et moi aussi, je suis sincèrement désolée de ce qui t'arrive, mais je ne vais quand même pas te laisser l'appartement que j'ai acheté. Quand bien même tu me donnerais ton argent, il vaut quand même largement plus de deux mille euros !

Il se leva d'un coup, Justine lui demanda de se rasseoir et de se calmer. Il s'approcha de moi, si bien que je me levai à mon tour. Ma mère tenta de me retenir par le bras. Nos visages n'étaient qu'à quelques centimètres l'un de l'autre.

- Tu te rends compte que je lui ai donné tout ce que j'avais ? Je n'ai plus rien, c'était toutes mes économies et Justine m'a prêté sept cents euros qu'il va falloir que je lui rembourse ! Au final, c'est toi qui t'en tires le mieux ! Tu as un endroit où dormir ce soir !

Je sentis d'un coup des larmes de tristesse monter, se mêlant à un fort sentiment de colère et de culpabilité.

- Tu penses peut-être que ça ne va pas me laisser d'autres séquelles ? Mais, tu crois que je suis dans quel état là ? Tu penses que ça me fait plaisir de voir qu'il a volé toutes tes économies en utilisant mon logement ? Et de l'argent, au final, il m'en a pris aussi. J'ai déjà remarqué qu'il avait embarqué mon ancien ordinateur. Je n'ai même pas encore eu le temps de faire le tour de mon appartement pour voir ce qu'il manquait exactement. Je vais certainement avoir d'autres mauvaises surprises en rentrant ! On ne va pas faire un concours de celui qui est le plus à plaindre, c'est ridicule !

Plusieurs officiers de police arrivèrent à ce moment-là. J'ignorais si c'était parce qu'ils avaient entendu que ça commençait à chauffer qu'ils avaient décidé d'écourter notre attente, ou si c'était un hasard. Toujours est-il, qu'ils nous séparèrent dans deux pièces différentes. Je me retrouvai donc en face d'un policier très charmant. C'était un grand brun au teint mat et aux yeux verts, âgé d'une trentaine d'années. Il me demanda mon passeport et je lui dis directement : « Je vous préviens, il est hors de question que le type qui s'est fait arnaquer me vire de chez moi, sous prétexte qu'il a signé un vrai bail. Surtout qu'il n'est pas valable, vu que le soi-disant propriétaire a utilisé un faux nom. »
Il ne comprit pas tout de suite, même si nous avions un peu expliqué la situation en arrivant. Les officiers s'étaient d'ailleurs rendu compte qu'un couple était venu se présenter quelques heures plus tôt avec la même histoire. Pensant qu'il s'agissait

simplement d'une affaire civile, ils n'avaient pas pris de plainte ni aucun numéro. Ils avaient seulement commencé à s'interroger lorsque Samir leur avait conté la même histoire peu de temps après.

Après quelques explications plus poussées, il s'excusa un instant pour aller voir son collègue qui se trouvait dans la salle d'à côté avec Samir et Justine. Il allait le prévenir de bien leur expliquer qu'ils ne pouvaient pas prétendre avoir droit à l'appartement et me mettre dehors. Dans la mesure où Jason aurait été réellement propriétaire, il aurait effectivement pu s'installer dans l'appartement, mais le bail n'avait maintenant plus aucune valeur.

- Je crois que j'ai largement de quoi écrire un prochain roman, maman, déclarai-je, lorsque nous n'étions plus que toutes les deux.

- C'est certain, confirma-t-elle. Tu sais, je pense que dans ton malheur, tu as eu beaucoup de chance. Je l'avais dit en plus il n'y a pas longtemps à tes sœurs et ton frère que c'était sûrement la plus-value de ton appartement qui l'intéressait. Il voulait à tout prix partir au plus vite et revendre ton appartement. Et je t'avais avertie aussi une fois où tu m'as raccroché au nez, reprocha-t-elle avec autorité. Mais je ne vais pas te répéter que je t'avais déjà dit tout ça, car je suppose que tu le sais.

Je soupirai en me remémorant la tête de Jason, le jour où je lui avais annoncé qu'il fallait bien presque trois mois, le temps que la vente aboutisse à son terme. C'était une des seules fois d'ailleurs où je l'avais vu boire de l'alcool. Lors d'une de nos nombreuses disputes, je lui avais carrément demandé si le bénéfice de mon appartement l'intéressait. Il avait éclaté de rire en me disant que même si c'était une belle somme, c'était complètement dérisoire par rapport à tout ce qu'il allait gagner. Il avait même ajouté que je pourrais acheter quelques vêtements dans des boutiques de luxe à Beverly Hills avec cet argent et qu'il s'occuperait du reste.

Une policière fit irruption dans la pièce. Elle se présenta en nous informant qu'elle allait commencer à prendre la plainte, vu que son collègue discutait toujours à côté.

J'avais longuement répété dans ma tête ce que j'allais lui dire, car cela m'évitait de prendre pleinement conscience de tout ce qui venait de se passer. J'aurais bien le temps d'y songer plus tard. Je commençai donc à tout lui raconter en essayant d'aller à l'essentiel et lui fis part de mes doutes et mes suspicions de ces dernières semaines. Je savais que mon témoignage restait confus et que j'oubliais régulièrement des données importantes.

« Vous vous foutez de moi là ? Vous saviez tout ça et vous n'êtes pas venue ici plus tôt ? »

La policière me fusillait du regard. Elle continuait de m'invectiver, mais je ne l'écoutais plus. J'avais un bourdonnement dans la tête. Revenir sur toute cette histoire m'avait bien secouée et j'étais complètement abasourdie. C'était comme si je me réveillais soudainement après plusieurs mois de coma, durant lesquels j'avais seulement pu assister de loin à tout ce qu'il se

passait, tout en étant totalement impuissante. Je ne réalisais toujours pas toutes les informations que je venais d'apprendre. La situation semblait tellement irréelle ! Je venais déjà de me prendre un sacré coup de massue en début de soirée, je n'avais pas besoin en plus de me faire enguirlander comme une petite fille par une personne que je ne connaissais pas. J'avais juste envie de lui demander si elle pouvait me renvoyer son collègue pour l'interrogatoire, le grand brun ténébreux aux yeux verts. Au moins, lui était plus sympa et surtout, plus agréable à regarder.
« Bon maintenant, vous allez me dire exactement tout ce que contenait cette fameuse pochette jaune que vous avez trouvée. »
La policière semblait enfin s'être un peu calmée.
Je tournai la tête vers ma mère, qui fixait le sol. Je crois qu'à cet instant-là, elle aurait fortement apprécié qu'une trappe s'ouvre ses pieds, tellement je lui faisais honte. Cependant, elle releva brutalement la tête et m'ordonna : « Maintenant, tu arrêtes de le protéger, c'est terminé. Tu leur dis tout ce que tu sais ! »
Je repensai à Samir qui avait débarqué plus tôt chez moi. Il se faisait interroger aussi dans une pièce à côté avec son ex-compagne. J'espérais vraiment ne pas le recroiser en sortant du commissariat. Mais finalement, ils avaient eux aussi été victimes de Jason et je n'avais effectivement plus aucune raison de mentir pour lui.
Je soupirai et commençai un récit qui allait durer plusieurs heures : « Vous pouvez déjà effacer le nom que vous avez écrit. Ce n'est pas son vrai nom, il en utilise plusieurs. Il s'appelle

Jason… » J'avais raconté une bonne partie de l'histoire sans même spécifier quel était son vrai nom.

Elle vérifia s'il avait un casier judiciaire et annonça : « Il n'est pas totalement inconnu de nos services déjà en France ! »

En effet, il avait été arrêté à l'aéroport de Lyon l'été d'avant, car il avait présenté de faux papiers d'identité à la douane. Les policiers l'avaient seulement gardé une heure et l'avaient ensuite relâché, car il avait présenté ses véritables papiers. Lorsqu'elle me dit la date, cela correspondait au moment où il venait me rejoindre à Paris, juste avant de partir en vacances à la Baule avec ma famille.

- Mais je ne comprends pas pourquoi on l'a laissé repartir ? demanda ma mère à la policière.

- Il a ensuite présenté son vrai passeport, Madame.

On se regarda complètement hébétées avec ma mère.

- Et aux frontières, ils ne se posent pas de questions quand une personne présente de faux papiers ? Ça ne leur vient pas à l'esprit qu'il y a un problème ? surenchéris-je.

- Bienvenue en France ! s'écria-t-elle d'un air faussement enjoué. C'est comme ça dans notre beau pays ! On fait ce qu'on veut, il n'y a pas de lois. Enfin en théorie si, mais pas en pratique ! On arrête parfois des violeurs et quelques heures après, ils nous font un doigt d'honneur à travers la vitre de l'extérieur.

- Vous vous rendez compte quand même que vous tenez un discours qui est flippant ? lui fis-je remarquer.

- Ce pays est une véritable passoire, que voulez-vous que je vous dise ? On y rentre et sort comme on veut, se contenta-t-elle de répondre, en haussant les épaules.
Le beau policier revint à cet instant-là. Je n'étais vraiment pas mécontente de le revoir. Je venais de réaliser que l'ironie du sort était de me retrouver face à cet officier un an après. C'était lui qui m'avait déjà reçue le jour où j'avais rencontré Jason lorsque je m'étais fait voler mon téléphone. Ce vol annonçait déjà probablement la couleur de ce qui allait suivre, mais je n'avais pas été attentive à ce premier signe. Le policier relut le rapport et me posa encore beaucoup de questions. Sentant la fatigue me gagner, il me demanda de revenir quelques jours plus tard pour compléter ma plainte. Il me suggéra de faire l'inventaire de tout objet qui aurait disparu dans l'appartement et de rassembler mes idées, afin de leur donner un maximum d'informations la prochaine fois.
- Mais là, que va-t-il se passer ? demandai-je. Toutes les coordonnées des personnes que je vous ai données, qu'allez-vous en faire ? J'avais fourni tout ce que j'avais : les différents numéros de téléphone de Jason, ses comptes sur les réseaux sociaux, les numéros d'Axel et Navid, ainsi que les comptes sur les réseaux sociaux de Jessica et Ivan. J'avais donné une adresse postale approximative pour Ivan et Axel. Je me souvenais brièvement où il vivait quand nous avions passé la soirée chez Ivan. Je comprenais maintenant pourquoi Jason n'avait pas voulu que je commande un chauffeur, car j'aurais eu l'adresse exacte. Et pour Axel, il m'avait demandé une fois la localisation d'un quartier par

rapport à mon appartement pour savoir s'il pouvait s'y rendre à pied. Quand je lui avais demandé l'adresse exacte d'Axel pour la rentrer dans une application qui répondrait précisément à sa question, il m'avait dit ne pas la connaître et qu'il allait se débrouiller. Mais je me souvenais très bien du nom du quartier.
- Que voulez-vous qu'on fasse ? Il est plus de trois heures du matin et ce n'est pas assez précis. On ne va pas envoyer une patrouille chez eux en pleine nuit pour une fraude de location d'appartement, s'agaça le policier.
- Il vous faut quoi de plus que des adresses ? Je dois peut-être les y emmener par la main aussi pendant qu'on y est ? Et il faut avoir tué quelqu'un pour que la police daigne se bouger dans ce pays ? m'emportai-je. Ma mère posa sa main sur mon bras pour m'inviter à baisser le ton.
- Vous savez Mademoiselle, des terroristes, on en a tous en bas de chez nous et c'est comme ça, on ne peut rien y faire. C'est ça la France d'aujourd'hui.
Je regardai ma mère qui semblait aussi scandalisée que moi par ces nouveaux propos d'une personne des forces de l'ordre.
- Eh bien pour un organisme en charge de protéger les citoyens, vous avez des paroles qui font sacrément peur dans la police française ! lançai-je à l'officier, quand je lui serrai la main avant de quitter le commissariat.
- Claire, tu exagères. Je comprends bien que ça t'énerve, mais imagine le nombre de plaintes qu'ils ont à gérer. On est d'accord

que ton préjudice moral est important, mais il faut reconnaître qu'ils ont des affaires bien plus graves que ça à gérer.

- Oui, enfin ça n'est pas mon problème. Leur devoir est de veiller à l'ordre public et au respect de la loi. Et là, il l'a enfreinte la loi ce con de Jason, contrairement à ce qu'il affirmait.

Je suis juste très créatif…

S'il savait où il peut se la mettre sa créativité !

Mon frère et ma mère étaient repartis depuis une demi-heure. J'avais tout remis en place dès qu'ils avaient franchi la porte d'entrée. Je m'étais dit que ne pas voir mon appartement vide serait plus facile à gérer en me retrouvant seule. Mon frère descendit tous les cartons aux poubelles. Ma mère m'assura que mon père viendrait changer les verrous de la porte d'entrée dès le lendemain et me recommanda de bien laisser la clé dans la serrure pour la nuit. Mon frère me prit rapidement dans ses bras et me souhaita bon courage, en précisant qu'il ne fallait pas que j'hésite à l'appeler si besoin. Il confessa regretter ne pas être venu le jeudi soir voir l'appartement, car il était en soirée avec des amis dans une rue juste à côté. Il avait eu un mauvais pressentiment et en avait apparemment fait part à ma mère. Il n'était finalement pas passé, car il n'avait pas les clés. Je lui répondis que je n'étais pas certaine que cela aurait changé grand-chose, vu que rien ne prouvait que Jason soit réellement resté dans l'appartement suite à mon départ. Je l'avais regardé partir en pensant que la femme qui partagerait sa vie aurait beaucoup de chance. Mon frère a grandi entouré par quatre femmes, ce qui l'a amené à avoir un vrai respect pour la gent féminine. Je savais qu'il ne deviendrait jamais comme Jason, car il a tout pour lui. Il est intelligent, perspicace, travailleur, gentil et beau garçon. Il a également le même esprit ouvert que moi, ainsi qu'une sensibilité sincère et profonde. Il essaye toujours de comprendre avant de porter un jugement. J'espérais vivement rencontrer un jour un homme avec toutes ces qualités.

Pour éviter de penser, je me demandai ce que je pouvais bien faire. Le silence qui régnait dans l'appartement devenait insupportable. J'avais appréhendé plusieurs fois ce moment où je me retrouverais seule à devoir affronter la réalité lorsque nous étions au commissariat. Je contemplai un instant la bouteille de vodka qui me faisait de l'œil sur le bar de la cuisine. C'était simple, deux solutions s'offraient à moi : soit, je me laissais submerger par tout ce mélange explosif d'émotions et sombrais donc immédiatement, en noyant mon chagrin dans cette fameuse bouteille. Soit, j'en profitais tant que j'avais les idées encore à peu près claires pour tenter d'en savoir un peu plus sur ce monstre à qui j'avais cédé presque une année de ma vie, en reportant éventuellement à plus tard la première solution. J'optai pour la moins destructrice pour mon foie et réalisai surtout que j'avais oublié un *« léger »* détail à cause de tout ce stress : le bébé.

J'avais préféré taire l'information pendant mon entretien au commissariat, car je ne me voyais pas l'annoncer de manière aussi brutale et directe à ma mère. Je pense que la tournure que la soirée avait prise avait aussi été un sacré choc pour elle et je ne voulais pas l'achever en une soirée. J'attrapai mon téléphone pour envoyer un message à Ivan, en décidant que j'appellerais ensuite Allison. J'avais une excellente mémoire visuelle et me souvenais parfaitement de son nom que j'avais vu sur des captures d'écran d'échanges de messages entre elle et Jason. Je lui avais rapidement écrit pendant que nous étions dans la salle d'attente en lui disant qui j'étais et en lui résumant en deux lignes la situation. Je n'avais eu aucun mal à la trouver sur les réseaux sociaux. Je lui avais proposé de l'appeler s'il n'était pas trop tard en rentrant du commissariat. Mais je réalisai que je ne risquais pas grandement de la déranger vu l'heure qu'il était à Los Angeles. Et d'après Jason, elle ne faisait rien de ses journées, donc j'avais de fortes chances qu'elle soit facilement disponible. Enfin, je n'accordais plus tellement de crédibilité à tout ce qu'il avait pu me dire à ce stade. Il n'était clairement pas tout seul dans sa tête.

Je constatai que Jason m'avait bloquée presque partout : sur tous ses numéros de téléphone et ses comptes sur les réseaux sociaux. Je ne voyais plus aucune photo nulle part et savais pertinemment ce que ça signifiait. En passant dans mes messages sur Facebook, je constatai que nos brefs échanges apparaissaient toujours. Il m'avait demandé de ne plus jamais lui écrire sur ce site après seulement quelques messages. J'allais refermer la page lorsque je vis la conversation avec le père de Jason. *« Conversation »* était un bien grand mot, car il y avait seulement le message que je lui avais envoyé pour l'avertir que je m'inquiétais et ne savais pas où était son fils quelques semaines plus tôt, lorsqu'il avait disparu pour passer le week-end avec Axel. Cette histoire aussi me paraissait invraisemblable aujourd'hui. Mais je ne voulais pas repenser à tout ça à ce moment-là et décidai d'envoyer un message au père de Jason. J'écrivis seulement quelques lignes en lui résumant ce que son fils avait fait, en y joignant la vidéo que Samir avait filmée à son insu. Je lui avais demandé de me l'envoyer quand on s'était échangé nos coordonnées avec Justine également, avant de nous rendre au commissariat.

Il était temps d'appeler Allison.

Au bout de seulement quelques secondes de communication, j'éloignai le combiné de mon oreille, très surprise. Jason n'avait en tout cas clairement pas menti sur un point. Elle avait l'accent *valley girl* très prononcé. C'était la première fois que je discutais avec une personne qui avait cette élocution si particulière. En France, si une femme parlait de cette manière, c'était uniquement pour plaisanter en imitant une fille extrêmement niaise.

Une fois ce grotesque préjugé passé, je ne pus que reconnaître qu'elle semblait charmante. Elle avait l'air sincèrement désolée pour tout ce qui s'était passé, surtout que je fondis régulièrement en larmes pendant cet échange téléphonique. Elle me confirma qu'elle était bien en couple avec Jason pendant deux ans. Elle m'expliqua qu'il avait effectivement monté une entreprise dans la finance, mais qu'il avait fait une banqueroute à cause d'affaires douteuses. Elle fit référence à de faux chèques dont il aurait abusé et d'autres formes d'escroqueries, notamment des faux papiers. Il se retrouva alors convoqué au tribunal pour plusieurs arnaques de ce type et avait bien fait un séjour en prison. Il me l'avait avoué une nuit, mais avait assuré que c'était une méprise et qu'il n'avait rien à y faire. Il m'avait d'ailleurs fait promettre de ne pas en parler ni à ma famille, ni à mes amis. J'avais une fois de plus tenu parole pour lui.

Mais au même moment, la mère d'Allison était en phase terminale d'un cancer et elle n'arrivait plus à gérer les deux situations en même temps. Elle décida donc de le quitter avec regrets. Je sentais qu'elle avait encore beaucoup d'affection pour lui. Mais par moments, je me demandais si ce n'était pas encore de la manipulation. C'était difficile à présent de démêler le vrai du faux dans toute cette histoire. Et j'avais tellement mal à la tête que c'était compliqué de discuter avec Allison. Mais la curiosité l'emporta sur mon état. Elle m'assura qu'il avait essayé de revenir vers elle plusieurs fois, en vain. Elle n'avait jamais voulu le reprendre. Ils restèrent tout de même assez proches, car Jason s'entendait très bien avec sa mère. Il disparut cependant peu de temps avant qu'elle ne décède. Il avait fui les États-Unis pour ne pas se présenter aux procès qui étaient toujours en attente là-bas. Elle n'eut ensuite plus aucune nouvelle de lui, sauf un an plus tard, lorsqu'elle rencontra une nouvelle personne. Il avait vu cette relation récente sur les réseaux sociaux et était devenu complètement fou. Il l'avait littéralement harcelée et insultée d'avoir osé avoir un nouvel homme dans sa vie. J'avais connu aussi la jalousie maladive de Jason, donc je pouvais parfaitement imaginer le calvaire qu'il avait dû lui faire endurer et les mots durs qu'il avait pu employer. Je me remémorai une scène qui avait eu lieu peu de temps avant que je parte. Il était sur son ordinateur et j'avais aperçu au loin le compte Instagram d'Allison. Il m'avait assuré que je divaguais encore et qu'il n'allait certainement pas aller l'espionner sur les réseaux sociaux. Après une longue et énième dispute, il avait fini par reconnaître que c'était vrai, en précisant qu'il valait mieux être encore plus proche de ses ennemis que de ses amis. Et je devais reconnaître que je m'étais déjà posée la question si cette haine qu'il vouait à son ex ne cachait pas en réalité une frustration et une jalousie intense. Cette nouvelle péripétie m'avait encore plus confortée dans cette idée, donc je ne pouvais que croire les dires d'Allison. Elle semblait très intéressée par ce qu'il disait sur elle. Je ne voyais pas l'intérêt de la blesser en lui racontant la vérité et décidai de minimiser la situation, en lui parlant simplement des articles peu élogieux qu'on pouvait lire à son sujet sur le Net. Je lui dis qu'il l'accusait de les avoir écrits. Elle démentit cette nouvelle information et précisa que c'était une des victimes d'une de ses escroqueries qui les avait rédigés.

Elle ajouta qu'elle avait appris plus tard qu'il avait volé de nombreuses personnes aux États-Unis et qu'il n'était pas recherché activement uniquement par la police. Beaucoup de gens voulaient visiblement lui faire la peau pour tout un tas d'arnaques diverses et variées. Elle me demanda si j'étais au courant qu'il avait même été torturé à cause de sombres affaires, mais elle n'avait jamais su pourquoi. Je réalisai qu'il m'avait effectivement parlé d'une fois où il avait presque été laissé pour mort après avoir été tabassé, car il détenait des informations qu'il avait refusé de donner. Il avait carrément détaillé cette violence en me spécifiant que du sang coulait de ses oreilles et qu'il pensait vraiment ne pas s'en sortir vivant. Il avait aussi précisé que la violence physique ne lui faisait pas peur, car il y avait été habitué dès son enfance.

Elle me dit qu'il n'avait pas financièrement profité d'elle et qu'il dépensait énormément justement pour elle, même lorsqu'il commença à avoir de lourds soucis financiers. Elle confirma que la fortune du grand-père avait disparu après son décès, car sa jeune épouse avait quasiment hérité de tout. Je lui demandai si elle connaissait Robbie. Elle me répondit non, en précisant que Jason n'avait pas vraiment d'amis et passait son temps avec les siens, qu'elle lui avait présentés. Il passait aussi beaucoup de temps avec les membres de sa famille. Elle conclut en affirmant être sûre que Jason n'était pas une mauvaise personne et qu'elle espérait un jour qu'il réalise le mal qu'il avait pu faire autour de lui. Elle lui répétait souvent qu'il fallait qu'il fasse très attention, car ses actes auraient un jour des conséquences, surtout qu'elle savait qu'il pouvait lui arriver de fréquenter des personnes peu recommandables. Je ne préférai pas débattre à ce sujet, car je n'y croyais pas une seconde et pour moi, Jason n'était qu'un manipulateur et menteur qui savait précisément ce qu'il faisait.

Sa soi-disant jalousie n'était aussi rien d'autre que de la fierté. Comme un enfant, il ne supportait tout simplement pas voir une autre personne emprunter ses *« jouets »*, car nous n'étions ni plus ni moins que des objets à ses yeux. Je finis par lui dire que je venais d'apprendre que j'étais enceinte de lui, probablement d'un mois ou deux, maximum. Elle me demanda si j'allais le garder.

« Je n'en ai absolument aucune idée », fut ma réponse.

Je me réveillai allongée à même le carrelage de la cuisine. J'avais l'impression qu'un groupe de hard rock jouait un concert dans ma tête tellement j'avais mal. Je m'étais probablement endormie d'épuisement après avoir longuement pleuré. Suite à l'appel avec Allison, j'avais commencé à réfléchir et à essayer de comprendre. Je m'étais écroulée par terre en repensant à toutes ces belles paroles que Jason m'avait dites, à toutes ces promesses qu'il m'avait faites, à tous ces *« je t'aime »* qu'il avait prononcés. J'avais tellement de mal à croire que ce n'était que du vent et qu'il n'éprouvait absolument aucun sentiment. Comment pouvait-on passer ses journées et ses nuits aux côtés d'une personne et lui dire toutes ces choses-là sans les penser.

Ce n'est pas humain !

Je me rappelais avoir composé le numéro d'Axel avant de sombrer sur le carrelage de la cuisine. Il était directement sur messagerie.

J'avais tant de questions qui restaient sans réponse.

Pourquoi voulait-il que je quitte tout pour aller avec lui aux États-Unis ? S'il ne pouvait plus y mettre les pieds, où comptait-il m'emmener ? Qu'en était-il de ses mines en Afrique ? Pourquoi avait-il réellement travaillé sur autant de dossiers pour des investisseurs si tout était faux ? Cette maison en Afrique, l'avait-il réellement achetée ? Et où se trouvait-il maintenant ? J'imaginais qu'il était probablement reparti en Afrique retrouver cette fameuse Téa. Et elle, quel était son rôle dans tout ça ? Et le père de Jason couvrait-il les agissements de son fils ?

Les questions fusaient dans tous les sens dans ma tête.

Je me relevai difficilement pour me rendre dans la chambre et me glisser dans le lit. Ce lit qui semblait bien vide maintenant... J'avais mal au ventre.

Qu'est-ce que je vais faire de ce bébé ?

Le lendemain matin, vers dix heures, je fus réveillée par un bruit dans la serrure. Je me levai avec de grandes difficultés pour me diriger vers la porte d'entrée, les yeux encore embués et la tête en vrac.

Une personne tentait d'ouvrir la serrure principale avec une autre clé.

Je m'assurai en regardant par l'œillère que ce ne soit pas Jason. J'aperçus un homme qui devait avoir une trentaine d'années. J'ouvris la porte d'un coup sec, en lui demandant : « Qu'est-ce que vous faites là ? »

Il parut surpris de me voir, surtout en tenue de nuit. Il me répondit en anglais qu'il était désolé, mais n'avait rien compris, car il ne parlait pas français.

Dix minutes plus tard, nous étions attablés à la table du salon en train de boire du thé. J'étais complètement stone. J'avais l'impression de ne plus rien ressentir tellement j'étais vide. Mon corps avait encore simplement des réflexes mécaniques, comme marcher, me lever, préparer du thé, respirer…

Cet homme s'appelait Peter et il me fixait intensément. Il restait étrangement très calme au vu de la situation. Lui aussi s'était fait arnaquer par Jason pendant mon absence. Son histoire était similaire à celle de Samir, à un détail près : il n'était pas en grande difficulté financière, mais venait tout juste de débarquer d'Angleterre. Il ne connaissait personne ici et me dit être un producteur dans le milieu de la musique. Je lui racontai ce que je savais sur Jason. Il m'écouta attentivement avant de regarder longuement autour de lui.

« Ce n'était effectivement pas du tout comme ça quand je suis venu. Toutes tes affaires étaient dans des cartons et il semblait tout connaître par cœur dans l'appartement. Il m'avait même montré comment déplier le canapé dans le salon si je recevais du monde pour dormir. Il avait aussi ouvert le frigidaire, en précisant qu'il avait déjà une locataire qui était en plein déménagement. »

Samir m'avait fait exactement la même réflexion la veille. Jason avait donné la clé à Peter durant le week-end, en lui disant qu'il lui faisait confiance et qu'il pourrait emménager dès le mercredi matin. Il me montra cette fameuse clé que je n'avais jamais vue. Je n'avais aucune idée de l'endroit où il avait bien pu se la procurer.

Je devais ignorer tellement de choses...

Je pense que j'étais à mille lieues de savoir ce qu'il avait bien pu faire durant tous ses soi-disant déplacements professionnels. Je n'étais probablement pas la seule femme qu'il avait bernée et utilisée.

La sonnerie de mon téléphone retentit dans mon appartement. C'était Ivan qui m'appelait. Il me dit être complètement choqué par la situation, mais pas si étonné, surtout concernant Axel. Il était persuadé que Jason allait me recontacter. Il m'apprit qu'Axel avait l'habitude de régulièrement faire des arnaques de ce type. Il venait tout juste de sortir de prison pour des faits similaires et il ajouta qu'il avait dû quitter les États-Unis précipitamment sept ans plus tôt, car il avait accumulé pas mal de soucis. Il s'énerva en me disant qu'il en avait marre de toujours aider Axel quand il avait des problèmes. Lorsqu'il avait séjourné en prison en France, tout le monde lui avait tourné le dos sauf Ivan, qui continuait de lui rendre régulièrement visite.

- Tu sais, sa femme je la connais bien. Elle l'a mis à la porte il y a quinze jours, car il ne payait plus rien. Il a perdu son emploi, il y a déjà un moment. En plus, certaines aides sociales ont sauté pour elle et son enfant quand il est revenu vivre dans son appartement, sans emploi. Il vivait chez son père avant.

- Tu as dit son enfant ? Jason m'avait dit qu'il en avait deux avec sa femme et deux autres d'une précédente union, fis-je étonnée.

- Ah non, je peux t'assurer qu'il n'en a qu'un seul. Ou alors je ne suis absolument pas au courant. Pourquoi Jason t'a raconté ça ?

- Je n'en sais rien, soupirai-je. Certainement pour m'inspirer plus confiance. On a tendance à peut-être moins se méfier d'un père de quatre enfants qu'on peut imaginer plutôt responsable. Tu sais, je ne cherche plus tellement à comprendre tous les mensonges de Jason, car je ne suis vraiment pas certaine qu'ils étaient tous utiles.

- Je suis sûr que c'est Axel qui a poussé Jason à agir comme ça. Si tu me dis que tu l'as trouvé chez toi il y a quelques semaines, c'est fort probable que ce soit Axel qui ait eu l'idée de la location. C'est totalement le genre de choses qu'il fait habituellement.

- J'aimerais bien penser comme toi Ivan, mais malheureusement, je ne pense pas que Jason ait été poussé à faire quoi que ce soit par Axel.

- Je me souviens quand vous étiez chez moi, il paraissait réellement amoureux Claire ! J'ai bien vu la façon dont il te regardait ! Et je ne vois pas pourquoi il s'en serait pris à toi après tout ce que tu as fait pour lui. Tu es une vraie gentille, ça se sent. Je suis vraiment écœuré par ce qu'ils ont fait.

- Je ne pense pas que ces gens-là pensent comme nous. Jason est un pervers narcissique complètement manipulateur qui se sert des autres. Je sais bien qu'il arrive facilement à inspirer confiance à tout le monde avec sa gueule d'ange.

- Je ne suis pas tout à fait d'accord avec toi, me contredit Ivan. Je pense qu'il aurait rêvé d'être avec une fille comme toi et d'y rester, mais il savait bien qu'il ne pourrait jamais te satisfaire. Tu sais, Axel et Jason ont le même genre de profil. Ils sont frustrés de ne pas avoir d'argent et sont persuadés qu'ils vont trouver le coup du siècle à réaliser un jour et que ça les rendra millionnaires. Pour eux, le bonheur passe nécessairement par l'argent. Donc Jason savait que c'était un *loser* comparé à toi. C'est sûrement pour ça qu'il te faisait miroiter un avenir qu'il aurait vraiment voulu te donner, mais il savait pertinemment qu'il ne pouvait pas. Toi tu es stable, tu as un travail, un logement et tu n'as pas de problèmes pour payer tes factures. Ce sont de pauvres mecs paumés qui sont dans la merde jusqu'au cou. Axel doit de l'argent à plein de personnes ici et ne s'est pas fait que des amis à Paris. C'est aussi farfelu que les mines d'or en Afrique dans lesquelles Jason m'a proposé d'investir pendant la soirée chez moi. Il semblait hyper pressé de trouver des investisseurs. C'était quoi ces conneries d'ailleurs ? questionna-t-il.

- Je ne suis pas vraiment convaincue de tout ça, mais bon... Attends, tu viens de dire que Jason t'avait proposé d'investir dans ses mines pendant la soirée chez toi ? C'était à quel moment ?

- Je ne me souviens plus trop. Je me rappelle simplement qu'on était dans la cuisine. Mais pourquoi est-ce si important ?

- Parce que rien de tout ça ne serait arrivé si j'avais su qu'il t'avait fait cette proposition ! m'écriai-je. Quand il est rentré quelques jours plus tôt, il m'avait assuré avoir investi tout ce qu'il avait et que les équipements étaient partis vers l'Afrique. Donc, il n'avait aucune raison de proposer à qui que ce soit d'investir en urgence dans ses soi-disant mines !

- Écoute Claire, je vais t'avouer quelque chose. Il y a environ deux semaines, ils sont venus me voir tous les deux en me disant qu'ils étaient sur un gros coup et que ça allait leur rapporter beaucoup d'argent. Axel a emprunté six cents euros à des personnes que je connais. Ce ne sont pas des enfants de chœur et s'il ne les rembourse pas prochainement, c'est à moi qu'ils risquent de s'en prendre. Axel le sait et c'est pour cette raison qu'il m'a laissé en échange un objet qui a beaucoup de valeur. J'ai tenté de l'appeler plusieurs fois tout à l'heure, mais il est sans arrêt sur message…

- Tu ne me dis que maintenant qu'ils t'avaient dit être sur un coup il y a deux semaines ?! le coupai-je. Tu te fous de moi là ? Comment veux-tu que je te prenne au sérieux ? Et qu'est-ce qui me prouve que tu n'es pas de leur côté et que tu ne vas pas leur faire un rapport de cette conversation ? En sachant déjà tout ce que tu m'as dit, comment tu peux être ami avec des gens pareils ?! m'énervai-je.

- Calme-toi Claire, s'il te plaît ! s'écria-t-il. Bien sûr que non, je n'étais au courant de rien. Je ne pouvais pas deviner que c'était toi la cible, sinon c'est certain que j'aurais tenté de les dissuader ! Et je risque d'avoir de sérieux ennuis si Axel ne refait pas surface. Crois-moi qu'il a intérêt de revenir et de payer ces mecs avec qui je l'ai mis en relation. Et je peux t'assurer que je couperai ensuite les ponts avec lui. C'est un nid à emmerdes ce mec. Depuis que je le connais, il ne m'apporte que des problèmes. Il m'a aidé aussi plusieurs fois quand j'ai eu quelques galères d'argent, donc je me sentais redevable, mais là c'est terminé.

Je regardai Peter qui était toujours tranquillement assis face à moi et qui ne devait probablement pas tellement comprendre ce qui se passait.

- Je vais te laisser Ivan, on se rappelle. Ça me permettra peut-être aussi d'y voir plus clair de mon côté et je suis toujours avec l'Anglais que l'autre taré a volé.

- OK, pas de souci. On se recontacte plus tard. Je vais essayer de joindre la femme d'Axel pour savoir si elle sait où il se trouve.

Je racontai rapidement l'échange avec Ivan à Peter, qui me regarda un long moment avant de me demander : « Pour l'argent, ce n'est pas si grave. En revanche, je n'aime pas être pris pour un imbécile. Et je n'ai même pas de mots concernant ce qu'il t'a fait. Un vrai homme ne traite pas une femme de cette façon-là. Je vois bien que tu n'y es pour rien et que tu sembles très mal. Peux-tu simplement me dire où je peux le trouver aujourd'hui ? »

J'étais vraiment impressionnée par son calme olympien. Il n'avait pas souri une seule fois, sauf quand je n'avais pas pu retenir mes larmes quand j'avais évoqué la grossesse. Il avait souri en me disant : « Tu ne dois surtout pas pleurer pour une pourriture pareille. »

C'était un homme charmant, mais pas très grand. Je le trouvais aussi rassurant que légèrement flippant avec son regard bleu azur fixe. C'était rare de voir une personne de couleur noire avec des yeux aussi clairs.

« Je n'ai aucune idée où il est aujourd'hui. Il peut être toujours à Paris ou en région parisienne, comme il peut aussi bien être parti dans je ne sais quel pays. Je pencherais pour l'Afrique vu qu'il y a passé beaucoup de temps. » Soupirai-je.

Je savais qu'il n'avait pas menti à ce sujet, car j'avais vu de nombreuses photos quand il était là-bas et j'entendais régulièrement des Africains parler à côté de lui quand il m'appelait.

Il me demanda si j'avais une adresse à lui communiquer aux États-Unis avant de partir. J'hésitai un instant, puis lui donnai le vrai nom de Jason, car il s'était encore présenté comme étant Josh Barnett. Je lui assurai qu'il pourrait trouver pas mal d'éléments sur le Net. Je regardai rapidement avec lui quelques informations sur son téléphone. Il trouva l'adresse de ses parents en quelques minutes.

Quand j'avais aussi épluché les articles concernant Jason sur Internet, j'avais également pu tout trouver très vite. J'accordais volontiers à Jason que le respect de la vie privée n'était pas du tout le même ici qu'aux États-Unis. J'avais pu voir toutes les adresses où sa famille avait vécu, ainsi que leur arbre généalogique.

Peter me demanda s'il était possible d'échanger nos numéros de téléphone pour se tenir au courant dans les jours qui venaient. Il ajouta de ne pas hésiter à lui envoyer un message si Jason revenait et me rappela que le changement des verrous devait être une priorité. Je le rassurai en lui disant que mon père allait passer dans la journée et que je ne bougerais pas de chez moi. J'appréhendais surtout de savoir combien de victimes des fraudes de Jason je risquais de voir débarquer encore. J'avais mis mon réveil à sept heures du matin pour prévenir la direction du lycée que je ne pouvais pas venir travailler. Sous le coup de l'émotion, j'avais brièvement raconté l'histoire à la proviseure, qui avait parfaitement compris l'ampleur des évènements. Je ne pouvais pas quitter l'appartement sans que les serrures n'aient été changées, mais je n'étais surtout émotionnellement absolument pas en état de faire cours. Par chance, la plupart de mes classes étaient en stage et je n'avais que huit heures de cours pendant une semaine et quelques heures de corrections d'examens. La proviseure me fit remplacer par des collègues afin de récupérer et de m'occuper des formalités administratives. Je ne me voyais vraiment pas faire passer des oraux de vente durant lesquels on devait écouter des candidats, présenter un dossier, leur poser des questions, puis simuler un sketch de vente. Je m'imaginais déjà m'écrouler au milieu de la salle sous les yeux apeurés des candidats. La chef d'établissement ajouta avant de raccrocher que malheureusement mon histoire lui rappelait étrangement une autre similaire, qu'une de ses amies avait vécue avec un sociopathe.

Je savais globalement ce qu'était un sociopathe, mais j'avais à peine raccroché que j'allumai l'ordinateur pour avoir plus de renseignements.

J'avais surfé un moment sur le Web à la recherche de la moindre information. J'étais ensuite partie me recoucher, avant d'être réveillée par Peter.

Je repris donc mes recherches. Je lus un nombre d'articles et de blogs incalculables à ce sujet. On pouvait même effectuer des tests pour savoir si on était bien en couple avec un pervers narcissique. Tout ce que je lus m'amena à la même conclusion.

Il ne faisait aucun doute que Jason était un grand sociopathe.

Il n'avait aucune empathie, mentait tout le temps, inversait sans arrêt les situations pour se positionner en victime. Il charmait très facilement les gens. Peter aussi m'avait dit qu'il n'aurait jamais pensé en le voyant qu'il pouvait être malhonnête. Jason avait bien pris soin de m'écouter avec attention au début afin de mieux cerner mes attentes et mes désirs. Il s'était ensuite contenté de me dire tout ce que j'avais envie d'entendre.

Il était si doué que j'en étais venue à penser comme une imbécile que j'avais trouvé mon alter ego.

Les remords étaient un concept qui lui était foncièrement étranger. Je n'avais pas oublié les cautions des appartements qu'il louait et qu'il ne rendait pas. Il m'avait assuré n'avoir jamais dit ça, mais j'étais sûre qu'il avait menti à présent. Et pour tout le reste aussi. Les seules fois où Jason semblait avoir dit la vérité, c'est quand il parlait de sa famille et du milieu dans lequel il avait évolué.

En fait, à chaque fois que Jason avait nié avoir dit ou fait quelque chose, il mentait. Dans quel but ?

Je ne voyais pas d'autre explication que de me faire douter de ma santé mentale et que je m'imagine totalement folle.

Tous ces verres que j'avais soi-disant cassés.

Ces objets qui disparaissaient à certains endroits et qui réapparaissaient à d'autres.

Certains, comme un économe, n'étaient jamais réapparus. Mais non, ce n'était pas possible. Je commençais de nouveau à disjoncter. Il n'avait pas pu faire ça.

Il répétait souvent : « Tu es aussi spirituelle qu'intellectuelle, je veux passer ma vie à tes côtés. » Il disait régulièrement sur la fin : « On ne restera pas longtemps à Los Angeles. Je ne veux pas que tu deviennes comme ces gens qui sont mauvais et superficiels. Tu sais, quand les gens ici sont contents de pouvoir se payer une paire de chaussures bon marché à la fin du mois, à Los Angeles, leur seule préoccupation est de savoir si la piscine de leur villa est plus grande que celle du voisin ou s'ils ont plus de chambres à coucher ! Ton âme est tellement pure et tu es si gentille que tu vas te faire dévorer par tous ces rapaces. Tu n'es pas assez bien armée contre tous ces vautours. »

S'il le pensait vraiment et qu'il était aussi amoureux qu'il le disait, comment avait-il pu me laisser comme ça ?

Les définitions et le caractère du parfait sociopathe étaient formels : ils ne peuvent pas tomber amoureux.

Ils se contenteront toujours de reproduire des émotions qu'ils ont observées chez des personnes normales. Mais je n'arrivais pas à comprendre comment c'était possible qu'il n'ait pas pu développer un minimum d'affection à mon égard, en passant autant de temps ensemble. Je ne pensais pas être la petite-amie parfaite, mais j'avais vraiment fait de mon mieux. Il m'avait proposé de tout arrêter la dernière fois que je l'avais vu. J'imaginais qu'il devait faire référence à tous ces différents coups qu'il avait faits. Il paraissait tellement sincère !

Ce n'est pas possible de n'avoir aucun sentiment humain.

Je n'arrivais vraiment pas à me faire à cette idée. J'avais tellement mal à la tête et avais l'impression d'avoir de la fumée qui allait sortir des oreilles et ma tête exploser comme une cocotte-minute. J'étais déjà une grande nerveuse, qui me posait inlassablement des milliards de questions quand tout allait bien, ce qui me rendait très insomniaque. Je n'arrivais pas à déconnecter la nuit et ne trouvais pas l'interrupteur *off* tellement mon cerveau carburait. Mon besoin constant de tout analyser allait me conduire à faire un infarctus si je continuais à ce rythme-là. Je décidai d'aller prendre une douche pour me changer les idées et tenter de me détendre. À peine entrée dans la salle de bain, je sentis une répulsion dans le bas-ventre et eus tout juste le temps d'ouvrir la cuvette des toilettes pour vomir. Je restai un moment au-dessus des toilettes à pleurer silencieusement avant de me prendre la tête dans les mains.

Comment ai-je pu être aussi bête !

Je l'entendais encore hurler qu'il ne dépenserait pas un dollar pour moi tant que nous resterions à Paris, alors qu'il me proposait une vie de princesse ailleurs dont je ne voulais pas. Je lui avais répondu que je n'allais certainement pas l'entretenir jusqu'à ce qu'on parte et il avait osé ensuite rétorquer : « Oh, ça va, je ne vais pas te plaindre ! Vu le prix des bouteilles de champagne que tu achètes tout le temps pour boire ça comme du petit lait après ! » Cette conversation n'avait bien évidemment jamais eu lieu d'après lui... Je me tapai lentement la tête à plusieurs reprises sur le mur situé juste près des toilettes.

Mais comment j'ai pu croire tout ce qu'il me racontait ?

Une vingtaine de minutes plus tard, je constatai en me voyant dans le miroir que j'avais une mine affreuse. Je n'avais pas beaucoup dormi et semblais tellement épuisée. Je m'habillais machinalement et me maquillais également.

Ne pas sombrer, ne pas sombrer, ne pas sombrer...

En sortant de la salle de bain, je décidai de me refaire une tasse de thé, car j'avais à peine réussi à boire la moitié de celle que j'avais préparée quand j'étais avec Peter.

Je réalisai que je n'avais rien avalé depuis plus de vingt-quatre heures.

Mais je savais pertinemment que je ne pourrais rien manger. Mon estomac était complètement noué. Lorsque je revins dans le salon, j'aperçus au loin une vidéo qui tournait sur mon ordinateur. J'avais commencé à regarder un documentaire sur les sociopathes avant de partir sous la douche. Cela ne m'avait d'ailleurs pas tellement détendue, mais ma raison et ma conscience se battaient toujours pour ne pas laisser les émotions totalement m'abattre. J'avançais vers l'ordinateur lorsque tout mon corps se paralysa d'un coup.

Mon regard était comme hypnotisé par l'image de la vidéo. J'étais si pétrifiée que j'en lâchai ma tasse, qui se brisa au sol dans un bruit assourdissant. Ce fameux regard, glacial, vide et inhumain qui me tétanisait autant qu'il m'intimidait quand Jason me regardait parfois, apparaissait en gros plan sur l'écran.

Il s'agissait du tueur en série sociopathe Charles Manson.

J'avais tant cherché à qui ce regard me faisait penser ! Comment était-il possible que je ne m'en sois pas souvenu plus tôt ! J'avais régulièrement des obsessions récurrentes à propos de tout et n'importe quoi. Charles Manson avait aussi fait partie de ces obsessions pendant un temps et je connaissais toute l'histoire. Je m'intéressais également aux théories qui contredisaient l'officielle. L'objectif était de me faire ensuite ma propre idée. J'avais été longtemps fascinée et obsédée par la théorie qui avançait que la sublime Sharon Tate était toujours en vie et que l'une de ses petites sœurs sorties de nulle part après sa mort était en réalité Sharon. J'avais passé des nuits entières à éplucher tous les articles du Net à ce sujet. Il suffisait que je tombe sur une émission qui parlait d'un sujet qui m'intéressait pour que je passe ensuite des heures à tenter de trouver tous les renseignements possibles et à me perdre ensuite dans les méandres du Net. Ce virus obsessionnel m'avait été transmis par mon père qui pouvait aussi passer de longues nuits à lire des articles et à regarder des vidéos. J'avais eu par le passé ma période *Titanic* bien avant la sortie du film. Je n'avais même pas neuf ans que je connaissais déjà toute l'histoire, les noms des passagers, le nombre exact de victimes, de

rescapés, la taille du bateau… J'avais lu tous les livres à ce sujet dans la bibliothèque de mes parents.
Jason avait d'ailleurs affirmé un soir que le naufrage de ce paquebot n'avait rien à voir avec « *le conte de fées* » qui était officiellement raconté. Je l'entendais encore s'exciter : « Ouvre les yeux, bon sang ! Des opposants au projet de la FED, la banque centrale américaine, étaient à bord ! Elle a été ainsi créée un an plus tard en 1913, car ceux qui étaient contre ont sombré avec le bateau ! »
Lorsque je lui avais demandé qui avait orchestré tout ça, il avait répondu dans le même état d'excitation : « La CIA ! Mon grand-père m'a tout dit sur son lit de mort, TOUT ! Tu veux des noms ? Rothschild, Rockefeller, JP Morgan ! Ces pourritures se sont alliées pour cette cause. Ce sont également ces familles qui détiennent la richesse de l'Église catholique romaine ou encore les médias. C'est une véritable mafia et les deux dernières ne sont que les bras armés des Rothschild. Mais sache qu'il n'existe aucune démocratie, souveraineté nationale ou Indépendance des nations. Les fonds de la FED ont ainsi permis de déclencher la Première Guerre mondiale. Personne n'a jamais pensé au meurtre qu'il y a eu lors de cette tragédie. Ce n'était qu'un attentat de plus organisé par la CIA. Ce navire a toujours été voué à un destin funeste, dès sa construction. On a toujours manipulé les populations par les sentiments. Le bon capitaine Smith, tu parles… il savait ! Il était parfaitement au courant que ce voyage serait le dernier et qu'il disparaîtrait avec. Il travaillait depuis des années pour JP Morgan. Le manque de canots de sauvetage n'a

jamais été le fruit du hasard. Les fusées blanches au lieu des fusées rouges… Les femmes et les enfants, d'abord… penses-tu ! Absolument tout était programmé pour que ce palais flottant soit leur tombeau. » Il finit son récit en pouffant de rire : « Ce n'était même pas le Titanic en réalité et le gars qui avait tout dévoilé en 1889 dans un livre, est mort empoisonné même pas un an après. » Il s'esclaffa de nouveau, l'air pensif : « Un iceberg… les populations sont tellement crédules, on peut leur faire avaler n'importe quoi. Tu devrais regarder le film *« Wag the dog »* (*Des hommes d'influence*), chérie. Tu comprendrais beaucoup de choses quant à ce que la CIA est capable de faire. »

Après un échange houleux, je compris que les trois passagers à bord qui s'opposaient à la FED et à la Première Guerre mondiale selon Jason, en usant de leur richesse et de leur influence, étaient les richissimes John Jacob Astor, Isaac Strauss et Benjamin Guggenheim. Tous périrent la nuit du 14 avril 1912. Jason m'expliqua que Nikola Tesla, l'inventeur de l'énergie libre, était un grand ami d'Astor.

Dans la même soirée, en parlant de la famille Rothschild, il s'était encore esclaffé : « Mais enfin Claire, qui penses-tu a financé Adolf Hitler ? » Je le revoyais ajouter son fameux « *Come on !* », qu'il utilisait souvent en levant les yeux au ciel, pour marquer son agacement.

Mais l'obsession qui fut la plus longue et qui me prenait encore parfois beaucoup de temps était celle pour les vieux groupes et les chanteurs de rock des années 60-70-80. Cependant, je savais que je la laisserais de côté pour un bon moment, car je venais d'en trouver une autre, bien plus intéressante.

Mon père arriva aux alentours de 14h30. Il était déjà d'un naturel taciturne, mais le fut encore plus que d'habitude. Il évitait soigneusement de croiser mon regard depuis qu'il était arrivé, faisant mine d'être extrêmement concentré avec le changement des verrous. Je n'arrivais pas trop à déceler s'il réagissait de cette façon parce que je lui inspirais de la honte ou si c'était justement lui qui s'en voulait de ne pas avoir su protéger correctement sa fille. C'était probablement un peu des deux.

Il était aussi tombé dans le panneau et avait eu de l'affection pour Jason, même s'il avait déjà dit le trouver étrange. Je me rendis dans la salle de bain pour ranger les produits que Jason avait mis en vrac dans les placards, lorsque je poussai un hurlement qui résonna certainement dans tout l'immeuble. Mon père accouru dans la salle de bain et me demanda affolé ce qui se passait.

« Putain, mais j'hallucine là, ce n'est pas possible ! Tu y crois qu'il a volé tous mes produits cosmétiques hyper chers que je venais juste d'acheter ?! » aboyai-je, littéralement scandalisée.

À cet instant-là, il n'y avait aucun doute quant à ce que pouvait ressentir mon père. Je pus lire très distinctement l'expression sur son visage. Je n'eus aucun mal à y déceler une véritable pitié.

J'avais longuement inspecté tout l'appartement après le départ de mon père. Jason m'avait bien volé tous mes produits de soins neufs et même entamés. Il n'avait étonnamment pas emmené les sacs remplis de maquillage d'une grande marque professionnelle. J'avais passé une commande globale juste avant le mariage de ma sœur pour des collègues et moi. J'avais donc stocké tous les sacs dans le salon, en attendant la rentrée. Il n'avait rien touché. Les factures se trouvaient même encore dans les sacs. Il s'était contenté de les mettre dans une armoire. Cette situation invraisemblable venait d'atteindre son paroxysme.

Mon copain s'était enfui avec tous mes produits de beauté !

J'avais l'habitude de me retrouver dans des situations rocambolesques, mais celle-ci était de loin la plus ridicule que je n'avais jamais vécue. Je savais pertinemment qu'il n'allait pas revendre ces produits. Il aimait beaucoup trop que je lui prodigue des soins et utiliser des produits pour entretenir son physique. Il n'était absolument pas métrosexuel, mais il savait que son physique était son fonds de commerce pour piéger de jeunes femmes crédules et il y attachait une grande importance. Cela me confirmait bien que je n'avais pas été la première et que je ne serais certainement pas la dernière femme qu'il allait manipuler et escroquer. Il avait beaucoup de produits capillaires et de soins pour le visage et le corps dans sa valise. Je m'étais même régulièrement moquée de lui, car il ne les utilisait pas forcément de la bonne manière. Il était terrorisé à l'idée d'avoir une calvitie et mettait tous les jours une crème nourrissante pour cheveux sur ses tempes déjà dégarnies. Je lui avais dit que ce n'était pas la fonction de ce produit et que ces cheveux n'allaient pas repousser comme par magie. Il venait certainement de se venger de cet affront, car il avait pris presque tous mes produits capillaires. Il utilisait aussi quotidiennement un produit dans un conditionnement en forme de seringue pour défroisser le contour des yeux et pour traiter les rides. Je lui avais dit que c'était ridicule de penser qu'une simple crème allait faire disparaître des rides et que s'il était vraiment complexé, il ferait mieux de faire des injections. Il s'était énervé, en m'assurant que c'était un produit très puissant d'une marque américaine qui valait une fortune. Il m'avait dit que je pouvais regarder le prix sur Internet si je ne le croyais pas. Voyant que j'étais occupée à faire autre chose et que ça ne m'intéressait pas, il avait fini par amener son téléphone pour me prouver que ce produit valait plus de neuf cents dollars. Je lui avais dit que le prix ne justifiait pas la qualité et qu'il ne fallait pas qu'il oublie que je m'y connaissais bien mieux dans ce domaine que lui. Il avait rétorqué qu'il s'en fichait, car il pouvait se permettre de se payer ce genre de produits. Je me doutais avec le recul qu'il avait tout simplement dû destituer une pauvre femme de son contour des yeux.

Je me rappelai soudain qu'il le mettait toujours dans la porte du frigidaire comme je lui avais conseillé, à côté de mes produits. J'ouvris rapidement la porte du réfrigérateur et pestai en donnant un grand coup de pied dans le bar.

« Oh le connard ! »

Tous mes produits de soins de grandes marques qui valaient également une fortune ne s'y trouvaient plus. Il m'avait dérobé tous mes produits de beauté, à l'exception du maquillage. Il avait même embarqué mes produits d'hygiène dentaires : bains de bouche, dentifrices et même des bandes blanchissantes.
Il ne me restait plus qu'à remercier le seigneur que les hommes ne portent pas de maquillage, sinon les placards se seraient retrouvés entièrement vides.

J'avais enfin fait le point sur les objets qu'il m'avait subtilisés. Je n'avais pas remis la main sur plusieurs clés USB et clés de serrure. J'avais eu une pulsion très étrange avant de partir au mariage de ma sœur. J'avais attrapé mon disque dur externe juste avant de partir et l'avais mis dans ma valise. J'avais clairement toute ma vie dans ce disque, tous mes albums photos de famille, de mes amis, mes vacances... J'avais également plusieurs livres que j'avais écrits et tous mes documents professionnels. Mais j'avais surtout tous mes codes de comptes bancaires, réseaux sociaux, emails... écrits sur des papiers dans la pochette du disque. Je savais que je n'en aurais pas nécessairement besoin, mais j'avais eu le réflexe de l'emmener.
Le réfrigérateur avait été intégralement vidé. J'ignorais s'il avait tout jeté ou s'il avait emmené les aliments ailleurs. Je ne retrouvais cependant pas le plat dans lequel je lui avais préparé la tarte juste avant de partir. D'un côté, j'imaginais qu'il avait dû tout mettre à la poubelle, car il était avec son ami Axel, qui aurait

certainement préféré mourir de faim que de toucher à de la nourriture non casher. Mais d'un autre côté, ils devaient tous les deux être dans une sacrée merde pour avoir pris autant de risques pour si peu d'argent au final.

Je perdais peut-être complètement les pédales quand j'étais avec lui, mais je savais que les aliments non casher importaient peu Jason, qui adorait manger. J'avais plusieurs pots de foie gras que j'avais mis au frais et je savais que Jason en raffolait.

C'était impossible qu'il ait jeté ces pots.

Je ne remis pas non plus la main sur les fameuses cigarettes de New York. Le comble était que j'étais prête à les donner à Axel, qui avait déjà dû les voler. Je savais de source sûre que Jason n'avait pas dû être intéressé, vu qu'il ne fumait pas. Je comprenais mieux pourquoi les deux avaient un instant eu l'air inquiet quand je leur avais dit ce que je cherchais désespérément. Jason m'avait d'ailleurs rapidement parlé d'autre chose quand Axel était parti, certainement dans l'espoir que j'abandonne les recherches. J'avais la nausée rien que d'imaginer Jason en train de fouiller partout chez moi comme une fouine avec sa crapule d'ami.

Par chance, j'avais pratiquement changé tous les codes de mes comptes et ceux qui se trouvaient sur le papier n'étaient plus à jour. Dans le doute, je les rechangeai tous rapidement de nouveau. J'étais également ravie que mon ordinateur ait eu quelques soucis techniques, car je l'avais ramené chez mes parents avant le mariage pour que mon père répare les dégâts. C'était d'ailleurs la raison principale qui m'avait poussée à partir quelques jours avant le mariage.

Il avait dû prendre les clés de serrure pour les donner à d'autres personnes comme Peter, en faisant croire qu'il s'agissait de celles de l'appartement. Par chance, ce n'était pas le cas. Il s'agissait seulement de vieilles clés inutiles qu'il était temps de jeter. La plupart des clés USB qu'il avait volées n'étaient plus fonctionnelles, mais l'une d'entre elles contenait plusieurs livres que j'avais écrits et ça me contrariait énormément. Mais je doutais que Jason ait assez de patience pour les présenter à un éditeur. Il trouverait sûrement que ça ne rapporterait pas assez et que ce serait plus une perte de temps, surtout que je lui avais beaucoup parlé du milieu de l'édition qui exploitait bien souvent les auteurs, donc je ne m'inquiétais pas trop. Lui qui passait son temps à critiquer tout le monde en se disant supérieur, alors que les autres étaient tous des imbéciles paresseux. Je ris nerveusement en pensant à quel point il était d'une fainéantise absolue. Quand il avait compris que je risquais de l'envoyer au charbon en l'emmenant dans l'agence d'intérim, il avait comme par hasard trouvé un travail au dernier moment.

Et il avait mis plusieurs jours avant de me donner le nom de l'entreprise, s'énervant et prétextant qu'il me l'avait donné à plusieurs reprises, mais qu'avec ma mémoire défaillante, j'avais encore oublié.

Je repensai un instant à l'agence d'intérim qui avait tout un dossier concernant Jason. Cela avait été la croix et la bannière pour qu'il me donne sa pièce d'identité afin de faire une photocopie, pour la mettre dans son dossier. Il avait catégoriquement refusé de me passer son passeport et m'avait presque arraché la carte des mains pour la récupérer. Je composai rapidement le numéro de l'agence pour savoir s'il était possible de passer dans l'après-midi.

Je me rendis à l'agence qui était à moins de quinze minutes à pied en fin de journée.

Ne pas flancher maintenant…

Je savais pertinemment que je craquerais plus tard, mais tant que mes jambes me permettaient encore de tenir debout et d'avancer, il fallait que je continue de me faire violence pour obtenir un maximum d'informations sur lui. C'était devenu vital. J'avais besoin de savoir qui il était et ce qu'il avait fait ou projeté de faire quand j'étais avec lui.

J'avais l'impression que ce n'était qu'un mauvais rêve et que j'allais me réveiller.

Jason serait là à mon réveil et m'enlacerait avec son beau sourire, en me disant que ce n'était qu'un horrible cauchemar. Il me dirait que j'ai une imagination débordante, en ajoutant comme souvent : « C'est pour ça que je t'aime ma *crazy Frenchie* ».

Je croisai plein de personnes en chemin, mais c'était comme si la Terre s'était arrêtée de tourner. J'entendais un bourdonnement sourd, mais ne voyais absolument pas ce qui se passait autour. Les passants ne semblaient être que des ombres qui se déplaçaient dans un décor silencieux. Je n'entendais même pas le bruit des voitures, ni celui de la jeune mère de famille qui me demandait si tout allait bien, alors que je me tenais à une barrière pour ne pas tomber. Ce n'est que quelques secondes plus tard, lorsque je repris conscience, que je l'entendis.

« Mademoiselle, ça va aller ? Vous ne semblez vraiment pas bien. »

J'étais accroupie par terre, une main tenant toujours fermement la barrière qui séparait le trottoir de la route. Je relevai légèrement la tête et vis une femme à peine plus âgée que moi qui tenait sa poussette. Son bébé ne devait avoir que quelques mois. J'échangeai quelques mots avec elle et la rassurai, en lui disant que je serais bientôt de retour chez moi pour me reposer. Cette femme semblait étrangement inquiète, alors qu'on ne s'était jamais vues auparavant. Elle paraissait en tout cas beaucoup plus concernée par mon état que Jason l'était à ce moment-là, alors que nous avions passé un an ensemble. Pour mettre un terme à la conversation, je regardai un instant dans la poussette avant de la complimenter avec un sourire forcé : « Félicitations, il est très beau votre bébé. Prenez soin de lui. Mais n'oubliez pas que les valeurs que vous lui donnerez détermineront quel genre d'homme il sera plus tard. »

Je m'éloignai ensuite en me demandant comment était Jason quand il était enfant et si sa mère aurait pu lui éviter de devenir un être aussi mauvais et cruel. Y avait-elle contribué ? J'étais en tout cas sûre d'une chose : j'avais bien envie de lui écrire une lettre au sujet de son fils. Il disait qu'elle était folle, mais peut-être était-elle tout simplement normale et en avait eu marre de toutes les frasques de son enfant. Il m'avait raconté des choses tellement insensées sur sa famille. Il m'avait dit avoir consulté un tas de psychiatres et psychologues quand il était enfant, mais je n'avais pas très bien saisi la raison qu'il m'avait donnée. Il m'avait simplement dit qu'aucun spécialiste au monde ne pourrait jamais solutionner son problème.

Les sociopathes ne pourront jamais changer.

Ils n'ont pas d'émotions et n'en développeront jamais.

Je repensai à son père qui m'avait dit de prendre soin de son fils. Il n'avait pas répondu à mon message, mais je savais qu'il l'avait lu. Il savait dorénavant que son fils n'avait pas bien veillé sur moi.

Le gérant de l'agence fut consterné et choqué avec ses assistantes, qui avaient vu Jason. J'aurais pu simplement me taire et récupérer son dossier sous un faux prétexte, mais le sentiment de honte ne m'effleura même pas l'esprit. En temps normal, je me moquais déjà pas mal de ce que des gens que je ne connaissais pas pouvaient penser.

Cette indifférence d'être jugée ou critiquée était clairement amplifiée vu la situation.

Ils n'en revenaient pas, tellement ils trouvaient que Jason présentait bien et semblait sympathique. Je n'en avais pas particulièrement après eux, mais ça devenait lassant d'entendre toujours le même discours élogieux à son sujet. C'est sûr qu'il ressemblait plus à un enfant de chœur qu'à un tueur en série, mais j'étais bien placée pour savoir quel type de monstre il était en réalité. « Vous étiez tellement mignons en plus ensemble ! C'est ce qu'on s'est dit avec mes assistantes quand vous êtes partis. Je n'aurais jamais imaginé qu'il aurait été capable d'un acte comme ça. » S'étonna le gérant, en regardant ses assistantes, qui acquiescèrent d'un léger hochement de tête.

Ils me souhaitèrent bon courage et une jeune assistante me félicita : « J'admire votre courage et votre détermination. Si un truc comme ça venait juste de m'arriver, je pense que je n'aurais pas pu m'en relever. Vous semblez quand même aller plutôt bien. »

« *Sembler* est effectivement le verbe le plus approprié. Si je m'écoutais, c'est sûr que je ne serais pas là à l'heure actuelle. Mais j'imagine que c'est ce qu'il souhaite que je sois au plus mal, donc je ne lui ferai certainement pas ce plaisir-là. » Répondis-je, l'air exagérément rayonnant.

En revenant dans l'immeuble, je croisai le gardien que je connaissais depuis plus de dix ans. Je lui racontai également mes péripéties, en lui demandant de me prévenir si jamais il le voyait revenir dans les parages. Il réfléchit un instant, puis affirma avoir vu une jeune femme africaine en train d'attendre dans la cour le jeudi. Il lui avait demandé ce qu'elle faisait et elle lui avait répondu qu'elle attendait pour visiter un appartement à louer dans la résidence. Il était débordé ce jour-là à cause d'une fuite d'eau sur la terrasse d'un voisin à gérer et il lui avait rapidement demandé comment cette personne s'appelait, mais ne se souvenait plus du nom qu'elle lui avait donné.

Quand je lui demandai si ce n'était pas Josh Barnett, il s'écria : « Ah, mais oui c'est ça ! Je lui ai même dit que c'était étrange, car je n'avais pas souvenir qu'il y avait un propriétaire avec un nom anglophone dans l'immeuble. Je suis revenu quelques minutes plus tard et elle m'a dit qu'il venait de l'appeler et descendait la chercher. Mais j'ai dû partir en urgence pour cette histoire de fuite. Je suis vraiment désolé, Claire. Si j'avais su que c'était ton appartement, j'aurais tout de suite compris qu'il y avait un problème et je t'aurais envoyé un message. »

« Ce n'est pas de votre faute, on est tellement nombreux dans cette résidence. Vous ne pouviez pas savoir. » Répondis-je, en souriant péniblement. Il me vit devenir pâle tout d'un coup et courut chercher une bouteille d'eau dans sa loge. « Je suis sûr que tu n'as rien bu ni mangé depuis que c'est arrivé. Ce n'est pas bien, hydrate-toi au moins un peu et va te reposer. »

De retour dans l'appartement, je me demandai combien de personnes il avait bien pu arnaquer pendant mon absence. J'imagine qu'elles n'étaient pas toutes tombées dans le panneau. Et il n'avait eu qu'une semaine.

Alors tout ça pour quoi ? Peut-être six mille à huit mille euros. Mais à partager en deux personnes, cela ne représentait que trois à quatre mille euros.

Ils ne pouvaient franchement pas se vanter d'avoir commis le casse du siècle. Surtout que Jason avait vraiment failli se faire prendre par mon gardien à quelques minutes près. Je ne me rappelais pas distinctement des circonstances, mais je me souvenais lui avoir dit un jour que j'étais persuadée qu'il avait moins d'argent que ce qu'il prétendait, vu toutes ses affaires abîmées. Jason était tellement prévisible que je savais d'avance qu'il allait me dire qu'il m'avait invitée plusieurs fois au restaurant et payé des vacances dans un bel endroit. Je ne manquais donc pas de lui rafraîchir la mémoire, en ajoutant que j'avais aussi dépensé pas mal de sous pour lui.

Il était devenu fou furieux en hurlant : « Tu ne m'as avancé que quelques billets. Comment crois-tu que je fais la plupart du temps ? Je les paie mes billets, ce n'est pas gratuit ! » Je ne doutais pas qu'il achetait effectivement ses billets, mais il avait juste omis de spécifier que ce n'était pas avec son argent.

Le gardien avait dit que c'était une jeune africaine qui s'était présentée pour visiter l'appartement. Peter aussi était de couleur noire. Nous nous étions très fortement disputés une fois quand il m'avait dit que les personnes de couleur étaient une « sous-espèce, profondément débile » et il avait ajouté « *stupid niggers* ». J'avais complètement pété les plombs en lui rappelant que je travaillais dans un lycée public où il y avait de nombreux étrangers et qu'il ne pouvait pas rester avec moi en tenant des propos pareils. Il avait dit avoir simplement voulu voir ma réaction et qu'il en était très satisfait. Seulement, il réutilisa plusieurs fois par la suite l'expression raciste et ignoble « *stupid niggers* », en affirmant après ne l'avoir jamais employée. Tous ces oublis et cette impression de devenir véritablement folle ne me ressemblaient pas.

Le fait que je ne me sois pas plus défendue contre tout ça restait une énigme.

Et cette manie de toujours gratter à la porte au lieu de sonner ou frapper quand il venait. Il m'avait fait une scène un soir en me disant qu'il avait tambouriné à la porte pendant vingt minutes et n'avait pas pu rentrer, car mes clés étaient restées dans la serrure. Il m'avait reproché l'avoir fait exprès. Je n'avais absolument pas compris, car même de la cuisine, je n'aurais eu aucun mal à entendre quelqu'un frapper aussi fort qu'il le disait. Le gros souci avec lui, c'est que je ne savais jamais s'il fallait rire ou me faire réellement du souci.

C'était comme si j'avais vécu pendant des mois avec des œillères et qu'elles venaient de tomber tout d'un coup.

Il me reprochait toujours de ne pas pouvoir me faire confiance. Beaucoup de gens pensaient souvent à tort ne pas pouvoir me faire confiance, car je parlais beaucoup et pourtant… quand on me confiait une information et qu'on me demandait de me taire et de ne rien dire, j'étais la première à tenir ma langue et la personne pouvait dormir sereinement sur ses deux oreilles. En revanche, si cette même personne venait à me trahir, il pouvait m'arriver de retourner ma veste en une fraction de seconde et de ne plus respecter mon engagement. Je devais reconnaître que j'avais un vilain défaut sur lequel j'essayais pourtant de travailler depuis des années. J'avais une rancune qui pouvait être sacrément tenace. Généralement, je n'en avais que pour les gens qui avaient véritablement compté dans ma vie et par qui j'avais été profondément blessée.

Je me sentais complètement vidée et lessivée, d'avoir tout fait notamment ces dernières semaines pour ménager sa susceptibilité.

Habituellement, j'appréciais beaucoup la solitude, mais je n'en avais jamais eu aussi peur que ce jour-là.

Je sens que je vais craquer...

Je décidai donc d'appeler plusieurs amies pour leur raconter ce qui venait de se passer. Elles étaient complètement sous le choc.

Ma meilleure amie, Kate, avait quitté momentanément Paris et faisait le tour du monde depuis plusieurs mois. Elle ne répondit pas lorsque je tentai de l'appeler, je lui laissai un message sur son répondeur. Elle me rappela aussitôt, malgré le décalage horaire avec Bali où elle se trouvait à ce moment-là. Elle était la seule de mes amies à avoir rencontré brièvement Jason l'été dernier, donc son avis m'importait beaucoup. Elle se sentait très mal pour moi et regrettait d'être à l'autre bout du monde. Elle prit cependant régulièrement des nouvelles par la suite, jusqu'à son retour.

Agathe et Judith furent moins étonnées, car elles avaient suivi mon histoire d'un peu plus près et savaient que Jason était très particulier. Les deux me proposèrent de passer chez moi ou de sortir et me déconseillèrent de rester seule. Mais je n'avais envie de voir personne, malgré cette angoisse de me retrouver face à moi-même. J'expliquai à Judith qu'il fallait me laisser quelques jours seule et que même si je les redoutais, j'en avais malheureusement besoin pour entamer le deuil de cette histoire sordide. Elle ne semblait pas comprendre que je ne sois pas directement prête à passer à autre chose, mais chaque personne réagit différemment. Je lui demandai de me laisser jusqu'au dimanche, soit trois jours plus tard. Je lui assurai que je ferais tout ce qu'il faut pour remonter la pente aussi rapidement que possible. Elle insista encore lourdement pour qu'on sorte au moins le lendemain soir, si bien que je ne trouvai rien de mieux que de lui répondre : « Mon mec vient de me voler tous mes produits de beauté. À ton avis, je touche le fond là où je peux descendre encore plus bas ? »

J'entendis seulement sa respiration au téléphone. Je compris parfaitement qu'elle ne savait pas quoi répondre. J'avais moi-même une très bonne répartie et je n'aurais pourtant rien trouvé à dire non plus à sa place. Elle finit par s'avouer vaincue : « D'accord, je comprends, je te laisse jusqu'à dimanche. ».

Malgré mon épuisement, je n'arrivais pas à dormir. J'attrapai un somnifère dans la trousse à pharmacie. Je ne pouvais malheureusement pas le prendre avec l'estomac vide, au risque de me détruire le foie. J'ouvris un placard dans la cuisine. Il ne me restait que quelques conserves. Cela m'agaçait, car j'avais la hantise d'avoir un réfrigérateur vide. Mon appartement regorgeait habituellement de nourriture. J'avais toujours un frigidaire rempli, ce qui faisait souvent rire mes amis, qui disaient qu'en cas d'attaque nucléaire, ils viendraient tous se barricader dans mon bunker, car il y avait largement assez de réserves pour un moment.

Mais je n'avais pas pu me rendre au supermarché. Je n'en avais pas eu le courage.

On y allait régulièrement avec Jason et il trouvait toujours des blagues à faire sur la différence entre les aliments en France et ceux vendus aux États-Unis. Il tenait toujours à porter tous les sacs de courses, décrétant qu'une princesse ne devait rien porter et que c'était le devoir des hommes, comme de faire vivre le foyer.

Comme diraient mes élèves « big LOL ! ».

Il était surtout ravi que je paye la note à chaque fois et cela lui convenait très bien. Il m'avait demandé à plusieurs reprises comment je faisais pour tout porter lorsque j'étais seule. Je lui avais dit que je me faisais livrer à domicile la plupart du temps, mais le regrettais, car j'appréciais aller au supermarché et choisir tranquillement mes produits et aliments.

Il m'avait assuré que lorsque nous serions à LA, nous irions ensemble faire les courses dans des supermarchés gigantesques, car un couple se devait de partager un maximum de choses ensemble. Il avait ajouté que je pourrais y rester autant de temps que je le souhaiterais et que je n'aurais plus jamais à porter un sac de courses de ma vie.

Pourquoi m'avoir fait autant de promesses sachant qu'il ne les tiendrait jamais ?
Cela m'échappait complètement.

Je n'avais pas faim, mais décidai de mettre une boîte de raviolis dans le four. J'ouvris donc la porte… qui resta dans ma main. Elle avait été cassée et avait simplement été redéposée sur le rebord du four. Je ne sais pas par quel miracle elle avait réussi à tenir, mais j'étais certaine qu'elle était encore bien en place avant mon départ. Je me tournai vers les plaques complètement fichues également par Jason. Je le maudis en le traitant de tous les noms d'oiseaux. Lorsque je mis le plat dans le micro-ondes, je regardai furtivement par la fenêtre du cinquième étage. Je n'avais jamais eu de tendances suicidaires, mais pouvais parfaitement comprendre à ce moment-là ceux qui avaient déjà envisagé cette option.
Tu es bien plus forte que ça !
Une petite voix résonnait au fond de moi, alors que je sentais une profonde crise de tristesse et de colère arriver. Je compris en m'écroulant par terre que le calvaire ne faisait que commencer.

Je me réveillai en sursaut en pleine nuit. Un coup d'œil au réveil : trois heures trente.
Avais-je réellement hurlé pendant mon sommeil ou était-ce simplement dans mon cauchemar ?
À en juger par mon mal de gorge quand j'avalai ma salive, j'avais dû crier pour de vrai. J'étais complètement trempée. J'eus

beaucoup de difficultés à me rendormir et me réveillai en sursaut plusieurs fois encore, jusqu'au moment où je bondis, en m'asseyant brutalement sur le lit et en me tenant le cou. Je suffoquai et toussai comme si j'avais avalé de travers et avais failli m'étouffer. Je venais de faire un mauvais rêve dont je ne me rappelais déjà plus. Mais à en juger par ma respiration rapide, forte et saccadée, j'imaginai qu'il avait dû être intense.

J'ouvris les yeux à onze heures le lendemain matin, après une nuit extrêmement agitée. Je ne réalisai pas tout de suite où j'étais, tellement j'étais dans le coaltar. Je tournai la tête en direction du mur près duquel Jason laissait sa valise et aperçus cet espace vide. J'éclatai en sanglots en réalisant que ce n'était pas un cauchemar. Je ressentis une violente douleur dans le ventre et me précipitai en courant aux toilettes pour vomir. Mon corps tremblait et j'étais encore trempée.

Je n'avais envie de rien et en même temps de quelque chose, mais je ne savais pas quoi. C'était la première fois que je me retrouvais dans cet état. Ce qui se produisit ce matin-là ne fut que le début d'une série de douloureux réveils identiques.

Dans la journée, je décidai de retourner au commissariat pour faire l'état des lieux de ce qui me manquait. J'avais constaté durant l'heure du déjeuner que tous les sacs de congélation dans un placard de la cuisine avaient aussi disparu. Je ne comprenais pas bien ce que Jason avait pu faire avec autant de petits sacs en

plastique. J'imaginais que cela avait peut-être servi pour transporter les aliments qui avaient disparus.
J'attendais dans la salle d'attente du commissariat, les yeux perdus dans le vague. Il fallait que je leur demande aussi de me rendre mon passeport. Je m'étais rendu compte que le policier brun aux yeux verts ne me l'avait pas redonné lorsque j'étais encore avec ma mère juste après avoir porté plainte. J'avais aussitôt oublié cet incident, car j'étais en état de choc. J'avais décidé de leur demander quand j'y retournerai.
Je regardai l'heure et remarquai que j'attendais déjà depuis plus d'une heure. Je n'avais pas fait attention au brouhaha que les officiers faisaient, dans une pièce juste à côté. Je tendis légèrement l'oreille et hallucinai. Un policier n'arrêtait pas de faire des blagues salaces, pendant qu'un autre disait qu'il n'en avait rien à foutre de son boulot et qu'il ne pensait qu'à la planification de ses prochaines vacances. Je me demandai pourquoi j'attendais comme une imbécile dans ce commissariat, pendant que les officiers me faisaient patienter juste pour le plaisir. Ils ne semblaient pas si débordés. Mais je n'avais pas le choix, car je dépendais de ce commissariat par rapport à mon lieu d'habitation.

Après deux heures d'attente, durant lesquelles j'avais entendu environ une cinquantaine de blagues lubriques de la part d'un des officiers, l'un d'entre eux finit par me recevoir. Je complétai ma plainte avec les quelques rares éléments nouveaux en ma possession. J'avais pris le temps de bien éplucher le dossier de Jason, remis par la boîte d'intérim. Il leur avait fourni l'adresse d'un compte basé en France, à côté de la frontière suisse, pour un éventuel règlement. Je transmis toutes les informations à une femme qui semblait autant se foutre de mon histoire que de l'an quarante. Elle releva légèrement la tête quand j'évoquai mon souci de passeport. Elle alla chercher son collègue qui avait rédigé ma plainte. Il m'assura ne pas avoir vu mon passeport.

- Où est-il dans ce cas s'il n'est pas chez vous ? m'emportai-je.

- Je ne sais pas, s'affola-t-il. Peut-être que vous l'avez égaré dans la rue quand vous êtes sortie. Mais je vous assure qu'il n'est pas dans la pièce où j'ai pris votre plainte, je viens de vérifier.

- Je suis certaine que je ne l'ai pas perdu dans la rue, puisque je m'en suis rendu compte juste après. Et ni ma mère ou moi, ne se souvenons que vous me l'ayez rendu. J'espère que vous ne l'avez pas donné à une autre personne qui serait passée dans cette salle après moi ?

- Euh… je ne pense pas, bredouilla l'officier. Si c'est le cas, vraiment, je m'en excuse. Mais pourquoi vous n'avez pas appelé plus tôt pour signaler que votre passeport avait été oublié ici ?

- Vous vous rappelez dans quel état j'étais il y a deux jours ? Vous pensez sincèrement que mon passeport était une priorité, après ce qui s'est passé ?

Quelques minutes plus tard, je terminai de compléter ma plainte avec sa collègue, qui me suggéra d'un ton impassible : « Je vous conseille vivement d'aller consulter un psychologue. Suite à une histoire comme celle-ci, on n'en sort généralement pas indemne. »

Sur le trajet du retour, je me demandai si tous les commissariats de France étaient remplis d'équipes de bras cassés comme celui-ci.

En arrivant à l'appartement, je consultai mon téléphone. J'avais un message d'Allison, qui voulait savoir si je me sentais mieux. Peter me demandait aussi comment j'allais et proposait de prendre un verre si je le souhaitais, pour me changer les idées. Et enfin, je vis un appel en absence d'Ivan.

Nous échangeâmes quelques messages avec Allison. Elle n'avait strictement rien à voir avec la description que Jason m'en avait faite. Elle semblait sincèrement inquiète, mais avait beaucoup de mal à réaliser que l'homme que j'avais connu n'était visiblement plus le même, que celui qui avait partagé sa vie. Je pouvais parfaitement comprendre que ce n'était pas facile pour elle, mais elle me disait qu'il ne devait pas réaliser que ce qu'il faisait pouvait avoir de graves conséquences dans presque tous ses messages. Je décidai encore une fois de ne pas lui répéter toutes les horreurs qu'il avait dites à son sujet, même sur le plan intime. Je ne voyais pas l'intérêt de blesser gratuitement une personne, qui n'avait finalement rien à voir avec tout ce qui s'était passé ces derniers mois.

Je répondis ensuite à Peter, en lui précisant que j'avais toujours l'impression qu'un camion venait de me rouler dessus et que je ne me voyais donc pas sortir à l'extérieur. Je lui demandai si son cousin qui vivait aux États-Unis avait pu se rendre aux adresses de la famille de Jason. Avant de quitter mon appartement, il m'avait dit qu'il enverrait son cousin qui vivait là-bas, pour discuter avec les parents de Jason. Il me répondit que son cousin était à Miami et rentrerait à Los Angeles quelques jours plus tard. Il me demanda ensuite si mon père était venu changer les verrous et si quelqu'un d'autre s'était présenté à mon domicile après lui. Il ajouta à la fin de la discussion qu'il se sentait vraiment mal pour moi et qu'il avait vu dans quel sale état cette histoire m'avait mise et proposa donc de m'aider, notamment si je décidais de garder le bébé.

Mais en quoi veut-il m'aider ? Quand bien même je décidai de ne pas avorter, je ne voyais pas bien en quoi il pouvait m'être utile.

Je lui proposai de m'accompagner de porter plainte au commissariat, mais il refusa encore une fois.

Deux jours plus tôt, je lui avais déjà proposé de retourner au poste de police ensemble, mais il avait décrété que cela ne lui ramènerait pas son argent et que c'était une perte de temps. Je préférai donc clôturer la discussion en lui souhaitant une bonne journée. J'avais aussi l'impression d'avoir perdu mon temps dans ce commissariat de bras cassés, qui avait égaré mon passeport en le donnant peut-être à quelqu'un d'autre. Mais si Jason se faisait de nouveau arrêter pour X raisons, même un simple contrôle, cela me rassurait de savoir qu'il traînait maintenant plusieurs casseroles qui étaient notées dans son dossier en France.

Je rappelai ensuite Ivan qui décrocha rapidement. La connexion n'était pas très bonne, car c'était via Facebook et son portable ne captait pas bien où il était. Je lui proposai de le rappeler directement sur son téléphone et lui demandai son numéro. Il refusa formellement en me prévenant qu'il avait discuté avec la femme d'Axel, qui n'avait toujours aucune nouvelle de son mari, et qu'il préférait qu'on ne se contacte plus. Elle lui avait conseillé de bloquer mon compte sur le site, car ce n'était *« pas sain »*.

- Tu te fous de moi Ivan ?! C'est son mari qui est un escroc et c'est moi qui ne suis pas saine ? Et depuis quand je te harcèle pour que tu en viennes à vouloir bloquer mon compte ? Je ne t'ai même pas envoyé un message ces deux derniers jours ! hurlai-je à m'en décrocher un poumon.

- Je comprends ton point de vue Claire, mais je sens que tout ça va m'attirer des ennuis. Je suis désolé, mais cette fois je ne pourrai pas t'aider.

- Dis plutôt que tu as échangé avec eux et qu'ils t'ont conseillé de couper tout contact avec moi ! Tu sais quoi, tu ne vaux pas mieux qu'eux ! Tu es un connard exactement comme eux si tu réagis comme ça, parce que ça veut dire que tu approuves leurs actes !

Je fus soudainement prise d'un vertige et dus m'asseoir.

Je n'en revenais pas qu'il me prenne autant pour une imbécile. Il était évident qu'ils avaient dû communiquer ensemble depuis la dernière fois que je l'avais eu en ligne. Et pourquoi refusait-il de me donner son adresse et son numéro, s'il n'avait strictement rien à se rapprocher ? J'avais déjà remarqué que sa copine Jessica avait disparu de mes contacts Facebook comme par hasard, le jour où je l'avais eu au téléphone.

- Claire, crois-moi je me sens très mal pour toi, mais je ne vois pas ce que je peux faire pour t'aider. Je te promets que ni moi ni la femme d'Axel, n'avons aucune nouvelle ! Et s'il revient, je ne veux plus en entendre parler. Il me rendra juste ce qu'il me doit et j'en resterai là avec lui.

- Je ne te crois pas du tout, arrête de me prendre pour une conne ! Tu crois sincèrement que je vais avaler qu'Axel ne reviendra pas voir son enfant et que toi, tu n'étais au courant de rien depuis le début ? Mais pour qui tu me prends en fait ? Vous pensez vraiment que je suis la fille la plus stupide qui existe ? Et je vais te le dire ce que tu peux faire pour m'aider : viens au commissariat avec moi et avec tout ce que tu sais sur Axel, c'est certain que ça permettra d'appuyer ma plainte.

Je pensai un instant à ma voisine. J'espérais qu'elle n'était pas chez elle, car je hurlai tellement fort, que je devais faire trembler tout l'immeuble. Cela me mettait littéralement hors de moi qu'Ivan semble le plus gêné de nous deux, après ce que ses amis m'avaient fait. J'imaginais tout à fait la scène : Axel conseillant à Ivan de couper gentiment les ponts avec moi, sans aucun drame pour que ce soit moins douteux, puis de faire profil bas jusqu'à ce que les choses se tassent. Il avait l'habitude de la police française, qui avait clairement d'autres chats à fouetter que de prendre réellement au sérieux ce type d'histoire. C'est pourquoi Axel savait que c'était la meilleure chose à faire. Ce type n'était finalement pas si malin, vu que Samir avait pu le voir avec sa casquette juste avant le rendez-vous avec Jason. Il pensait sûrement que je remettrais entièrement toute la faute sur ce dernier, sans imaginer qu'il pourrait être mêlé à ce qui s'était passé.

La seule satisfaction que je pouvais avoir à ce moment-là était d'avoir probablement ruiné leurs futurs plans en donnant ces informations au commissariat.

Ivan refusa sans grande surprise d'aller voir la police et m'assura que si celle-ci venait à le contacter, il balancerait ses anciens comparses sans aucun scrupule. Mais on savait tous les deux que la police ne serait pas trop envahissante avec lui.

Il me dit à la fin : « Tu sais Claire, je regrette qu'on se soit rencontrés de cette manière toi et moi. Tu es totalement mon style de femme, autant physiquement que mentalement. Je suis certain que si Jason le pouvait, il donnerait tout pour revenir en arrière et réécrire l'histoire avec toi. »

Quand je raccrochai, je restai un long moment à fixer le sol, pensive. Je crus naïvement pendant quelques secondes que Jason avait peut-être demandé à Ivan de me passer ce dernier message afin de me faire savoir qu'il regrettait.

Un sociopathe n'éprouve jamais ni remords ni regrets.

Je me sentais de nouveau entièrement vide. Je n'avais plus la force ni l'envie de ne rien faire. Il me fallut pas mal de temps avant de réaliser que je tremblais de la tête aux pieds. Je me passai rapidement la main dans les cheveux. Ils étaient trempés et mon corps aussi. Je n'avais pourtant pas l'impression d'avoir de la fièvre. Je ne comprenais plus très bien les signes que mon corps m'envoyait. Toutefois, je saisis qu'il avait tenté par tous les moyens de me prévenir que quelque chose n'allait pas ces derniers mois. Je réalisai que tous ces maux étranges que j'avais eus dernièrement n'étaient pas le fruit du hasard. J'avais beaucoup de mal à comprendre comment c'était possible, mais tout semblait limpide à présent. J'avais la sensation que je voyais de nouveau très clairement, après être restée aveugle pendant une longue période. Tous ces problèmes de cou et de dos, bloqués, ces allergies anormales à cette saison de l'année, ces taches sur le visage qui étaient réapparues, ce visage bouffi et gonflé, ces kilos en plus…

Tout cela commençait à avoir du sens.

Je n'avais pas écouté les appels au secours de mon corps qui avait essayé de me prévenir par tous les moyens qu'il y avait un danger. Au fond de moi, j'avais toujours su que toute cette histoire n'était qu'une illusion, mais je voulais tellement y croire que j'avais réussi à me convaincre.

Paradoxalement, j'avais envie d'échanger à ce sujet avec… Jason.

Je fondis en larmes. Je m'en voulais d'éprouver tous ces sentiments contradictoires en même temps. J'avais envie de le tuer, mais il me manquait aussi. J'avais encore du mal à accepter que le monstre qui me faisait vivre un enfer, était le même qui avait parfois été tellement gentil et attentionné à mon égard. Je réalisai que je ne reverrais jamais son sourire, son visage…

Sa bonne humeur permanente aussi allait me manquer, mais toutes ces choses n'étaient que du vent et il fallait que j'apprenne à l'accepter. Je m'en voulais d'éprouver ce manque et me sentais encore plus mal et honteuse. J'aurais donné n'importe quoi pour avancer le temps, car je savais que lui seul me guérirait et me permettrait d'avancer.

Pourtant, quelques jours plus tard, c'est une tout autre solution que je trouvai pour faire mon deuil plus vite et plus facilement.

Le lendemain, je broyais toujours du noir dans la pénombre de mon appartement. Je n'avais quasiment pas mangé depuis plusieurs jours et n'avais envie de rien. Je priais seulement intérieurement pour que ce calvaire se termine au plus vite. Je me sentais tellement faible. Je m'étais encore réveillée toutes les heures dans la nuit en sueur et en toussant, avec cette désagréable sensation de m'être presque étouffée dans mon sommeil. J'avais encore éclaté en sanglots le matin en me réveillant. J'avais fini par m'endormir d'épuisement pendant plusieurs heures. Ensuite, j'avais couru aux toilettes pour vomir et en étais à l'étape des questionnements au sujet de cette relation. Je n'arrivais toujours pas à croire qu'il n'avait eu aucun sentiment pour moi depuis le début et tout prémédité depuis notre rencontre. Judith plaisantait souvent en disant que tous les hommes se retournaient lorsque je passais dans une pièce et que je ne m'en rendais même pas

compte. Et Agathe disait régulièrement que tous les hommes que je croisais tombaient amoureux de moi. Ce qui venait de m'arriver prouvait bien que mes amies n'avaient pas toujours raison. J'avais conscience qu'un bon nombre de questions resteraient à jamais sans réponse, mais je ne pouvais pas empêcher mon esprit de tergiverser. Je me relevai difficilement du sol sur lequel je m'étais laissé tomber depuis un bon moment.
Il était grand temps de contacter la seule personne qui pourrait peut-être m'aider.

La réponse à mon message ne se fit pas attendre : « Je ne vais pas dire que je t'avais prévenue. Je comprends dans quelle situation tu es et je compatis. Il m'a volé aussi dix mille euros en cinq mois. Je n'ai qu'une seule question, sais-tu où le trouver ? »
Je repensai à Peter qui avait formulé la même demande quelques jours plus tôt. Après un échange de plusieurs messages, je lui proposai d'aller au commissariat ensemble. Il refusa radicalement comme les autres, en disant que son but était de lui rendre la pareille, car il avait failli se retrouver à la rue à cause de lui. Sa femme avait fait une longue dépression après la fuite de Jason. Il me demanda de retracer précisément tous les déplacements de Jason depuis l'an passé.

Une heure plus tard, j'étais au téléphone avec Navid.
- Tu ne sais vraiment pas où je peux le trouver ? questionna-t-il de nouveau.

- Non, je n'en ai aucune idée. J'imagine qu'il est déjà reparti en Afrique rejoindre Téa.
- Elle va venir en France bientôt. Crois-moi que je vais la questionner pour savoir où est cet enfoiré ! s'emporta-t-il.
- Son neveu a toujours des nouvelles ? Tu sais d'ailleurs que Jason m'avait dit qu'il battait ses enfants ?
- Laurent, battre ses enfants ?! Tu plaisantes là, Claire j'espère ? C'est probablement le gars le plus papa poule que je connaisse. Mais je ne comprends pas pourquoi tu as attendu aussi longtemps avant de me contacter.
- Je t'ai déjà dit que je ne savais pas que ça tournerait aussi mal. Et pour être tout à fait honnête avec toi, Jason m'avait dit que tu lui avais demandé de prendre des photos nues de moi pour qu'il te les montre, donc encore aujourd'hui j'ai des doutes. C'est difficile de faire confiance à ceux qui l'ont côtoyé.
- Quoi ? Jamais de la vie, c'est lui qui me disait qu'il avait des photos et même des vidéos de toi ! Mais je n'ai jamais rien vu.
Je me sentis très mal tout d'un coup en entendant sa réponse. Ma mère m'avait appelée la veille et m'avait dit qu'elle espérait que Jason n'avait rien de compromettant sur moi, qui lui permettrait de me faire du chantage. Je repensai à cette nuit dont je ne me rappelais pas la fin chez Ivan. J'avais déjà songé à plusieurs scénarii glauques. Ils pouvaient m'avoir fait trop boire, ou mis de la drogue dans mon verre et fait faire des choses dont je ne me souviendrais jamais. Peut-être ne valait-il mieux pas essayer de se rappeler. Jason était tellement fou que tout était possible avec lui.

Navid m'expliqua que Jason était recherché par de nombreuses personnes dans la capitale et en région parisienne. Il avait apparemment emprunté beaucoup d'argent à des types qui n'étaient pas des enfants de chœur. Ils s'en étaient pris à Laurent par la suite, qui l'avait hébergé pendant un temps. Il m'avait dit payer un loyer lorsqu'il était chez Laurent, mais Navid démentit cette information, en rectifiant que Jason avait plutôt squatté chez lui et chez d'autres personnes aussi qu'il connaissait. C'est Téa qui avait appelé son neveu en lui demandant de lui rendre service en hébergeant Jason. Ce dernier avait apparemment fait plusieurs crédits en dupliquant des papiers et en usurpant l'identité de plusieurs personnes, qui l'avaient gracieusement hébergé avant Laurent.

Il était tellement recherché, que Téa avait fini par dire à Navid et son neveu qu'il s'était fait prendre à la douane africaine en possession d'or et avait fini en prison. Navid pensait dorénavant qu'elle avait dit ça pour qu'ils abandonnent leurs recherches. On ne savait pas vraiment quel rôle elle jouait, mais elle défendait visiblement Jason corps et âme. Navid m'apprit que c'était une amie de longue date des parents de Jason, notamment sa mère.

Il ajouta d'ailleurs que cette dernière avait été la première à laisser tomber Jason quand il commença à avoir de sérieux problèmes aux US. Jason m'avait dit qu'elle occupait un haut poste dans la police américaine, au FBI et Navid m'apprit qu'elle avait des ambitions politiques, donc Jason pouvait s'avérer une menace

pour sa carrière. Cela me mit le doute, car j'avais souvent pensé qu'elle avait pu le couvrir dans certaines de ses affaires suspectes vu son poste.
Un ami pensait que Jason m'avait dit que sa mère était folle pour clôturer définitivement le sujet et la protéger. Quelques semaines plus tard, je trouvai son profil sur Facebook et constatai qu'elle s'était rendue à Essaouira au Maroc, où Jason m'avait dit être allé un an et demi plus tôt. Les dates coïncidaient, ils s'y trouvaient en même temps. Il m'avait aussi dit que c'était un bel endroit, dans lequel n'importe qui pouvait s'y rendre incognito et qu'il m'y emmènerait. J'avais du mal à suivre la relation de Jason avec ses parents. Il semblait en vouloir à son père d'avoir fauté avec la journaliste, car cela avait entraîné la chute professionnelle de son grand-père, mais il semblait également admiratif de la carrière de son père qui avait validé plusieurs diplômes, dont une maîtrise en journalisme et un doctorat en droit. Il avait également enseigné dans les principales universités de Los Angeles, trempé dans la politique, travaillé pour des magazines renommés et dans la société de production de son père, parmi d'autres activités, comme la CIA, pour qui son grand-père avait longuement travaillé. Jason m'avait dit avoir aussi plusieurs fois rendu quelques services à cette agence, après le décès de son grand-père.
Il répétait d'ailleurs souvent que les gens ordinaires n'avaient pas idée des expériences effectuées sur l'être humain, par cette organisation.

Il avait ajouté que c'était comme un gang : on n'y entre pas facilement, mais on n'en sort pas facilement non plus. Il affirmait que si les gens étaient moins stupides et égotiques, ils pourraient s'intéresser à ce sujet et comprendre beaucoup de choses sur le monde actuel.

Jason m'avait également assuré qu'il reprendrait un jour ses études et validerait un doctorat pour être un vrai couteau suisse, comme son père pour briller encore plus en société et accroître ses connaissances.

Je remarquai que quand il s'agissait de sa famille ou de son enfance et adolescence dans les quartiers chics de Beverly Hills, Jason n'avait pas menti. Allison m'avait confirmé tout ce qu'il m'avait dit. C'était probablement les sujets sur lesquels il n'avait pas menti.

J'avais toutefois l'impression d'être dans une série avec des intrigues qui se dessinaient à chaque épisode. Je repensai à la fois où Jason m'avait dit qu'il y avait largement de quoi écrire plusieurs livres sur sa vie. Je ne devais certainement connaître que la partie émergée de l'iceberg et ne préférais même pas imaginer ce qu'il avait bien pu faire et dont nous n'étions absolument pas au courant avec Navid. Mais rien n'avait de sens comme je lui disais. Ces dernières semaines, Jason faisait croire au téléphone à Téa qu'il était aux États-Unis quand j'étais avec lui, mais si elle était vraiment amie depuis si longtemps avec sa mère, elle devait bien savoir qu'il ne pouvait pas remettre un pied là-bas, sans risquer de se faire arrêter à cause des différents procès. J'étais persuadée que d'une certaine manière, elle cautionnait ce qu'il faisait.

Navid m'éclaira également au sujet des mines d'or. Elles appartenaient au grand-père de Laurent, donc le père de Téa, qui les lui avait léguées. Mais selon Navid, ils nageaient tous les deux en plein rêve, car il n'y avait pas vraiment d'or dans ces terrains. Jason, qui disait avoir investi beaucoup d'argent et même tout ce qu'il avait dans ces mines qui lui appartenaient, avait menti une fois de plus. Je repensai à toutes ces femmes que j'avais vues dans les fichiers de son ordinateur, en me demandant combien nous étions à nous être fait avoir de la sorte. Il avait dû promettre monts et merveilles à tellement d'autres femmes.

Je revis un instant dans mon esprit, le message envoyé à la jeune ukrainienne, dans lequel il lui promettait aussi de l'emmener à Los Angeles. Avant de raccrocher, je lui demandai pourquoi toutes ces personnes escroquées en France n'avaient pas porté plainte contre Jason. Je m'énervai en entendant sa réponse. Ils étaient tous persuadés que la police ne ferait rien et préféraient faire justice eux-mêmes, en espérant retrouver Jason pour se venger. Il me dit qu'ils avaient tous un but en commun : le renvoyer aux États-Unis où il serait plus sévèrement jugé, après lui avoir donné au préalable une *« bonne correction »*.

Je répondis à Navid que c'était surtout parce que la plupart d'entre eux n'étaient pas clairs et honnêtes non plus et ils ne pouvaient tout bonnement pas se rendre au commissariat. Navid ne déclarait pas le salaire qu'il lui versait à l'époque et j'avais de gros doutes quant à cette application qu'il avait voulu développer avec sa femme et pour laquelle il payait Jason. Il était fort probable qu'ils aient réellement volé l'idée au patron de cette dernière, pour qu'elle perde son emploi après un simple coup de fil de la part de Jason.

« Je suis un requin uniquement avec les serpents. Toi, je ne te ferai jamais de mal. Tu m'es trop précieuse. »

Les mots de Jason résonnaient de nouveau dans mon esprit.

J'en déduisis que pour lui, escroquer toutes ces personnes ne devait pas être si grave, car il n'avait aucun respect pour eux, qu'il considérait également comme des escrocs. Je me souvins aussi de ce riche homme d'affaires américain qu'il tentait de contacter par rapport à ses mines d'or, certainement pour lui extorquer de l'argent. De là, il avait encore tenu ce même discours, en affirmant que je n'avais aucune idée de qui étaient ces gens en réalité, qu'il avait qualifiés d'assassins et qu'il se fichait bien de lui causer du tort. J'appris effectivement bien plus tard que ce milliardaire était en réalité une belle pourriture, un énième opportuniste qui se faisait passer pour un philanthrope qu'il n'était pas du tout.

Mais je ne vois pas en quoi, il pouvait m'avoir associée à eux en tant que *serpent* pour m'avoir autant dupée.

Après avoir raccroché, je fus prise d'une inquiétude de plus en plus grande. J'avais laissé tous mes papiers chez moi lorsque Jason était seul et il avait également eu accès à ma carte bancaire et mes chéquiers, lorsque j'allais au sport. Je ne prenais pas mon sac à main là-bas. Dans le doute, j'avais déjà changé tous les codes confidentiels de mes comptes, mais commençais sérieusement à envisager de modifier aussi toutes mes données bancaires. Je me dis que finalement ce n'était pas plus mal que mon passeport ait disparu, car ce serait sûrement préférable d'en refaire un. Ma carte d'identité arrivait au terme de sa validité et je devais aussi en demander une nouvelle. Finalement, les choses se goupillaient donc plutôt bien.

Jason serrait si fort que j'en avais le tournis.

J'essayais de me débattre en enlevant ses mains, mais il avait beaucoup plus de force que moi et plus je luttais, plus il resserrait son étreinte.

Il y avait tellement de haine dans ses yeux. Ils ne formaient plus que deux billes noires qui brillaient intensément, malgré le peu de lumière dans le séjour.

Je n'arrivais plus à respirer et sentais mon visage se gonfler à cause du manque d'oxygène.

Soudain, un sentiment de bien-être commença à m'envahir, alors que je perdis connaissance un instant. C'est à ce moment qu'il relâcha légèrement la pression autour mon cou. Dans un dernier sursaut de conscience, je me dégageai en le repoussant le plus violemment possible avec mes mains.

Sa tête cogna contre la table basse et…

Je me réveillai en sursaut dans mon lit en me tenant le cou.

Je suffoquai avant de tousser un long moment. J'avais l'impression d'avoir un marteau-piqueur dans la tête et me levai du lit pour prendre un verre d'eau. Je dus me tenir un instant au rebord du lit pour ne pas tomber, tellement mes jambes tremblaient. Ma nuisette était trempée et je sentais des gouttes de sueur perler le long de mes tempes. Je n'en pouvais plus de ces nuits et journées cauchemardesques depuis que j'étais rentrée à Paris. Je vivais le même scénario toutes les nuits.
Il y avait cependant une différence cette fois. Je me rappelais du mauvais rêve que j'avais fait, qui devait sûrement être le même que j'avais déjà eu à plusieurs reprises, car je me réveillais toujours en suffoquant avec cette étrange impression d'avoir été étranglée. Mon subconscient me jouait des tours en relatant de manière franche et directe la façon dont je m'étais sentie oppressée durant toute la relation avec Jason. La strangulation était une métaphore parfaite pour représenter notre relation toxique, mais j'espérais que je pourrais de nouveau dormir sereinement.

La journée commença difficilement comme toutes les dernières. Je répondis dans l'après-midi à Agathe, qui me proposait de sortir, que je ne me sentais pas encore prête. Un silence de mort régnait dans l'appartement, tandis que je ressassais tous ces souvenirs avec Jason et ce qui s'était passé depuis que j'avais découvert les cartons.

Justine m'appela pour prendre des nouvelles. Elle me dit que Samir commençait enfin à comprendre que je n'étais pas la complice de Jason et que je m'étais fait avoir aussi. Il avait dormi plusieurs jours dans sa voiture avant de trouver une personne pour l'héberger. Je lui fis part des éléments nouveaux que j'avais eus par les personnes qui l'avaient aussi côtoyé. Elle trouvait l'histoire totalement dingue et me rassura, en me disant qu'ils devaient prochainement visiter un autre appartement. Elle n'avait eu aucune nouvelle du commissariat. Je lui répondis qu'il ne fallait pas s'attendre à grand-chose de la part d'un hôtel de police qui perdait les documents officiels des personnes qui venaient porter plainte.

On se souhaita mutuellement bon courage, en assurant de se contacter si nous avions du nouveau au sujet de cette affaire.

La faim commençait sérieusement à me tirailler l'estomac et mon réfrigérateur était toujours vide. Je n'avais pas le choix, il fallait que je me rende au supermarché. J'en avais les larmes aux yeux d'y aller, car c'était devenu notre seule *« sortie »* ensemble avec Jason, depuis son retour d'Afrique. Je savais que ça risquait fortement de raviver des souvenirs. Je repensai à tous ces repas que je lui avais préparés tous les jours. Il raffolait de la cuisine française et me complimentait toujours sur mes différents plats. *Comment avait-il pu me faire ça ?*

Je l'avais toujours bien traité et étais tellement aux petits soins pour lui. Dire qu'il stressait pour ses mines d'or et que je le rassurai… alors qu'il me menait royalement en bateau. Il savait pertinemment qu'elles ne lui appartenaient pas et qu'il était fauché. Je me demandais comment il avait pu penser que je lui verserais le bénéfice de mon appartement, si j'avais rapidement pu le vendre. J'avais peut-être été très naïve, mais quand il s'agit d'argent, j'ai la tête bien ancrée sur les épaules.

En franchissant la porte du supermarché, je sentis ma respiration se couper. Je fermai un instant les yeux en prenant une longue inspiration. Je décidai de faire mes courses le plus rapidement possible, mais chaque rayon me remémorait un souvenir avec Jason. En passant dans l'allée des confiseries et viennoiseries, je sentis mes jambes trembler. Je m'arrêtai un instant devant les boîtes de cookies d'une marque américaine. Jason me demandait toujours d'en acheter plusieurs boîtes, car il les adorait. Je sentis les larmes monter et en voyant une femme arriver dans l'allée avec plusieurs sacs dans les bras, je m'écroulai au sol.

« Tu n'auras plus jamais besoin de porter un sac de ta vie. Aucune femme ne devrait avoir à porter un sac quand elle va au supermarché. »

La femme lâcha précipitamment tous ses sacs et s'agenouilla près de moi, en me tenant par les épaules. Elle me tourna, dos à une étagère, pour me faire un support et que je ne retombe pas par terre. Je sentis que je perdais connaissance et j'entendis au loin qu'elle me parlait, mais ne comprenais pas ce qu'elle disait. Quelques secondes plus tard, je repris connaissance et la dame se tenait devant moi avec son mari qui me dévisageait, l'air inquiet.

La femme posa sa main sur mon front et tourna la tête vers son mari : « Elle est brûlante ! ». Et pourtant, j'avais si froid. Mon corps fut pris de quelques spasmes avant que je ne me sente enfin un peu mieux.

Deux heures plus tard, je me réveillai en sursaut dans mon lit. J'étais encore toute habillée. Je me demandai un instant si je n'avais pas rêvé la scène du supermarché. En ouvrant le frigidaire de la cuisine, je compris que je m'y étais bien rendue, car il était de nouveau rempli.

Il faudrait que je travaille un jour sur cette hantise du réfrigérateur vide.

Il était presque dix-huit heures lorsque je mangeai enfin un vrai repas. Je me sentis tout de suite mieux et envoyai un message à Agathe : « Je serai finalement là ce soir. » Il y avait quelques amis qui seraient présents lors de la soirée. J'avais demandé à Agathe de ne rien leur dire, car je préférais leur annoncer moi-même.

La plupart de mes amis semblaient vraiment peinés pour moi et je sentais qu'ils ne savaient pas trop comment réagir. Un ami choisit la carte de l'humour et tenta toute la soirée de me changer les idées en faisant des blagues, même liées à cette misérable histoire. Je comprenais sa réaction, car l'humour était également mon arme contre la morosité.

En revanche, je ne compris absolument pas celle d'une autre « amie ». « Avoue que tu aimerais bien qu'il te recontacte là ? Je suis sûre que s'il te rappelait et s'excusait, tu lui pardonnerais sans aucun problème et tu te remettrais avec lui ! » me lança-t-elle, avec un sourire moqueur. Je la dévisageai un instant, en sachant d'avance que je ne la reverrai pas avant un bon moment. Ce n'était pas la première fois que je sentais qu'elle se réjouissait d'un évènement malheureux survenu dans ma vie. Ce regard vide et vicieux, je ne le connaissais que trop bien maintenant. Je comprenais pourquoi les deux n'avaient jamais vraiment tenus à se rencontrer, mais s'étaient critiqués mutuellement sans se connaître.

Jason m'avait déjà dit qu'elle était une réelle sociopathe.

Il m'avait d'ailleurs expliqué quelle était selon lui la différence entre un psychopathe et un sociopathe. Selon lui, le psychopathe agissait sans véritable conscience, car c'était une vraie pathologie, dont le sujet n'était pas pleinement responsable. Quant au sociopathe, il agissait en étant parfaitement lucide concernant ses actes. Il préméditait et calculait tout d'avance.

Avec le recul, cette situation avait tout de même un aspect bien ironique.

Il n'aurait pas pu faire une meilleure description de lui-même et était donc parfaitement clairvoyant quant à sa cruauté volontaire et toutes ses manipulations à répétition.

J'avais épluché tellement d'articles à ce sujet ces derniers jours. J'étais rassurée sur un point : je ne me ferais plus avoir avec ce genre d'ignobles créatures. Je croyais véritablement en la théorie qui avançait que les sociopathes n'avaient aucun mal pour se reconnaître entre eux, même de loin et s'évitaient, afin de mieux se mêler à ceux qui ne l'étaient pas.

Cette personne en face de moi qui prétendait être une amie depuis plusieurs années se croyait tellement supérieure à moi, surtout dans cette période de faiblesse, qu'elle devait penser que je ne voyais pas clair dans son jeu. Je pouvais lire dans ses yeux qu'une seule émotion qui n'était pas simulée : le plaisir de voir quelqu'un aller mal. J'étais fatiguée de ces personnes qui jubilent et se nourrissent du malheur des autres, pour se sentir positivement exister, et se convaincre ainsi que leur vie n'était pas si insipide, comparée à celle des autres. Surtout que ces personnes ont généralement aussi développé des psychoses plus en moins enfouies, à cause d'une enfance souvent compliquée et difficile, ce qui fait qu'elles ne seront jamais heureuses, quels que soient les évènements même positifs qui pourraient arriver dans leur vie.

Je raccompagnai Agathe jusque chez elle à la fin de la soirée et lui annonçai que je ne pensais plus revoir cette personne. Elle parut surprise sur le coup et me fit remarquer que son manque d'empathie ne datait pas d'hier et que tout le monde le savait.

« Justement, il ne fait aucun doute qu'elle n'a jamais fait preuve d'empathie pour qui que ce soit et qu'elle ne le fera jamais. Pourquoi je m'encombrerais encore de personnes néfastes comme ça dans ma vie, alors que j'ai aujourd'hui le choix de m'en éloigner ? Je pense que partager pendant un an la vie d'un sociopathe suffit à vacciner pour une vie entière. » Répondis-je en rigolant.

Quelques semaines plus tard, je ne regrettai absolument pas mon choix. J'appris qu'elle allait dire à qui voulait l'entendre que j'étais complètement stupide par rapport à ce qui venait de m'arriver. Elle racontait l'histoire en la déformant et en se basant sur ce que je lui avais dit à chaud. Sauf que ce n'est seulement que quelque temps après que je découvris vraiment la vérité au sujet de Jason, qui était bien pire que tout ce que j'avais pu imaginer.

Je ne le savais pas encore, mais c'était clairement le Diable en personne, déguisé dans une version faussement humaine que j'avais rencontré et dont j'avais été la compagne durant un an.

Le lendemain, après mon désastreux rituel quotidien, je réalisai que la date butoir était arrivée quand je reçus un message de Judith : « J'espère que tu vas mieux. Tu m'avais demandé de te laisser tranquille jusqu'à dimanche et j'ai respecté ton choix. Maintenant, il faut absolument aller de l'avant. Sache que je suis là. »
Quand je lui avais demandé quelques jours de répit, je n'imaginais pas que je serais finalement dans le même état que lorsque j'étais revenue à Paris.

Je n'avais pas l'impression qu'il y avait de l'amélioration, bien au contraire.

Plus les jours passaient, plus je réalisais vraiment ce qui s'était passé et m'en voulais d'avoir pu être aussi bête.

Et je commençais à sérieusement me retourner le cerveau dans tous les sens, en me demandant de plus en plus souvent ce que j'allais bien faire avec ce bébé.

Agathe m'avait encore recommandé la veille de voir mon médecin traitant à ce sujet. Mais je n'en avais pas la force et n'en voyais pas l'intérêt. Je savais déjà que le cafouillage dans ma pilule avait eu lieu environ un mois et demi avant, donc cela faisait moins de deux mois de grossesse. Elle me rappela que le délai en France était de trois mois pour un avortement, mais je n'avais aucune envie de penser à ça à ce moment-là.

Ce que je m'apprêtais à faire n'allait certainement pas arranger mon état, mais j'en ressentais le besoin.

Je commençai à lire tous les échanges de messages avec Jason.

Il me manquait les premiers mois de communication, car il m'avait demandé de tout effacer à plusieurs reprises. J'avais de multiples conversations étant donné qu'il avait utilisé plusieurs numéros. Samir et Justine m'en avaient d'ailleurs communiqué deux nouveaux, qu'il avait utilisés avec eux et que je ne connaissais pas. Justine m'avait dit avoir tenté d'appeler en vain ces numéros, depuis qu'il ne s'était pas présenté au rendez-vous pour lui donner les clés. Elle lui avait envoyé plusieurs messages aussi pour se défouler, mais précisa qu'ils n'étaient plus fonctionnels.

Plus je relisais les messages, plus j'avais envie de me taper la tête contre un mur. Bien souvent, je répondais littéralement à côté de la plaque, même lorsque Jason me parlait mal. Il ignorait aussi d'ailleurs souvent mes questions et je répondais volontairement des choses qui n'avaient aucun rapport. Le plus dur n'était pas tant de relire tous les messages, mais d'écouter les nombreux messages vocaux qu'on s'était aussi envoyés. Entendre sa voix enjouée après tout ce qu'il venait de se passer, me mettait mal à l'aise et me donnait la nausée. N'importe quelle personne sensée qui lirait ou écouterait ces échanges se dirait qu'il y a clairement un souci.

Comment était-il possible que je me sois retrouvée aveugle à ce point et complètement à côté de la plaque ?

Mes réactions n'étaient absolument pas cohérentes et tout ce qu'il promettait et les compliments qu'il faisait régulièrement, n'avaient aucun sens. Je ne sais pas si c'est parce que j'avais ouvert les yeux que je trouvais ces échanges totalement ridicules et oniriques. Je voyais à présent parfaitement les techniques de manipulation qu'il avait employées. Il me faisait souvent culpabiliser en retournant toutes les situations qu'il pouvait contre moi et en se faisant passer pour une victime. Quand on se disputait, il me disait régulièrement que je le manipulais et m'embrouillait l'esprit, en changeant tellement de fois de sujet que j'en oubliais celui qui était initial.

Je regrettais de ne pas avoir relu et écouté ces messages plus tôt, quand j'étais toujours avec lui.

On s'était envoyé tellement de messages, que je n'avais pas dû réellement me rendre compte de ce qui se passait dans le feu de l'action. C'était la seule explication plausible que je trouvais à toutes ces aberrations. L'incompréhension de la langue était aussi une bonne excuse, car il affirmait souvent que je n'avais pas compris ce qu'il voulait dire. C'est exactement les mêmes techniques qu'il employait quand je le voyais.

Il me testait aussi parfois.

Je tombai sur un message dans lequel il disait qu'il ne me répondrait plus. Lorsque je lui avais demandé la raison de façon un peu agressive, il avait répondu : « …à moins que tes messages ne soient en français », suivi d'une émoticône qui faisait un clin d'œil.

Le message qui me fit le plus de mal et qui résumait toute l'utopie de notre relation finalement platonique avait été envoyé lorsque j'étais partie en week-end pour l'enterrement de vie de jeune fille de ma sœur, quelques semaines avant son mariage. Je le trouvais à ce moment-là complètement ridicule. Je lui avais simplement demandé s'il était sorti à l'extérieur.

« Je ne suis pas allé à un dîner privé organisé par un chef privé dans les collines de Brentwood à Los Angeles avec l'amour de ma vie. Je ne l'ai pas embrassée ensuite avec la porte moustiquaire ouverte à côté et la brise fraîche de l'océan soufflant près du feu. Je n'ai pas pu apprécier marcher sur la plage non plus. Je n'ai pas conduit dans le trafic de Los Angeles avec elle à mes côtés. Je n'ai pas senti son parfum et je n'arrive plus à le sentir en son absence. Je n'ai pas goûté à ses lèvres. Je ne lui ai pas tendu de chaise pour s'asseoir avant de manger un de ses merveilleux plats. Au lieu de cela, elle est partie et elle me manque terriblement. »

Connard, connard, connard... se répétaient inlassablement dans ma tête.

Plusieurs heures plus tard, je décidai d'ouvrir mes volets pour voir au moins un peu la lumière du jour. L'été approchait et le soleil était enfin présent tous les jours. Habituellement, j'aimais beaucoup cette période, car la fin de l'année scolaire arrivait à grands pas et les grandes vacances ensoleillées aussi. Mais étrangement, le soleil me déprimait encore plus.

Il fallait que je me fasse violence et décidait d'aller marcher dehors.

En mettant mes chaussures, je constatai qu'elles avaient besoin d'être cirées. Je cherchai en vain le produit pour chaussures en cuir noir dans le placard, mais il fallait me rendre à l'évidence : Jason l'avait embarqué avec lui. Je me souvins qu'il l'utilisait très régulièrement.

Trop, c'en était trop !

La veille, en rentrant de soirée, j'avais déjà constaté qu'il m'avait aussi volé un beau sac de sport. Ce sac coûtait cher et je l'avais acheté il y a des années avec Kate, qui avait pris le même.

Je me moquais du prix, mais pas de la valeur sentimentale de ce sac !

J'enlevai violemment mes chaussures et les jetai à travers la pièce. La balade en extérieur attendrait encore un peu. J'attrapai mon ordinateur et me connectai à ma boîte mail.

Tu as décidé de me bloquer partout enfoiré, mais j'ai aussi toutes tes adresses mails !

Je créai deux nouvelles adresses et commençai mon récit. Je me souvins que le Croate m'avait dit que je pouvais démolir quelqu'un, simplement avec des mots, tellement je pouvais être violente à l'écrit. J'étais sûre que Jason ne pourrait pas résister à la tentation de le lire. Même s'il se moquait royalement de moi, il était tellement égocentrique et narcissique, qu'il ne pourrait pas s'empêcher de savoir ce que je pourrais dire à son sujet. Je l'avais vu presque tous les jours en train de décortiquer tous les articles le concernant sur Internet.

J'écrivis donc tout ce que j'avais sur le cœur.

Je sentais les larmes couler sur mes joues, mais n'y prêtais pas attention tellement j'étais furieuse. Une phrase qu'il avait prononcée juste avant son départ me revint subitement à l'esprit. Je lui avais demandé en plaisantant s'il serait toujours là à mon retour. Il m'avait répondu : « Ne t'inquiète pas. Je ne partirai jamais sans rien dire et surtout pas sans avoir une explication avec toi avant. »

Je lui rafraîchis donc la mémoire entre deux phrases assassines. J'employai volontairement des mots durs et le piquai exactement là où ça pourrait faire mal. Je faisais honneur à mon signe astrologique du scorpion. Je fis régulièrement référence au fait qu'il soit un sociopathe, sans aucun scrupule. Je lui demandai s'il comptait encore voler les produits cosmétiques de sa prochaine victime. Je lui demandai également depuis combien de temps il se prostituait pour se faire nourrir, loger et blanchir. Je lui rappelai à quel point sa vie était devenue merdique et qu'il ne récupérerait jamais tout ce qu'il avait perdu.

Je lui dis également que j'avais eu son ex Allison au téléphone, qui m'avait tout raconté. Je fis aussi des références par rapport à Axel qui était un clochard comme lui, à Ivan, mais aussi à Navid que j'avais décidé de recontacter.

Je lui demandai ensuite s'il avait déjà entendu parler du Karma et qu'il était impossible qu'il s'en sorte sans une égratignure, après tout le mal qu'il avait fait autour de lui. Je rappelai tout ce que j'avais fait pour lui, en précisant que j'allais rapidement déménager pour vite oublier ces mauvais souvenirs et tourner la page.

Mais je savais que me plaindre de la situation n'aurait aucun impact sur lui et que la seule chose qui le rendrait fou serait de lui rappeler qu'il avait tout perdu et à quel point il était devenu pauvre. Je lui fis donc remarquer que j'étais vraiment contente qu'il n'ait rien touché de mon appartement, vu que c'est probablement ce qui l'intéressait depuis le début, et que j'allais bientôt le vendre et toucher un beau bénéfice. Je lui expliquai à quel point il était pathétique et qu'il m'écœurait.

Mes doigts commencèrent à trembler quand j'évoquai le bébé.

Je lui dis à la fin de ce paragraphe que si je devais le garder, je ferais tout ce qui est en mon pouvoir pour qu'il ne devienne pas comme lui, en lui précisant qu'un géniteur ne faisait pas de lui un père et qu'il ne le verrait jamais.

Je finis mon message sur ces mots : « Jason, le temps passe. Tes cheveux deviendront gris et ton crâne sera de plus en plus dégarni. Les rides continueront inlassablement de se creuser sur ton visage et tous les produits que tu m'as volés ne pourront jamais rien y changer, car ce n'est pas magique. Cela deviendra donc de plus en plus en dur pour toi d'arnaquer les gens, car ta gueule d'ange est éphémère. J'ai peut-être été naïve, mais j'ai la chance d'avoir une intelligence émotionnelle que tu n'auras jamais. Et je suis clairement trop classe pour un type comme toi. Une ordure restera toujours une ordure. »

Lorsque j'appuyai sur la touche *« envoyer »*, je ressentis une forme de légèreté jouissive. Ces quelques secondes étaient les plus belles que j'avais vécues depuis que cet affreux cauchemar avait commencé. J'étais consciente qu'il ne répondrait jamais, mais étais tout de même satisfaite de savoir qu'il le lirait. Pour m'en assurer, j'envoyai le message de différentes adresses mail vers toutes celles que j'avais de lui. L'écriture avait toujours été mon meilleur exutoire. Je pensai de nouveau un instant à écrire une longue lettre à sa mère, mais renonçai à cette idée.

Ce matin-là, je retournai travailler au lycée. En arrivant dans ma salle avant la première heure de cours, je m'assis au bureau dans la pénombre. Je regardai la pièce, en m'attardant sur chaque détail. J'étais persuadée quelques semaines plus tôt de ne plus remettre les pieds dans cet établissement après la fin de l'année scolaire. J'avais l'impression d'avoir perdu tous mes repères et d'avancer totalement vers l'inconnu. Jason avait tellement conditionné mon esprit en me promettant que nous allions partir, que je n'avais pas envisagé de plan B.
Habituellement, mon cerveau était toujours en ébullition et j'avais des plans de secours de la lettre B à Z.
Je me sentais encore si vide et cela faisait déjà plus d'une semaine que j'avais découvert tous les mensonges dans lesquels je m'étais enfermée pendant une année. Je me demandais bien ce que j'allais pouvoir faire. *Jason ne m'avait pas volé que des biens matériels. Il m'avait également pris un an de ma vie.*

Et durant cette année, s'il ne m'avait pas fait perdre mon temps, je me serais certainement fixée plusieurs buts à atteindre. Je me retrouvais maintenant dans le flou, avec une perte totale d'envie et d'ambitions. J'espérais que cet état ne serait que passager, mais je ne me sentais toujours pas mieux, donc ça commençait à m'inquiéter. Je n'avais qu'une seule certitude : je voulais quitter Paris, mais surtout vendre mon appartement.

J'en avais rapidement parlé avec ma mère quelques jours plus tôt, mais la psychologie et ma mère avaient clairement toujours fait deux. Je lui accordais cependant volontiers plein d'autres qualités. Elle ne comprenait pas que je veuille quitter mon appartement et voyait cela comme une solution de facilité, qui ne m'aiderait finalement pas à me sentir mieux. Mais elle n'avait pas toutes les données et le fait qu'elle prenne toute cette histoire à la légère ne m'aidait pas à lui confesser ma grossesse non désirée.

Durant la matinée, je me rendis plusieurs fois aux toilettes en courant pour vomir, ce qui n'échappa pas à mes élèves. Je voyais bien qu'elles parlaient discrètement entre elles en me regardant.

Solène fit irruption dans mon cours pour chercher des produits en réserve. Elle remarqua tout de suite ma mine déconfite et comprit que je n'avais pas été simplement malade la semaine d'avant. C'est elle qui m'avait remplacée durant les corrections d'examens. Elle me fit signe de la rejoindre dans la réserve. Je lui racontai tout et fondis en larmes.

« Le plus difficile, c'est de voir que les gens autour de moi ne réalisent pas combien cette histoire m'a affectée et me bouleverse encore. Je crois sincèrement que personne ne peut comprendre ce que je vis actuellement. Il faut l'avoir vécu pour réellement se mettre à ma place. Je t'assure que j'essaye vraiment de faire ce que je peux pour aller mieux, mais tous les matins, je vis le même cauchemar en me réveillant et j'ai l'impression que ça ne s'arrêtera jamais. J'essaye de me soulager par tous les moyens, mais ça ne fonctionne pas. Je lui ai écrit un long message et j'hésite aussi à en envoyer un à sa mère, mais elle n'a peut-être rien à voir dans tout ça. C'est déjà assez douloureux et complexe comme ça. Je n'ai pas envie de mêler sa famille à ce qu'il m'a fait, mais je ne sais pas pourquoi, je ressens le besoin d'écrire à sa mère. »

J'ignorais pourquoi je focalisais autant sur la mère de Jason.

C'était peut-être à cause des hormones dues à la grossesse, ou à mon désarroi et mon incompréhension, face à une mère qui avait laissé son fils devenir aussi déséquilibré. Solène me réconforta, en m'assurant que le temps panserait mes blessures et que je finirais par me relever de cette histoire de dingue encore plus forte.

« Tu ne t'en rends peut-être pas compte maintenant et c'est normal parce que c'est trop tôt, mais crois-moi que ça va t'aider à te forger encore plus. Tu devrais vraiment consulter un psy, je t'assure que ça t'aiderait aussi. »

Je ne sais pas pourquoi tout le monde m'ennuyait autant à vouloir que je consulte un spécialiste. Tous mes amis me l'avaient recommandé et aussi la dernière policière que j'avais vue. Solène m'attrapa les mains et me donna un dernier conseil, en me regardant droit dans les yeux : « Pour la mère de l'autre taré, tu t'en fous de lui faire du mal. Si ça peut te faire du bien, écris-lui.

Tu as vu tout ce qu'il t'a fait ? À ce stade et vu ton état, crois-moi, tout ce qui peut te faire du bien, fais-le ! »
Solène ne le savait pas, mais elle venait de prononcer le meilleur conseil qu'on m'ait donné pour me relever de cette histoire. Elle n'avait pas idée à quel point j'allais le suivre à la lettre dans les mois qui suivirent. Ce sont ses dernières paroles qui me permirent de ne pas totalement sombrer.

Juste avant l'heure du déjeuner, je sortis des toilettes dans lesquelles je m'étais encore précipitée. Les nausées matinales se faisaient de plus en plus fréquentes. Les élèves qui venaient de ranger toutes leurs affaires me fixaient silencieusement lorsque je revins vers le bureau. L'une d'entre elles me demanda si elle pouvait me poser une question. Je lui fis un signe de tête affirmatif. « On voulait savoir avec les filles pour quand le bébé était prévu ? On l'a bien compris, vous savez ces derniers temps. Votre corps a changé et vous allez tout le temps aux toilettes. »

Je ne pouvais plus rien faire sans qu'un détail ne me rappelle Jason. Il suffisait que je regarde une émission à la télévision, que j'écoute une chanson, que je lise une publicité… pour que je trouve un lien. C'est fou comment le cerveau peut réagir et tout réussir à associer quand on est obnubilé par une personne. J'avais finalement pris un rendez-vous médical pour le bébé et j'avais dû refaire un test de grossesse... encore positif.

Mon médecin traitant m'avait également fortement recommandé de consulter un psy pour me reconstruire, mais ne voulait aucunement m'inciter quant à la décision à prendre pour le bébé. À force d'entendre tout le monde me bassiner pour que je consulte un spécialiste, j'avais fini par prendre un rendez-vous avec un psychiatre. Je refusais catégoriquement de discuter avec un psychologue. J'avais eu plusieurs clientes qui l'étaient quand je travaillais dans le commerce et elles étaient obligées de se consulter entre elles, tellement elles avaient du mal à gérer leurs propres problèmes en plus de ceux des autres. J'imaginais naïvement qu'un médecin serait plus apte à me soutenir.

En entrant dans le cabinet du psychiatre, je ne pus m'empêcher de sourire en apercevant le canapé, tellement ça faisait cliché. J'imaginai le patient dépité, allongé sur le canapé, qui racontait tous ses malheurs à son psy, qui ne l'écoutait pas vraiment, accaparé par ses propres soucis ou parce qu'il pensait à sa liste de courses à effectuer après ses séances.
Le psychiatre me questionna sur ma vie, ma famille, mes passions, ce que j'affectionnais… Je n'arrivais pas à contrôler mes larmes et me mouchais sans arrêt. Il m'écouta attentivement, avant de sourire : « Votre histoire me rappelle clairement la deuxième fable de Jean de la Fontaine *« Le corbeau et le renard »*. Ce type vous a tout bonnement flattée en vous disant ce que vous vouliez entendre, pour mieux vous dépouiller. Il vous a promis un bel avenir, en sachant pertinemment que vous n'auriez rien de tout

ça. Vous avez eu affaire à un professionnel qui n'en est pas à son premier coup d'essai ni à son dernier. Vous n'imaginez pas le nombre de femmes qui m'ont raconté ce genre d'histoires depuis que j'exerce. Ce qui m'étonne, c'est que vous venez plutôt d'un milieu aisé, alors que ce genre de chose arrive généralement à de jeunes filles de classes sociales défavorisées. Et j'ai assez échangé avec vous pour affirmer que vous êtes une femme plutôt intelligente et cultivée. Quand je vous entends dire que votre livre préféré est *« Belle du Seigneur »* d'Albert Cohen, il y a tout de même quelque chose qui m'échappe. Je ne comprends pas comment vous avez pu vous faire berner à ce point. Voulez-vous que l'on convienne d'un prochain rendez-vous ? »

Je dois reconnaître que même si j'étais sceptique et réticente à l'idée de voir un psy au départ, cela m'avait fait du bien. Je me sentis plus légère à la fin de la séance. Mais j'avais l'impression d'être un rat de laboratoire qu'il prenait un malin plaisir à analyser. Il me proposa des antidépresseurs que je refusai poliment, mais catégoriquement. Ce n'était pas la première fois que des médecins voulaient m'en prescrire. Suite à ma séparation avec le Croate, tous les docteurs m'avaient suggéré ces médicaments, mais j'avais toujours résisté. Lorsque j'étais dans le commerce, je ne pouvais plus compter le nombre de femmes que j'avais vues sous anxiolytiques et qui semblaient avoir totalement grillé une bonne partie de leurs neurones. Plusieurs d'entre elles m'avaient alertée que si un jour on m'en proposait, il fallait impérativement que je refuse. C'était apparemment des traitements lourds à prendre à vie pour ne pas rechuter, en passant par des phases profondes de dépression. La plupart d'entre elles regrettaient d'être tombées dans le piège. Je m'étais donc promis de ne jamais céder à la tentation, quoi qu'il advienne. J'avais accepté de prendre des comprimés à base de plantes pour m'aider à me détendre et à dormir depuis des années, mais jamais des traitements contraignants avec effets secondaires comme ceux que les antidépresseurs pouvaient provoquer. J'avais réussi à me sentir mieux une fois, donc j'estimais que je pourrais carrément m'en tirer malgré les difficultés. J'étais convaincue que j'arriverais à tourner la page Jason avec le temps, sans nécessairement passer par la case de tranquillisants aussi forts. J'essayais par tous les moyens de me convaincre que c'était le meilleur moyen et que je devais absolument m'y tenir et ne pas céder à la solution de facilité.

Quelques jours plus tard, j'avais encore la tête au-dessus de la cuvette des toilettes d'un centre de formation dans lequel je corrigeais des examens. J'en avais marre de prétexter être malade dans tous les lycées et écoles où je passais. Mais corriger des examens m'évitait de passer mes journées dans le noir à me lamenter sur ce qui s'était passé. Et je ne voulais pas dire à des collègues que je ne voyais qu'une fois par an pour certains, que j'étais enceinte. Ils allaient forcément me féliciter, pensant bien faire, ce qui allait me faire sentir encore plus mal. Je pestais toujours quand le réveil sonnait et n'avais aucune envie de me lever, surtout que tous les jours commençaient de la même manière et cela ne me mettait pas franchement de bonne humeur pour la journée. Mais à chaque fois que j'arrivais sur le lieu où je devais jurifier, je savais que la journée serait plus facile à accepter, car j'allais me concentrer sur les candidats et discuter avec mes collègues de tout et de rien, mais surtout de tout sauf de Jason…

Je me regardai dans le miroir des toilettes. J'étais tellement pâle. Je retournai dans la salle d'accueil pour prendre des gâteaux, lorsque le professeur responsable des examens me demanda si j'allais mieux. Je lui adressai un grand sourire : « Ne t'inquiète pas, c'était juste une crise d'hypoglycémie. Je n'ai pas assez mangé ce matin ! » Je n'avais pas le choix, il fallait que je fasse semblant.

Le soir même, je retrouvai le psychiatre pour la seconde fois. Il reçut un appel en début de séance d'un patient qu'il rassura, en lui disant qu'il savait à quel point il allait mal et qu'il le rappellerait après sa séance actuelle pour avancer au mieux son rendez-vous. J'avais toujours de grandes difficultés à m'exprimer tellement je pleurais. C'était mon exutoire, car je devais faire croire à tout le monde toute la journée que j'allais bien, alors que j'avais juste envie de hurler et de me rouler par terre en gémissant. Le psychiatre regardait par la fenêtre. Son cabinet menait sur une terrasse avec une belle vue dégagée sur Paris. Je sentais qu'il ne m'écoutait pas vraiment et cela m'agaçait un peu. Il me fixa un long moment, alors que je lui avouais que je ne sentais pas d'amélioration quant à mon état et que j'étais toujours aussi triste du matin au soir. Il pencha la tête et soupira :

- Écoutez, je vous vois. Vous êtes très élégante dans votre belle robe bleue. Et votre maquillage est si méticuleux. Vous me faites penser à ces femmes qu'on peut voir en couverture de magazines. Je ne pense pas que vous ayez vraiment besoin de moi. On va s'arrêter là.

Je n'en croyais pas mes oreilles.

*Non, mais c'est quoi ces préjugés à la c** ?!*

- Vous plaisantez là j'espère ? Je viens de vous expliquer que je fais tout ce que je peux pour m'en sortir et vous me jetez de votre cabinet ?

- Mais regardez-vous enfin ! Vous vous êtes fait avoir par un homme, mais ce n'est pas si grave enfin ! Vous êtes jeune et jolie, vous n'aurez aucun mal à en retrouver un autre qui voudra prendre soin de vous ! Je suis désolé, mais je n'ai pas le temps de traiter vos petits états d'âmes. J'ai des patients qui ont bien plus besoin de moi.

Je le dévisageai un moment, complètement interloquée, mais je décidai de ne pas me laisser démonter.

- Vous vous rendez compte de ce que vous me dites ? Vous minimisez mes problèmes sous prétexte que je viens bien habillée et maquillée dans votre cabinet ? Et le fait que je pleure depuis une heure et que je ressemble à Pierrot ne vous interpelle pas ?!

- Écoutez mademoiselle, je n'ai pas le temps pour…

- Non, c'est vous qui allez m'écouter, l'interrompis-je en hurlant. Je sentis mes joues brûler sous l'effet de la colère et poursuivis entre deux sanglots. Tous les matins je me lève et je vis le même calvaire en espérant de toutes mes forces que ça s'arrête, mais le matin suivant, c'est pareil. Je réalise que ce n'est pas simplement un cauchemar et que je vais encore passer une sale journée, en ressassant toute cette histoire sordide avec une multitude de questions dont je n'obtiendrai jamais les réponses. J'ai l'impression horrible de revivre éternellement la même journée, comme Bill Murray dans le film culte *« Un jour sans fin »*. Alors oui, je me force à m'habiller, à me coiffer et à me maquiller, parce que mon apparence et mon bonheur de façade, c'est tout ce qu'il me reste ! Tous les matins, je me répète inlassablement que je ne dois pas laisser mes émotions prendre le dessus et complètement me laisser aller. Mais c'est une lutte au quotidien, vous n'avez pas idée ! Ça vous paraît peut-être superficiel, mais c'est le seul moyen que j'ai trouvé pour ne pas sombrer totalement et perdre toute confiance en moi. J'ai grandi dans une famille où montrer ses émotions est considéré comme une faiblesse, surtout lorsque ça ne va pas. Je ne pleure jamais habituellement. J'ai dû verser plus de larmes ces derniers jours que dans toute ma vie entière ! On doit toujours faire semblant, mais croyez-moi, ça ne veut certainement pas dire que je vais mieux !
- Je comprends, mais la première fois déjà, je voulais vous dire que vous n'aviez pas besoin de moi. Je vous garantis que vous avez une force de caractère qui fait que vous vous en sortirez.

- Pourquoi ? Parce que je ne me roule pas à vos pieds en jogging sans m'être lavée depuis plusieurs jours ? Pour votre information, je n'ai essentiellement que des robes et des jupes dans mon dressing, donc vous ne risquez pas de me voir débarquer en pantalon et cela n'a rien à voir avec l'état dans lequel je suis ! En quoi cette personne qui vous a appelé tout à l'heure a plus besoin de vous que moi ?
- Si vous tenez vraiment à le savoir, cet homme est dans l'incapacité la plus complète d'aller travailler tellement il est mal. Il risque de finir à la rue à la fin du mois vu qu'il n'a plus de quoi payer ses factures. Vous, je suppose que dans tous les cas, papa et maman assureront vos arrières ? riposta-t-il d'un air de défi.

Je ris nerveusement, avant de me lever d'un bond en me dirigeant vers la sortie.

- Vous savez quoi ? Allez vous faire foutre, vous n'êtes qu'un psychiatre en carton bourré de préjugés ! crachai-je à plein poumons. Sous prétexte que ma condition sociale est plus aisée que certains de vos patients habituels et que je suis jolie et soignée, vous pensez que je n'ai aucun problème et que tout va bien dans ma vie ?! Je serais juste curieuse de connaître le taux de suicide de vos patients quand vous leur sortez des absurdités pareilles ? Parce que la vérité, c'est que je me sentais beaucoup mieux avant de mettre les pieds dans votre cabinet ce soir !

Je flanquai ensuite la porte de toutes mes forces. Je réalisai quelques minutes plus tard, en me laissant glisser sur le bord d'un

mur d'un immeuble voisin et en me prenant la tête dans les mains, que je n'avais pas réglé la séance.
Tant pis pour lui. Non, mais quel con !

Mes mains tremblaient tellement, que j'eus quelques difficultés à ouvrir la porte en revenant à l'appartement. Je me laissai tomber par terre dans le milieu du séjour et pleurai un long moment.
Tout ce qui peut te faire du bien, fais-le.
Cette phrase de Solène tournait en boucle dans ma tête. J'essuyai rapidement mes larmes du revers de la main et me relevai. J'attrapai un grand bloc-notes et commençai à écrire. J'écrivis à la mère de Jason tout ce que j'avais sur le cœur. Je lui en voulais tellement aussi à cette femme d'avoir donné la vie et élevé une créature aussi ignoble. Cette lettre était un tourbillon d'émotions, rédigée par une femme anéantie et trahie. J'étais parfaitement consciente que cette expérience de vie me changerait à jamais. Je lui racontai pratiquement tout, du début de notre rencontre à aujourd'hui et mon état d'esprit actuel.
La colère, la mélancolie, la haine, le dégoût et la tristesse se mêlaient sur six pages recto-verso. Je me rappelai ma copie de philosophie au bac qui faisait le même nombre de pages. J'avais souvent plaisanté en disant que j'avais eu une bonne note, mais que le correcteur n'avait même pas dû lire ma copie et avait dû avoir une migraine, en voyant simplement le nombre de pages. J'espérais que la mère de Jason prendrait le temps de lire chaque mot de cette lettre. Je finis mon récit en lui avouant qu'il

m'arrivait d'espérer parfois perdre le bébé, plutôt que de donner naissance à un potentiel monstre. Les larmes coulaient à flots sur mes joues, tandis que la peur et l'anxiété d'élever probablement seule un enfant, me hantaient. J'appréhendais aussi fortement le moment où je devrais l'annoncer à ma famille. J'évitais au maximum de répondre à leurs appels et ne prenais que mon frère au téléphone. J'écrivis l'adresse que j'avais trouvée sur Internet sur une enveloppe et y glissai soigneusement les six feuilles. Je postai la lettre le soir même et me sentis tout de suite beaucoup mieux.
Tout ce qui peut te faire du bien, fais-le.

Sans réfléchir, je m'inscrivis sur un site de rencontres dont un ami m'avait brièvement parlé. Il avait plaisanté en affirmant que ça me plairait, car c'était principalement des étrangers qui s'y trouvaient et que ce site n'était pas très connu en France. Je commençai à discuter rapidement avec plusieurs personnes en même temps et constatai que pour la première fois, j'avais réussi à trouver une occupation qui me permettait de ne pas penser à Jason. Je savais pertinemment que ce n'était pas la solution idéale, surtout que j'étais enceinte. Je n'avais aucune idée de ce que je recherchais, mais j'avais la sensation que ça me soulageait un peu de parler avec de parfaits inconnus. J'appréciais aussi pouvoir de nouveau m'exprimer en anglais, car depuis le départ de Jason, je n'avais pas tellement eu l'occasion de discuter dans cette langue.

Au même moment, je reçus un message de Peter. Il insistait encore pour me revoir, mais refusait toujours de porter plainte, après m'avoir pourtant assuré venir avec moi au commissariat quelques jours plus tôt. Il s'était désisté au dernier moment. Je le trouvais de plus en plus étrange. Il s'intéressait d'un peu trop près à mon goût à mes futurs projets, surtout concernant le bébé. J'en étais venue au point de devenir paranoïaque, en pensant que Jason l'avait peut-être envoyé le lendemain chez moi pour me surveiller et récolter un maximum d'informations. Son accent me rendait d'autant plus suspicieuse. Il disait être anglais, mais j'aurais juré qu'il avait un accent américain, et non pas britannique. Je lui demandai si son cousin avait enfin pu aller chez le père de Jason. Il me dit qu'il s'y était rendu, mais qu'il n'y avait personne. Cette réponse me conforta dans l'idée que ce type était louche et mon instinct me dit qu'il était préférable de m'en éloigner.

Je décidai pour une fois d'écouter mon intuition, car si l'avais fait plus tôt, je ne me serais certainement pas retrouvée dans cette situation. Je lui répondis donc gentiment que je préférais tout oublier de cet horrible cauchemar et que je devais me focaliser sur une nouvelle vie ailleurs, loin de Paris. Je terminai mon message en lui souhaitant une bonne continuation. Il répondit qu'il ne récupérerait donc probablement jamais son argent, mais qu'il était surtout déçu de ne pas me revoir. Je préférai ignorer son message et constatai quelques jours plus tard que son numéro n'était plus valide…

Cela faisait un moment que j'avais l'impression qu'une odeur étrange embaumait l'appartement, mais je la trouvai plus forte que d'habitude ce jour-là. En m'asseyant sur le canapé du salon, je fis une grimace et courus vomir aux toilettes. Avec la grossesse, la moindre senteur était amplifiée. Je me dirigeai de nouveau vers le canapé, en me demandant d'où cette odeur pestilentielle provenait. En tirant le canapé, j'aperçus une grande valise que j'avais depuis un certain temps, mais qui n'avait jamais servi. Un détail attira mon attention au moment où j'allais repousser le canapé. Il y avait un fil blanc qui dépassait de la fermeture éclair.

En regardant de plus près, je m'aperçus qu'il s'agissait du fil d'un sachet de thé.

J'ouvris rapidement la valise en grand sur le sol et dû me pincer le nez, l'odeur était infecte et me piquait les narines. Il y avait cinq sachets de thé entamés et une pâte blanche étalée sur les deux faces internes de la valise.

C'est quoi encore ce bordel !

Je pensai évidemment tout de suite à Jason. Ce ne pouvait être que lui. En m'approchant, je constatai que la pâte blanche avait moisi par endroits et formait des amas verts. Cela ressemblait fortement à du fromage, mais je n'en avais pourtant pas dans le réfrigérateur avant de partir au mariage de ma sœur.

Deux heures plus tard, j'étais en face d'une policière qui semblait se sentir plus concernée par mon affaire, par rapport à tous ses collègues que j'avais pu voir plus tôt. J'en étais à ma troisième

visite dans ce commissariat d'incapables. Je n'avais attendu que quarante minutes, un temps bien plus court que la fois précédente.
« J'ai travaillé assez longtemps à la brigade des stups pour vous certifier que si vous trouvez une valise avec des sachets de thé entamés et du fromage volontairement écrasé dedans, c'est que de la drogue y a été transportée. C'est un moyen très basique employé par les trafiquants pour enlever les odeurs de la drogue. Vous saviez si votre ex faisait ce genre de trafics ? »
J'avais imaginé un tas de choses ces dernières semaines, mais à aucun moment, je n'avais envisagé que Jason ait pu être impliqué dans un trafic de stupéfiants. Cependant, plus rien ne m'étonnait. J'avais pourtant fait le ménage de fond en comble depuis un moment et cela me dégoûtait de savoir que des aliments avaient mariné dans une valise neuve dans mon appartement pendant un mois.
Mon envie de meurtre envers Jason reprit de plus belle.
Je me demandais ce que cette crapule avait bien pu faire pendant mon absence, mais j'avais surtout peur d'apprendre de nouvelles mauvaises surprises comme celle-ci. J'envoyai un message à Navid pour l'en informer. Il me rappela quelques minutes plus tard et semblait très surpris, car d'après ses informations, ce n'était pas le genre de trafics qui correspondaient au profil de Jason. Il finit par admettre que plus rien ne l'étonnait non plus et que Jason était tellement dans une mauvaise passe financière, qu'il aurait pu faire n'importe quoi pour se sortir un peu la tête de l'eau. Il ajouta qu'il vivait avec une épée de Damoclès au-dessus de sa tête, tellement

il était endetté auprès de personnes pas très recommandables. Nous en déduisîmes qu'il avait dû tenter au maximum d'éponger ses dettes auprès de certaines personnes qui risquaient de le retrouver.

Je cogitai presque toute la nuit au sujet de cette valise qui avait manifestement transporté des substances illicites et savais que toutes mes questions resteraient encore une fois sans réponse. Je ne comprenais pas pourquoi Jason l'avait remise dans mon appartement au lieu de s'en débarrasser. Je me demandais aussi comment il avait pu trouver le temps de louer mon appartement et faire ce type de trafic également, en moins d'une semaine. J'avais appelé mon frère dans la soirée et il m'avait fait remarquer que la France n'était pas très loin des Pays-Bas, qui est une véritable plaque tournante du trafic de drogue. Il avait très bien pu effectuer un aller-retour en voiture en une journée.

Jason serrait si fort que je commençais à voir trouble. J'apercevais quand même encore son visage, ses yeux qui brillaient d'excitation et un rictus qu'il avait au coin des lèvres. Sa tête cogna contre la table basse quand je le repoussai. Il cria de douleur, avant de se jeter de nouveau sur moi, en me plaquant au sol et en me maintenant les poignets sur le parquet. Il les comprimait tellement, le sang avait du mal à circuler. J'avais l'impression qu'on me tailladait la peau.

« Jason, tu me fais mal, s'il te plait arrête ! » soufflai-je en reprenant difficilement mon souffle.

Des larmes de souffrance et de détresse m'embuaient les yeux. Je les clignai pour faire couler les larmes et aperçus la haine sur son visage.

« Excuse-toi ! » hurla-t-il plusieurs fois de suite. J'essayai de me dégager, mais c'était peine perdue, il était beaucoup plus lourd que moi. Une douleur fulgurante me traversa les deux bras et je sentis mon corps commencer à trembler.

« Je t'en supplie, arrête, tu me fais tellement mal ! » sanglotai-je.

Il semblait avoir complètement perdu le contrôle de lui-même et ne plus réaliser ce qu'il faisait.

« Je ne te lâcherai que quand tu te seras excusée de m'avoir insulté. »

Après encore quelques minutes de lutte et de résistance, je finis par céder : « Je suis désolée si tu as eu l'impression que je t'ai manqué de respect. »

Il me fixa quelques secondes d'un air glacial, appuya si fort sur mes poignets que je crus l'espace d'un instant qu'il les avait brisés, avant de relâcher enfin la pression.

Je me réveillai en sursaut en me tenant le cou.

Je restai de longues minutes dans le lit à fixer le fauteuil en face, en caressant doucement la peau de mon cou. J'avais fait tant de fois ce mauvais rêve, mais la sensation en me réveillant ce matin-là, n'était plus la même. J'étais certaine que cette scène n'était pas le fruit de mon imagination et qu'elle avait réellement eu lieu. Je m'étais toujours arrêtée à la séquence de l'étranglement, mais étais allée plus loin cette fois dans *mon rêve.*

Je me souvins du jour où j'avais découvert mes poignets violacés.

Jason m'avait affirmé avoir été obligé de me maintenir au sol, car j'avais fait une grosse crise d'hystérie avant de tenter de le poignarder. Je savais dorénavant que c'était complètement faux. Il avait failli m'étrangler parce que j'avais eu le malheur de lui dire que c'était un raté et qu'il resterait un *loser* toute sa vie, lors de la dispute qui avait suivi l'épisode de l'incendie dans l'appartement. Il s'était jeté sur moi comme un fou et les détails de cette soirée commençaient à refaire surface.

Mais comment avais-je pu oublier ?

Et d'ailleurs, comment se faisait-il que j'avais eu autant de pertes de mémoire lorsque j'étais avec lui ? Je passai la journée à me retourner le cerveau. La découverte de la valise quelques jours plus tôt, avait été comme un déclic. *En fin de journée, j'avais l'impression que l'écran de fumée que j'avais eu devant le visage pendant un an s'évaporait peu à peu.*

Je passai la journée à réfléchir et à tenter de me rappeler de toutes mes forces chaque seconde passée aux côtés de ce monstre.

Toutes ces fois où je perdais la mémoire.

Ces verres qu'il me servait tous les soirs.

Cette soirée chez Ivan où il me ramenait sans arrêt des verres d'alcool de la cuisine.

Axel qui s'était moqué de moi, en affirmant qu'il y avait de la drogue dans tout l'appartement durant cette soirée.

Quel était le nom de cette drogue qu'il avait mentionnée ?

Oxy-quelque chose, mais je ne me souvenais pas très bien.

Ces objets ou aliments qui disparaissaient et réapparaissaient à d'autres endroits, ou que je ne retrouvai jamais.

Tous ces verres que j'avais soi-disant cassés, mais dont je n'avais aucun souvenir.

Ces comprimés qui m'aidaient à dormir si paisiblement.

Ces pertes de connaissance à répétition.

Cette sensation de devenir folle et de divaguer complètement.

Cette agressivité et cette irritabilité, excessives, que je ne contrôlais absolument pas.

Cette faiblesse et cette fatigue que je pouvais parfois ressentir.

A contrario, cette énergie incroyable que j'avais parfois, même après seulement quelques heures de sommeil.

Ces migraines, ces nausées, ces tremblements, ces sueurs froides... ce sentiment de manque étrange que j'avais éprouvé pendant un moment après son départ.

J'avais remis tous ces symptômes principalement sur le compte du stress intense et de la grossesse. J'avais l'impression de recomposer un puzzle et que chaque pièce s'emboîtait progressivement. J'ouvrais enfin les yeux.

Je compris que les comprimés qu'il me donnait pour mes maux de dos et de cou ne devaient pas être de simples antidouleurs. Cet homme sans scrupule m'avait droguée quasiment depuis le début de notre relation. L'espace d'une seconde, je pensai divaguer de nouveau, en me disant que cette hypothèse était complètement insensée. Mais il fallait me rendre à l'évidence.
Plus de déni, je devais affronter la réalité.

Il m'avait ainsi manipulée beaucoup plus facilement.
Quel genre de lâche peut faire une chose pareille ?
Droguer une femme quotidiennement pour la contrôler totalement, afin de parvenir plus aisément à ses fins.

J'appelai Agathe pour lui demander son avis. Elle m'avoua qu'elle y avait déjà pensé et que quand elle avait évoqué mon histoire autour d'elle, plusieurs personnes qui me connaissaient lui avaient confirmé que cette supposition était fortement possible.
Je passai la soirée à lire des articles sur la drogue, sa dépendance, son sevrage… Même si j'étais rassurée quant à ma santé mentale, je tombais des nues et avais peur de garder des séquelles, de toute cette drogue que mon corps avait ingurgitée pendant des mois.

J'avais fini par retrouver la fameuse drogue dont Axel avait parlé, après avoir tapé sur le Net : *« Oxy drogue »*. Il s'agissait de l'OxyContin et tout correspondait. Les effets secondaires notamment, surtout si les pilules étaient mélangées avec de l'alcool, qui pouvaient faire des ravages. Je lus attentivement les symptômes de sevrage qui me rappelaient malheureusement ce que je vivais actuellement, malgré la grossesse : nausées, vomissement, tremblements, vertiges, transpiration ou frissons, crampes, accélération du pouls et augmentation de la tension artérielle.

J'avais tellement de haine à présent contre Jason.

Il semble que ce médicament, un analgésique puissant, est le plus addictif et le plus mortel depuis 2012 aux États-Unis, et se procure facilement sous le manteau dans la rue. Il peut également être décomposé, reniflé ou injecté. Une prescription est nécessaire, mais les médecins la donnent apparemment gratuitement pour tout type de douleur.

Je me demandais toutefois où il pouvait bien trouver cet argent pour se payer de la came, vu qu'il était complètement à sec. Il me demandait régulièrement de payer des chauffeurs pour qu'on se déplace dans Paris, si bien qu'à la fin, j'avais refusé et lui avais fait prendre les transports en commun.

Les rares fois où il m'avait accompagnée quelque part, il avait toujours trouvé une excuse pour que je lui paye les tickets de métro. Soit il avait oublié son portefeuille, soit il pensait qu'il lui restait encore des tickets valides…

Savoir qu'il était rongé par la frustration au quotidien, apaisait légèrement la fureur et la rage qui m'animaient. Je trouvais hallucinant qu'il ose sans arrêt mépriser les autres, alors qu'il n'avait rien.

Aux Bahamas, il avait parlé à une femme de chambre comme à un chien, juste parce qu'elle avait mal plié un drap. On avait commencé à se disputer, quand il m'avait proposé un comprimé pour me détendre… Cette femme avait pourtant le mérite de se lever tous les jours pour se rendre au travail, aussi ingrates que puissent être ses tâches.

Lui, passait ses journées à vivre aux crochets de gens honnêtes, en rageant contre la Terre entière. Il fallait quand même avoir un culot monstre pour oser prétendre être prochainement multimillionnaire, alors qu'il n'avait même pas de quoi se payer un ticket de métro.

Cette frustration le rendait jaloux maladif. Il critiquait très souvent les personnes qui avaient réussi, en affirmant qu'elles ne lui arrivaient pas à la cheville et qu'il aurait bientôt bien plus d'argent qu'eux, ainsi qu'un meilleur statut. Sa mégalomanie me débectait et je réalisai que s'il ne m'avait pas bourrée de médicaments, je l'aurais certainement laissé tomber il y a longtemps. Quand il avait vu mon beau-frère arriver en Porsche à la Baule, j'avais déjà ressenti cette pointe de jalousie. Il avait tout de suite dit qu'il en avait également une quand il vivait à Los Angeles, mais avait glissé plus tard qu'il s'agissait d'un modèle encore plus onéreux. Il en parlait ensuite assez régulièrement, alors que Navid m'avait révélé qu'elle appartenait à un de ses collègues.

Il passait son temps à comparer nos familles. Quand nous étions à la Baule, nous étions allés plusieurs fois dans la villa de mon oncle et ma tante. Il disait qu'elle était jolie, mais moins spacieuse que celle de son père à LA. L'appartement avec une grande terrasse où nous étions durant l'été à deux pas de la mer, était également *« agréable, mais petit et trop vétuste »* au goût de monsieur.

Jason n'assumait donc pas sa vie et s'en inventait une autre, qui ne correspondait plus du tout à la réalité. Il était toutefois parti sur des bases vraies et sa famille avait bel et bien été très riche durant son enfance.

J'avais dû être fossoyeuse dans une vie antérieure, car je pouvais parcourir le Net dans les moindres recoins et retrouver des informations inaccessibles. J'avais tout vérifié concernant sa famille et les connexions étaient bien réelles avec de nombreuses personnalités, citées par Jason. Ce dernier regrettait qu'on puisse avoir trop facilement des informations sur n'importe qui aux États-Unis, mais son malheur faisait mon bonheur. Je constatai aussi une ressemblance physique frappante entre Jason et son grand-père qui avait régné en maître sur le monde hollywoodien, pendant quelques décennies. Difficile de nier que Jason était son petit-fils.

Jason dénigrait et rabaissait sans cesse tout le monde, mais je réalisai qu'il nous enviait finalement. C'était un pauvre type misérable qui avait tout raté et rien construit dans sa vie, contrairement à son grand-père. Il passait aussi son temps à créer de nouveaux articles élogieux à son sujet sur Internet. Il les rédigeait parfois carrément à la troisième personne du singulier et s'inventait un parcours professionnel qu'il n'avait jamais eu. Il disait que cela permettait aux articles médisants de ne plus apparaître en premier dans les moteurs de recherche. Mais j'étais persuadée avec le recul, qu'il le faisait surtout, car il voulait se sentir une personne importante, pour assouvir son désir excessif de gloire et de puissance.

Cela dit, je ne pouvais pas m'empêcher de le croire quand il disait ne pas envier toutes les personnalités qu'il avait côtoyées étant plus jeune, car il ne les voyait que comme des pantins qui n'étaient plus libres de leurs mouvements. Il enviait plutôt ceux qui en tenaient les ficelles. Les personnalités hollywoodiennes, il semblait sincèrement les mépriser et probablement plus jalouser finalement, ceux qu'il qualifiait de criminels en col blanc. Il m'avait parlé de cette pyramide du mépris, en affirmant que les célébrités étaient loin d'être tout en haut, car elles servaient uniquement les intérêts de personnes bien plus puissantes. Je me remémorais toutes ces fois où il avait défendu cette fameuse jet-setteuse blonde. C'est probablement les fois où j'avais ressenti un réel sentiment de frustration et de colère chez lui quand il prenait systématiquement sa défense. Ce type d'émotions, les sociopathes n'avaient pas besoin de les simuler. Et je me souvins de ce fameux *NOUS…*

« Tu n'as aucune idée de ce que ces crapules NOUS ont fait endurer, ça dépasse tout ce que tu peux imaginer ! »

Quelques jours plus tard, j'étais face à un nouveau psychiatre qu'une amie m'avait recommandé après deux expériences désastreuses. Entre-temps, j'étais allée voir une femme en pensant que ce serait préférable et qu'il y aurait moins de chance qu'elle ne me fasse des réflexions sur ma présentation et mon état, qui ne semblaient pas *« en adéquation »*. Mais cet entretien se révéla être aussi une catastrophe. Elle se contenta de hocher seulement quelques fois la tête de son carnet, sur lequel elle prenait des notes pendant toute la séance et finit par me demander : « Et vous, vous en pensez quoi ? » ou encore « Cela vous inspire quoi ? », « Et d'après vous, pourquoi a-t-il réagi comme ça ? » J'avais tellement envie de lui hurler au visage : « Mais enfin pauvre conne, si je savais pourquoi il avait fait tout ça et si j'avais la réponse à toutes ces questions, je ne serais pas là ! »
Au lieu de ça, j'avais poliment souri et avais déclaré ironiquement en fin de séance : « Ce n'est pas nécessaire de convenir d'un nouveau rendez-vous. La prochaine fois, je me mettrai face à mon miroir, ce sera tout aussi efficace. »
Elle avait probablement tenté de me faire faire une auto-analyse, mais cela avait été un échec cuisant.

J'étais sur le point d'abandonner l'idée de consulter un spécialiste, lorsqu'une amie m'affirma en connaître un très bien. Je me retrouvai donc face à cet homme très grand, qui me dévisageait à travers ses lunettes rondes. J'avais toujours l'impression que les psys me jugeaient et je n'avais vraiment pas besoin de ça. Cela me fatiguait de raconter toujours la même histoire. J'avais encore plus l'impression de faire du sur place. Je lui demandai pourquoi Jason ne m'avait pas menti sur toute la ligne et avait finalement révélé sa véritable identité, sachant que je pourrais un jour donner son nom aux autorités. Il m'expliqua que tous les menteurs pathologiques étaient dans l'obligation de livrer une part de vérité pour ne pas perdre totalement la raison et s'égarer dans leurs mensonges. Il ajouta que certains d'entre eux finissaient tout de même par se convaincre et croire à leurs propres bobards avec le temps. C'était donc encore plus difficile pour la victime de démêler le vrai du faux, tant le mythomane était convaincant.

Au fil des jours, la mémoire me revenait peu à peu. Je m'acharnais sur le lobe temporal de mon cerveau qui était censé emmagasiner les souvenirs. Je n'arrivais vraiment pas à me rappeler de la soirée chez Ivan, mais je n'y tenais pas particulièrement non plus. Je tentai de me rappeler les visages et les noms des filles que j'avais vues dans le dossier de l'ordinateur de Jason. Je pourrais peut-être ainsi en savoir un peu plus sur les escroqueries qu'il avait pu faire dans le passé et ainsi, prévenir d'autres femmes de ne pas se faire avoir. J'étais obsédée et terrifiée à l'idée que Jason puisse faire endurer le même calvaire à une autre femme.
Mon excellente mémoire visuelle me permit de me remémorer le nom de l'Ukrainienne, ainsi qu'une autre femme d'origine russe. Suite à une bonne heure de recherche, je restai bouche-bée par ce que je trouvai. La Russe n'avait plus alimenté ses comptes sur les

réseaux sociaux depuis plusieurs années et sur sa dernière photo de profil Facebook, je pus traduire plusieurs messages de différentes personnes, qui lui demandaient où elle était passée et qui s'inquiétaient.

Concernant la jeune femme ukrainienne, je tombai sur un article, que je traduisis également en français. Il faisait référence à sa disparition soudaine, constatée en juillet 2015. Je dus m'arrêter un instant dans mes recherches, car un violent tournis me paralysa pendant quelques secondes.

Je n'en revenais pas. Se pouvait-il que ce ne soit qu'un simple hasard ? Comment était-il possible que deux femmes qui aient croisé la route de Jason, aient subitement disparu ?

Je ne dormis pas de la nuit, me tournant et me retournant dans tous les sens. Après avoir entièrement défait le lit et envoyer valser la couverture par terre, je me levai pour me préparer une tisane.

Il était cinq heures du matin quand je fis le vide dans mon esprit et fermai les yeux, dans l'espoir de me rappeler un détail qui me permettrait d'y voir plus clair. J'entendis au loin le tic-tac de la pendule de la cuisine. Il me berçait et m'aida peut-être inconsciemment à remonter le temps.

Je me souvins de la vidéo de l'Ukrainienne qui m'avait mise très mal à l'aise et des photos pornographiques sur lesquelles la Russe apparaissait. Je me rappelai également de la dispute qui avait éclaté au téléphone entre Jason et Robbie, après leur échec de location de villa. Jason avait dit qu'il n'était pas accro aux prostituées et Robbie ne s'était pas laissé faire en rétorquant : « Moi au moins, les putes je les entretiens, je ne me fais pas de l'argent sur leur dos et je ne les exploite pas comme toi ! »

Ce n'est pas possible, mon esprit me joue des tours. Je dois me tromper, il n'a pas dû dire ça.

J'étais tellement furieuse qu'il m'ait menti à propos des comptes sur le site de location, que j'avais littéralement occulté cette phrase de mon esprit.

Une heure plus tard, je me massais les tempes dans l'espoir d'évacuer un peu le stress. J'avais beau tourner et retourner dans tous les sens la problématique des disparitions des deux jeunes femmes, j'en arrivais toujours à la même conclusion.

Jason n'y était pas pour rien.

Et je supposais de plus en plus qu'il était également mêlé à des affaires bien plus graves que la drogue.

Je repensai à toutes ces photos et à cette vidéo où les femmes avaient un regard vide et ne paraissaient pas heureuses.

J'entendais encore sa voix résonner dans ma tête, quand il insistait pour que je vienne le voir en Afrique et pour que je le rejoigne également à Malte.

Et où voulait-il aller quand il me proposait Los Angeles ?

Je le revoyais s'agiter au téléphone quand nous étions aux Bahamas, en disant à Robbie que les gens ne se mettaient pas si facilement en confiance et que des papiers pouvaient prendre du

temps à faire. J'avais également trouvé une photocopie de mon passeport dans sa valise parmi ses différents passeports.
Il m'avait assuré que c'était toujours utile d'en avoir une si un jour je perdais mes papiers, notamment lorsque nous irions à Los Angeles.
Je pouvais finalement peut-être remercier l'agent de police qui avait égaré mon passeport.

Une douleur dans le bas-ventre m'obligea à courir dans la salle de bain.

J'étais tellement écœurée d'avoir laissé cette graine de l'enfer entrer dans ma vie, mais je m'en voulais surtout d'en être tombée amoureuse.
J'ouvris mon sac à main pour prendre un paracétamol (un des rares médicaments autorisés pour les femmes enceintes), dans l'espoir de faire disparaître ma migraine, lorsque j'aperçus mon portefeuille. Je me rappelai soudainement la carte de visite que Maxime avait trouvée dans le canapé, lorsqu'il était venu chez moi. J'espérais naïvement y trouver un indice. Mais elle était très sobre, toute noire et ne contenait que très peu d'informations, à part « L'Angelus ».
Après une étude plus poussée, *"L'ANGELUS"*, écrit en lettres capitales blanches, s'avérait être un club de strip-tease, basé à Amsterdam. Dans mes folles nuits d'investigation sur des sujets qui m'intéressaient, j'avais appris à aller chercher les informations

dans les recoins les plus sombres du Net, donc je parvins à trouver une vidéo affiliée à ce club.
C'était une jeune femme qui faisait une danse lascive et érotique le long d'une barre ; rien d'étonnant pour un club de strip-tease...
Mais plus je la regardais, plus je me disais que j'avais déjà vu ce visage. Je commençai à délirer, en pensant qu'il pourrait s'agir de l'Ukrainienne ou de la Russe qui avaient disparu. Mais lorsque je me souvins de qui il s'agissait deux heures plus tard, la réalité fut bien pire que ce que j'avais imaginé.
J'étais presque certaine de reconnaître la soi-disant petite-fille de la "jeune Russe", qui avait épousé le grand-père de Jason et qu'il détestait ! Ce n'était pas possible, la drogue devait toujours faire effet et je devais être en train de faire un très mauvais trip.
Mais j'avais beau tout faire pour me dissuader du contraire, il ne faisait presque aucun doute qu'il s'agissait de cette même personne que j'avais vue sur une des photocopies d'un passeport dans la pochette jaune de Jason. J'aurais même pu mettre ma main à couper qu'il s'agissait de la même fille de la vidéo sadomasochiste trouvée dans l'ordinateur de Jason.

Malgré toutes les drogues du monde qu'on aurait pu mettre dans mon organisme, j'étais extrêmement physionomiste.

Mais bon sang, que faisait cette femme dans ce club de strip-tease ?!

De fil en aiguille dans mes recherches qui durèrent quasiment toute la nuit, j'en arrivai à la prostitution, puis la prostitution forcée qui sévissait malheureusement dans les pays de l'Est. Des hommes se présentant comme des agents ou directeurs artistiques viennent dans ces pays et promettent monts et merveilles à ces jeunes filles pauvres, prêtes à tout pour gagner un peu d'argent. Elles s'imaginent devenir mannequins ou danseuses et se retrouvent dans des pièges, tendus par des proxénètes qui les exploitent et leur confisquent souvent leurs papiers.

« *Tu n'as aucune idée de ce que ces pétasses sont capables de faire pour seulement quelques centimes.* »
Cette phrase retentit soudain dans mon esprit.

Jason disait que c'était ses anciennes petites-amies mais il n'éprouvait que du mépris pour ces femmes et n'avait aucune empathie pour personne, donc certainement pas non plus pour elles. Je regardai plusieurs témoignages de femmes rescapées de trafic humain, avant de somnoler devant un reportage en anglais. J'entendis au loin le terme *"brothel"* qui me rappela vaguement quelque chose. Je commençais à m'endormir d'épuisement sur le canapé, mais mon cerveau ne pouvait pas s'arrêter de réfléchir.
« *I'm telling you I can't right now, it's too early! She is not ready for brothels!* »
(Je te dis que je ne peux pas pour le moment, c'est trop tôt, elle n'est pas prête *for brothers* !) J'ouvris les yeux en grand et me relevai d'un coup.

J'avais la sensation que quelqu'un passait la tondeuse dans ma tête, tellement j'avais mal. Je voulais savoir ce que le mot *"brothel"*, que je n'avais jamais entendu en anglais, voulait dire. Cela ne ressemblait à aucun mot français. Je finis par trouver dans un dictionnaire anglais : *« A house where men visit prostitutes. »* (Une maison où les hommes rendent visite aux prostituées.) Je restai un instant figée devant mon ordinateur, avant de marmonner de nouveau : « *She is not ready for brothels.* »(Elle n'est pas prête pour les maisons closes.)

Jason m'avait encore fait croire que je n'avais rien compris.

Mais je me rappelais très bien son air surpris et gêné, quand il m'avait vue rentrer dans la chambre d'hôtel aux Bahamas.

« She is not ready for now with her brother. »

(Elle n'est pas prête pour le moment avec son frère.)

Menteur !

Il n'avait jamais dit ça et j'en étais convaincue maintenant !

Vu tout ce que je venais de découvrir, j'imagine qu'il parlait de moi. Mais je n'arrivais pas à le croire, cela me semblait irréaliste. Jason un proxénète fauché… ça semblait fou, mais plus rien ne m'étonnait par rapport à lui. Et Navid avait bien insisté sur le fait que Jason aurait pu faire *N'IMPORTE QUOI* pour gagner un peu d'argent et rembourser ses dettes. J'avais l'impression que le fait d'avoir partagé sa vie faisait de moi sa complice et que j'avais cautionné le sort qu'il avait réservé à ces pauvres femmes.

Où étaient-elles passées ?

Je me demandai si elles étaient encore en vie et si c'était le cas, je ne préférais même pas savoir ce qu'elles étaient devenues.

Je posai la main sur mon ventre et réalisai que j'étais enceinte de cette bête hideuse. Je vomis une seconde fois.
Il me dégoûte. Porter son enfant me dégoûte. Je suis enceinte du Diable.

- Putain, mais le grand patron là-haut ne veut pas me foutre un peu la paix et trouver une autre victime ? m'emportai-je.
- Tu devrais être fière, il t'a choisie pour te mettre à l'épreuve et passe son temps à t'envoyer des obstacles, rit Agathe.
- C'est ça, fiche-toi de moi. Tu sais où il peut se les mettre ses obstacles ?
- Regarde, comme dirait ton psy, tu es encore tirée à quatre épingles aujourd'hui, donc c'est que tu ne vas pas si mal, plaisanta-elle, en m'adressant un clin d'œil.
- Justement tiens parlons-en. Ce matin, je suis sortie quelques minutes pour faire des courses et j'observai des couples dans la rue. Certaines femmes ou même les hommes, sortent dans des attirails pas possibles, ne se coiffent ou ne se maquillent même plus. Et je repensais aussi au nombre de femmes que je connais qui se sont complètement laissé aller après quelques années de relation, voire seulement après quelques mois… et leur mec est toujours là ! Je lui attrapai les mains et continuai sur ma lancée : tous les jours, tu imagines ! Tous les jours, je m'efforce d'être

impeccable comme Bree Van de Kamp dans la série « *Desperate Housewives* » et je suis toujours seule, me lamentai-je.

- Tu deviens mauvaise dis-donc, je ne te reconnais pas, s'étonna Agathe. Où est passée la gentille Claire que je connais ? Et je dirais que tu es plutôt un mélange des personnages Susan Meyer et Gabrielle Solis dans cette série. Susan pour son côté maladroit, gaffeur et parce qu'elle se retrouve toujours dans des situations pas possibles. Et Gabrielle Solis pour ton goût prononcé de l'esthétique et du luxe aussi parfois.

- Il n'y a plus de gentille Claire, c'est terminé ! annonçai-je. Je vais devenir comme Marilou Berry dans le film « *Vilaine* ». Regarde où ma gentillesse m'a menée. J'ai toujours été à l'écoute et sympa avec tout le monde, et regarde comment le destin me remercie ! Il n'y a que dans les films justement où le gentil s'en sort toujours vainqueur ! Dans la vraie vie, plus tu es mauvais, plus tu réussis. Regarde, même Jeanne d'Arc a fini brûlée vive sur un bûcher !

- Tu divagues complètement, affirma mon amie, en me regardant comme une bête étrange. Je te rassure, je ne pense pas que tu finiras sur un bûcher.

- C'est possible que je perde un peu la raison. Je viens de passer plusieurs jours enfermée, sans adresser la parole à qui que ce soit. Je n'ai répondu à aucun message ni appel. La solitude m'a peut-être rendue folle, reconnus-je pensive. Jason me répétait cependant souvent que la barrière entre la folie et l'intelligence était extrêmement mince.

- S'il ne t'avait dit que des choses intelligentes, ça se saurait. Allez viens ce soir, ça te fera du bien de prendre un peu l'air.

Au moment où Agathe s'apprêtait à partir, je lui lançais : « Tu sais ce qui est le plus frustrant actuellement pour moi ? C'est que je me sens doublement punie. Je ne peux même pas me bourrer la gueule pour oublier. Crois-moi que si je n'avais pas ce petit démon dans le ventre, je me rapprocherais certainement plus du personnage de Bree Van de Kamp et son penchant pour la bouteille ! »

Elle me regarda interloquée quelques secondes avant d'éclater de rire : « Ça fait du bien de te retrouver. »

Plusieurs heures plus tard, nous nous retrouvions attablées avec Agathe à la terrasse d'un café parisien.

J'étais toujours dans les toilettes du bar, à me demander comment j'avais pu en arriver à tomber aussi bas par amour pour un véritable monstre, quand Agathe vint frapper à la porte.

- Claire, tout va bien ? Je m'inquiète, ça fait presque trente minutes que tu as quitté la table.

J'essuyai rapidement mes larmes avec la manche de ma robe et ouvrit la porte en souriant : « Oui, ne t'inquiète pas. J'ai eu une violente nausée à cause du bébé, mais je me sens mieux. »

En vérité, je ne me sentais pas bien du tout, mais je ne voulais pas trop embêter mes amis avec toute cette histoire et je n'avais aucune envie de me faire plaindre. Je dis à Agathe que j'étais fatiguée et préférais rentrer me coucher. Je commandai rapidement un chauffeur avant d'embrasser mon amie, qui me répéta encore une fois de ne pas hésiter à la contacter à n'importe quelle heure du jour ou de la nuit si j'en ressentais le besoin. Je la rassurai sur mon état en souriant encore, mais j'avais un très mauvais pressentiment que je ne pouvais pas expliquer.

Dès mon arrivée dans l'appartement, je ne pus m'empêcher de me connecter sur le Net à la recherche d'autres informations concernant les jeunes femmes disparues, mais j'avais déjà passé des heures à tenter de dénicher la moindre information supplémentaire. Je me retrouvai carrément à taper leurs noms en ajoutant des termes comme « porno », ou encore « prostituée » dans le moteur de recherche, mais je ne trouvai rien de plus. Je regardai encore les comptes de Jason sur les réseaux sociaux. Je n'en revenais toujours pas qu'il ait autant d'abonnés. Allison m'avait dit qu'il n'avait que très peu d'amis et cet homme était tellement mauvais et répugnant que je me demandai bien qui pouvait avoir envie de le suivre et pouvait s'intéresser à lui. Cette misérable créature avait plus de *followers* que certains acteurs oscarisés !

Ce n'est que quelques jours plus tard que j'obtenus enfin la réponse à cette question qui me tracassait.

Il n'y avait pas meilleur public que mes élèves, pour m'expliquer le fonctionnement des réseaux sociaux qui me dépassait totalement. Je leur demandai comment c'était possible qu'une personne puisse avoir plusieurs milliers de personnes qui la suivent sans être une personnalité connue. Elles m'expliquèrent qu'il existait une multitude de stratégies que des gens élaboraient pour être plus visibles et « gratter des *followers* ».

Les plus courantes consistaient à poster régulièrement des photos dénudées ou mettre souvent, voire tout le temps son compte en public.

Une élève dit gaiement : « Le sexe Madame, c'est LA base pour se faire connaître sur les réseaux sociaux ! » J'éclatai de rire en imaginant Jason mettre des photos nues de lui. Cette technique était certainement plus appliquée par la gent féminine. La seconde option n'était pas non plus envisageable, car son compte Instagram était en mode privé depuis que je le connaissais et je doute qu'il ait déjà mis son mur public, vu sa paranoïa. Elles ajoutèrent que la solution la plus rapide et efficace était d'acheter des *followers.* Je ne savais même pas que c'était possible et réalisai à quel point j'étais *has been* concernant les nouvelles technologies. Cette solution me semblait possible, mais cela m'étonnait qu'il soit prêt à dépenser un centime, simplement pour un compte virtuel.

Une élève me dit en partant : « Vous savez, il existe aussi le principe du *follow-unfollow* pour avoir un maximum d'abonnés. » Je ne compris pas et lui demandai de développer. Elle m'expliqua que cette technique consistait à s'abonner à un maximum de personnes, dans l'espoir que les autres s'abonnent en retour, puis de se désabonner.

Je souris en la regardant s'éloigner.

Cette dernière technique était complètement tordue, mais correspondait tellement à Jason. Je n'avais plus aucun doute quant à la façon dont il avait obtenu tant d'abonnés, alors qu'il n'avait aucun ami dans la vraie vie. Mais je ne comprenais pas pour autant quel était l'intérêt pour lui. J'avais la sensation de ne pas du tout connaître la personne qui avait partagé ma vie pendant des mois.

Cependant, même si j'avais l'impression que c'était un total étranger, je le connaissais assez pour savoir que tout ce qu'il faisait était méticuleusement calculé. Mon cerveau carburait à toute allure et j'épuisais toute mon énergie à tenter de comprendre par tous les moyens comment toute cette histoire de fou avait pu se produire. Je ne dormis presque pas cette nuit-là. J'avais encore passé des heures à faire des recherches sur ces femmes. C'était ma nouvelle obsession du moment.

Lorsque je réussis enfin à sombrer, je fus réveillée par d'atroces douleurs dans le ventre. Je courus aux toilettes et constatai que je saignais fortement.

Cela ne pouvait pas être mes menstruations.

Plus je paniquais, plus j'avais mal. Après m'être forcée à me calmer en inspirant et en expirant profondément, la douleur finit par disparaître, mais reprit de plus belle quelques heures plus tard. Je passai un coup de fil à mon amie Alexandra, qui s'était installée à Marseille depuis plusieurs années et lui fis part de ma crainte :

« Je sens que je vais perdre le bébé ! » m'écriai-je au téléphone. Mon amie était d'autant plus impuissante, qu'elle se trouvait à l'autre bout du pays.

Je maudissais la vie qui m'avait séparée de la plupart de mes amies qui étaient toutes parties vivre aux quatre coins du monde. Alexandra tenta de me rassurer par tous les moyens, mais me confirma ma crainte en entendant mes cris de douleur liés à d'atroces crampes pelviennes. Je l'entendis pleurer silencieusement à l'autre bout du fil, tellement elle se sentait mal de ne pas pouvoir être à mes côtés. Je préférai prétendre que je me sentais mieux tout d'un coup et raccrocher, car je refusais que mon amie se sente coupable de cette situation.

Plusieurs heures plus tard, c'est moi qui pleurais silencieusement adossée au radiateur du salon. Je n'avais même pas eu la force d'appeler les urgences ou de me rendre à l'hôpital et m'étais donc retrouvée seule. Désespérément seule dans la salle de bain à vivre cet évènement tragique et traumatisant pour une femme.

Quand j'avais compris que je perdais définitivement le bébé, j'avais simplement ressenti une profonde envie de disparaître avec lui.

Les larmes coulaient sur mes joues, mais je m'en fichais, plus rien n'avait d'importance. Je ne saurais même pas dire si je me sentais soulagée ou non, puisque je n'avais jamais vraiment trop su si je souhaitais garder cet enfant. J'avais la sensation étrange de n'être plus qu'un corps entièrement vide qui *flottait* dans l'appartement.

Je tournai la tête vers la cuisine et aperçus la bouteille de vodka qui m'avait déjà fait de l'œil quelques semaines plus tôt. Je me relevai difficilement et me servis un verre machinalement. J'allais pour le porter à mes lèvres, lorsque je jetai soudainement le verre contre le mur en hurlant.

Je m'écroulai ensuite au sol en me prenant la tête dans les mains et pleurai bruyamment pendant un temps qui me parut infini.

IV. La rédemption

J'entendis frapper bruyamment à la porte d'entrée et attendis quelques minutes que l'on frappe de nouveau, pour sortir du lit. Je voyais flou, car j'étais encore endormie. Un coup d'œil à mon téléphone portable : il était plus de seize heures. Je m'étais couchée tout habillée.

- Oh non ! soupirai-je, exaspérée, en ouvrant la porte. On ne peut jamais déprimer tranquillement dans cet appart' ?

- Tu l'as bien dit ! s'esclaffa Judith en forçant le passage pour entrer. Il y a du progrès déjà, tu es habillée ! constata-t-elle, en me regardant de la tête aux pieds, un grand sourire aux lèvres.

Je l'appréciais beaucoup, mais sa bonne humeur permanente m'exaspérait parfois. Elle était passée à plusieurs reprises ces derniers jours et avait râlé, car je ne prenais même plus la peine de m'habiller. La proviseure du lycée m'avait épargné une grosse quantité de convocations aux examens et les cours étaient déjà terminés. Je ne me rendais donc pratiquement plus au travail et passais mes journées à broyer du noir.

Je me plaignais parfois de mes élèves, mais je devais reconnaître que les petites terreurs me manquaient. Elles m'avaient permis de penser à autre chose ces dernières semaines, entre leurs frasques, leurs perles légendaires, mais surtout, parce que je les affectionnais beaucoup toutes ces gamines en pleine recherche identitaire.

Cela faisait maintenant cinq jours que j'avais perdu le bébé.

- Je refais juste une petite déprime, ça ne veut pas dire que je suis morte, grommelai-je.

- Petite déprime ? Claire, il est plus de seize heures, ton appart' est entièrement plongé dans l'obscurité et tu as une mine affreuse !

- Je viens tout juste de me réveiller ! protestai-je, en élevant la voix.

- Je ne comprends pas, je pensais que tu allais mieux. Tu m'as dit hier que tu avais remonté la pente. Judith ouvrit mes volets en grand dans le salon, avant de foncer dans la chambre dans le même but.

« J'imagine que ce n'est toujours pas facile, mais il faut vraiment que tu avances et que tu arrives à ne plus rechuter. »

- Ce n'est pas aussi simple, soupirai-je, tout en me laissant lourdement tomber sur le canapé. Mais ne t'inquiète pas, je vais bien malgré tout, souris-je tristement.

- Pourquoi tu ne veux tout simplement pas reconnaître que tu vas mal ?

Je lui expliquai que le plus dur à gérer pour moi était que la plupart des gens ne comprenaient pas pourquoi je n'avais pas déjà tourné la page.

J'avais eu ma mère au téléphone la veille qui s'était esclaffée : « Claire, ça fait plus d'un mois maintenant ! »

Quand je lui avais de nouveau dit que je voulais absolument vendre mon appartement et que j'en avais besoin pour avancer, elle compara maladroitement ma situation avec un cambriolage, en m'affirmant que c'était une décision stupide. Elle expliqua qu'après un cambriolage, on voulait aussi déménager au plus vite, mais qu'on pouvait très bien réapprendre à vivre dans son logement, sans avoir peur. Je m'énervai en lui disant que cela n'avait rien à voir.

Cela me dépassait qu'elle puisse mettre en parallèle un cambriolage avec mon histoire avec Jason.

Ce sale type ne m'avait pas uniquement menti et trahie. Il m'avait droguée à mon insu pendant des mois et avait manifestement projeté de me revendre à l'étranger !

Et j'avais également fait une fausse couche dans cet appartement.

Elle l'ignorait, mais moi je ne m'en rappelais que trop bien. Il m'arrivait de rêver que je prenais plusieurs comprimés de Jason, pour me permettre d'oublier cette tragédie, simplement pour quelques heures. On ne pouvait donc pas me reprocher de ressentir le besoin d'un changement radical dans ma vie et d'aspirer à un peu plus de tranquillité. Ces derniers temps, j'en étais venue à me poser tout un tas de questions existentielles, plus inutiles les unes que les autres, du type : En fait, pourquoi nous sommes là ? Quel est le but ? Est-ce que toute notre destinée est entièrement tracée dès notre naissance ?

Si c'était le cas, j'imaginais des petits lutins en train de rédiger avec soin la vie de chaque être humain.

Le petit lutin qui avait imaginé la mienne devait certainement être complètement bourré et défoncé aussi à la coke lors de la rédaction.

Je parlai de mes petits lutins à Judith qui éclata de rire, avant de dire sérieusement :

- Peut-être que tout n'est pas entièrement décidé quant à notre futur, mais je reste convaincue qu'il n'y a pas de hasard concernant les personnes qu'on croise tout au long de notre vie. Ce que Jason t'a fait est inhumain, mais je te garantis que tu comprendras un jour que ça ne t'est pas arrivé pour rien. Comme on dit, on apprend de nos erreurs.

- Tu comptes me sortir tous les dictons à la con pour me remonter le moral du type « Tout ce qui ne nous tue pas nous rend plus fort ? » plaisantai-je en souriant tristement.

Elle me serra contre elle dans le canapé et colla sa tête contre la mienne.

- Je viens de te faire sourire et pour moi, ça c'est déjà une victoire !

Je tournai légèrement la tête vers elle, avant d'éclater en sanglots. Elle resserra son étreinte avant de me chuchoter à l'oreille : « Je te promets que tu te sentiras mieux dans quelques temps, tu verras. Fais-moi confiance. »

Agathe avait vivement insisté pour que je sorte la rejoindre pour dîner avec des amies. Elles parlaient de la place des femmes dans la société actuelle, en se félicitant de l'évolution des mœurs, positive selon elles… et je n'arrêtais pas de secouer la tête en signe de désapprobation. Sandra fronça les sourcils en me regardant :

- Tu n'as pas l'air d'accord Claire. Pourquoi ?

- Tu trouves que la femme a une place plus importante qu'avant dans la société actuelle ? Qu'on nous laisse plus de libertés c'est ça ? résumai-je.

- Eh bien oui. Aujourd'hui, on a la chance d'être libres et indépendantes. Tu imagines que nos grands-mères ne pouvaient pas voter, ni conduire.

- Justement, on nous a tous formatés avec ces conneries de femmes libres. Et maintenant, les hommes ont le plein pouvoir. Dans leur tête, nous ne sommes plus du tout des petites choses fragiles, donc ils estiment qu'ils peuvent nous traiter n'importe comment, sous prétexte que nous sommes égaux ! Il y a un juste milieu entre ne rien pouvoir faire et tout gérer comme on le fait maintenant ! m'énervai-je.

- Comment ça tout gérer ? C'est quand même super aujourd'hui de ne plus devoir toujours compter sur un homme pour tout faire à notre place.

- Parce que pour toi, nos grand-mères étaient des bonnes à rien et c'était les hommes qui faisaient tout ? Aujourd'hui, tu crois sincèrement que les femmes sont mieux loties ? On nous demande de bosser comme des hommes, de faire le même nombre d'heures de travail par semaine, avec un salaire inférieur pour un poste équivalent ! Et on doit continuer de tout gérer : les enfants, la cuisine, le ménage… Tu parles d'une émancipation !

- Tu sais aujourd'hui, ce n'est plus comme ça. Il y a souvent une réelle répartition des rôles dans les tâches à effectuer au sein d'un couple, intervint Agathe.

- Ah bon, les hommes portent les enfants maintenant et ce sont eux qui se tapent les accouchements et les césariennes ? Je n'étais pas au courant que la science avait autant progressé, plaisantai-je.

- Je ne savais pas Claire que tu rêvais de faire la boniche à la maison pour ton mari, tout en dépendant de lui, ricana Sandra.

- Sérieusement, c'est toi qui me dis ça ? Je te rappelle que je bosse depuis que j'ai dix-neuf ans et que je n'ai jamais été au chômage de ma vie. Mais je tiens surtout à te rappeler que j'ai toujours vécu seule et que je suis restée des mois, voire des années, célibataire, parce que tu vois justement, je suis indépendante. Je n'ai pas nécessairement besoin d'un homme pour me sentir exister. Tu es bien plus dépendante que moi des hommes. Tu ne supportes tellement pas être seule, que tu préfères enchaîner des relations complètement futiles et sans lendemain, juste par peur de la solitude. C'est ça pour toi être une femme libre ?

- Je crois qu'en termes de relations foireuses, tu n'as pas tellement de leçons à me donner ! Et tu mélanges tout, soupira Sandra.
En voyant toutes les filles autour de la table me dévisager comme une bête curieuse, je me dis qu'il fallait peut-être que j'y mette un peu plus les formes.
- Mais non, je comprends ce que vous voulez dire. C'est vrai que les hommes aident plus leurs femmes, mais on ne peut pas nier que la mère s'occupe quand même plus des enfants et des tâches ménagères. Et à côté de ça, on vit dans une société où les femmes se doivent d'être toujours irréprochables. Je trouve juste qu'on nous en demande trop. Toutes ces choses auxquelles on a droit aujourd'hui, c'est sûr que c'est très bien. Mais on s'est quand même fait avoir par rapport à nos ancêtres, parce que les choses n'ont pas tellement changé finalement et c'est peut-être même pire. Le sexisme a toujours existé et existera toujours !
- Ok, là je te retire ton verre Claire. Tu déraillles complètement, fit Agathe.

Le lendemain en fin de journée, quelqu'un frappa bruyamment à ma porte.
- Pourquoi je te laisserais rentrer Agathe ? fis-je, en jetant un œil au judas optique.
- Parce que j'ai rapporté une bonne bouteille.
- Ok entre, soupirai-je, en ouvrant la porte.
Quelques minutes plus tard, nous étions assises dans le salon avec un verre de vin à la main.

- Qu'est-ce qui t'a pris hier soir Claire ? Tu te rends compte que tu as agressé tout le monde ? Et c'est quoi ce discours que tu nous as fait sur les femmes ?
- Laisse-moi tranquillement déverser ma haine sur le monde s'il te plaît. Ça me défoule et me fait un bien fou, répondis-je en m'étirant.
- On sait tous que tu ne vas pas très bien, mais tu y es allée un peu fort là quand même. On t'a proposé de sortir pour te changer les idées et parce que ça nous faisait plaisir de te voir. Ce n'était pas pour nous prendre des missiles en pleine tête toute la soirée.
- Je comprends, soupirai-je. C'était la guerre des tranchées hier. Je sais que je ne me suis pas exprimée correctement et ce n'était pas exactement non plus ce que je voulais dire. Tu sais, j'ai une vision des hommes qui est plus que déplorable en ce moment et je ne pense pas qu'on puisse m'en vouloir de ne plus leur faire confiance après ce qu'il vient de m'arriver. On peut dire ce qu'on veut, mais je pense sincèrement qu'à force de crier l'égalité des sexes, les femmes se sont fait blouser par les hommes. Je ne dis pas non plus que c'est simple aujourd'hui pour eux. Mais quand je vois le nombre de femmes autour de moi ou des amies d'amies, qui entretiennent des hommes qui ne font rien et profitent d'elles, ça me met hors de moi. Et c'est exactement ce qui s'est passé avec Jason ! Il y a quelques décennies, il n'aurait jamais pu duper des femmes comme il le fait actuellement. Les femmes ne seraient jamais restées avec un fainéant comme lui ! Aujourd'hui, on tolère

beaucoup trop la lâcheté des hommes et on en fait même une normalité.

- Tu es au courant que l'époque des hommes bien éduqués qui nous faisaient la cour pendant des semaines avant de nous épouser, est révolue ? demanda Agathe en rigolant.

- Oui et c'est bien dommage, déplorai-je. Maintenant, la plupart des femmes donnent tout dès le départ et c'est mathématique, ça ne peut pas fonctionner ! m'exclamai-je, en levant les mains au ciel.

- Tu penses vraiment que seuls les hommes se comportent mal dans la société actuelle ?

- Oh non, les femmes sont parfois encore plus fourbes et manipulatrices ! Mais on doit quand même reconnaître une chose. Tu connais ma passion dévorante pour l'histoire du Titanic. Je te demande juste de réfléchir à une chose. Si cette même catastrophe devait se produire aujourd'hui, crois-tu que les hommes céderaient leur place aux femmes et aux enfants en priorité ?

Je poursuivis, en voyant se dessiner une grimace d'incompréhension sur le visage de mon amie.

- Soyons honnête enfin ! Si cette histoire de canots de sauvetage manquants venait à se reproduire, ils nous jetteraient par-dessus bord pour sauver leur peau ! Au début du vingtième siècle, il n'y a donc pas si longtemps, les hommes rescapés, ont été considérés comme des lâches et ceux qui sont restés à bord du bateau, comme des héros ! Je ne te parle pas des officiers qui ont dû monter dans les canots pour naviguer, mais des hommes qui sont morts en *gentlemen* pour des femmes ! Au vingt-et-unième siècle, on peut déjà oublier ce genre d'acte de bravoure de la part des hommes ! Tu comprends où je veux en venir ?

- Pas vraiment, fit Agathe.

- On va faire plus simple. Combien de fois as-tu été projetée par des hommes contre la vitre de la porte du métro, quand celui-ci arrive à quai ?

- Ah OK, je comprends, fit-elle en riant. Je suis d'accord avec toi. Effectivement le respect de la femme a changé et pas dans le bon sens.

- Je ne dis pas que j'ai raison et mon raisonnement est sûrement un peu altéré, comme mon cerveau actuellement. Mais il faut reconnaître qu'il y a une part de vérité au moins dans ce que je dis. On nous fait croire que les femmes vivent mieux aujourd'hui, alors qu'on se sent de plus en plus dépassées par les évènements à en faire des *burnouts*. C'est certain qu'on a plus d'indépendance et c'est mieux, mais je déplore que les hommes soient devenus des lopettes. Ils se comportaient vraiment comme des hommes au moins auparavant. Maintenant, au moindre obstacle, ils tournent les talons et s'enfuient en courant.

- C'est sûr qu'aujourd'hui, nous travaillons beaucoup, mais au moins on peut être indépendantes financièrement.

- Oui, c'est pour ça qu'il a de plus en plus en de radins, me lamentai-je. Ce qui m'énerve, c'est que la société évoque souvent des femmes qui seraient matérialistes, surnommées les « michtonneuses », mais on oublie de préciser que ce phénomène touche également de plus en plus d'hommes.

Agathe haussa les épaules avant de consulter et de répondre à des messages sur son téléphone.

Je n'arrivais toujours pas à digérer que Jason passait tranquillement ses journées à ne rien faire, à part surfer sur le Net que JE payais, pendant que j'étais au travail comme une imbécile. Et quand je rentrais le soir, c'était moi qui faisais la cuisine et le ménage dans l'appartement. Il me faudrait du temps avant de pouvoir refaire confiance à un homme. Je devais relativiser et prendre de la distance sur ma mésaventure avec Jason, si je ne voulais pas finir seule et aigrie.

Je repensai à un homme très gentil et fou amoureux, avec qui j'étais sortie quelques années plus tôt. Cette relation de deux ans était la plus longue que j'avais connue. Il me traitait comme une princesse, à deux détails près : il était d'une radinerie absolue et hypocondriaque. J'avais fini par le quitter, après avoir fait tout ce qui était en mon pouvoir pour qu'il travaille sur ces deux défauts, qui empoisonnaient notre vie de couple. Il avait pourtant une situation financière très confortable, mais un centime était un centime et le hérisson qu'il avait dans sa poche près de son portefeuille, avait des pics beaucoup trop coriaces et pointus. Il n'y avait rien de plus humiliant après deux ans, que de devoir encore diviser par deux l'addition au restaurant.

Et toutes ces maladies qu'il s'inventait à longueur de journée et ces spécialistes qu'il consultait sans arrêt, m'avaient rendue littéralement dingue. Je pensai ensuite au Croate, à qui j'avais offert un voyage au soleil pour ses trente ans, alors que lui avait débarqué à Paris avec quelques spécialités culinaires de son pays pour mon anniversaire… un petit morceau de jambon et du fromage. Cela avait eu le don de faire beaucoup rire mes amis ainsi que ma famille. Avec lui, la radinerie avait atteint son paroxysme, surtout quand il avait eu le culot de me dire que ces aliments étaient d'une telle qualité, qu'ils avaient dû coûter plus cher que les billets d'avion pour venir à Paris.

D'aussi loin que je me souvienne, j'avais toujours eu des relations compliquées et chaotiques avec les hommes. Je n'en avais pourtant pas eu beaucoup, mais j'avais toujours été malheureusement attirée par des hommes psychologiquement tourmentés, et avares par-dessus le marché.

Quand j'étais enfant, je n'étais pas forcément toujours gentille avec les garçons qui me couraient après à l'école. À l'adolescence, j'avais aussi brisé quelques cœurs, si bien qu'un de mes petits-amis avait tenté de mettre fin à ses jours quand je l'avais quitté.

Je payais peut-être pour ces années durant lesquelles je ne m'étais pas très bien comportée avec les personnes du sexe opposé. Mais j'en arrivai à la conclusion que j'avais largement remboursé mes dettes sentimentales, lors de mes dernières relations toxiques. Je méritais enfin quelqu'un de bien.

Je levai les yeux vers Agathe qui pianotait toujours sur son téléphone.

« Je pense que j'ai ma place dans le Guinness des records dans la rubrique des pires relations de tous les temps. Mais crois-moi que le jour où je rencontre un homme qui me voudra vraiment et qui sera prêt à me le montrer sans être lâche, égoïste ou encore pingre, je serai prête à déplacer des montagnes pour lui. C'est certainement celui-là qui deviendra le père de mes enfants ! » affirmai-je, bien déterminée à ne plus jamais me faire manipuler par un homme.

Quelques jours plus tard, il était plus de quatorze heures et j'étais toujours allongée sur le lit dans la chambre, plongée dans l'obscurité. J'allumai une bougie et restai plus d'une heure à fixer l'ombre des flammes danser sur le plafond en écoutant Bruce Springsteen. Je me demandai encore combien de temps il me faudrait avant de faire le deuil de cette histoire. Toutes les informations de ces dernières semaines s'entrechoquaient en permanence dans mon esprit et me donnaient l'impression que ma tête allait exploser. J'avais perdu le goût de tout et n'avais envie de rien. Les messages et les appels s'accumulaient sur mon téléphone depuis des jours, mais je m'en fichais. Je ne souhaitais ni voir ni parler à personne, pas même mes amis.

J'avais l'impression d'être dans une autre dimension et que tout cela n'était pas réel.

Je pensais encore des semaines après que j'allais me réveiller et que Jason serait à mes côtés. J'avais envie de me mettre des claques quand je me rendais compte que sa présence me manquait. C'était rare et cela ne durait quelques secondes, mais c'était déjà trop à mon goût.

Je pensai à ces femmes que j'avais vues dans l'ordinateur de Jason.

C'était obsessionnel.

J'avais passé tellement d'heures à regarder des reportages, à lire des témoignages et des articles liés à la traite des êtres humains, des femmes et même des enfants.

Je me demandais comment il procédait pour les revendre, à qui, depuis combien de temps et comment il ne pouvait éprouver aucun remord.

Une absurdité qu'il m'avait dite me revint à l'esprit : « Si je devais violer tous les bébés du monde pour que ces articles faux me concernant sur le Net disparaissent, crois-moi, je le ferai sans état d'âme ! Tu crois peut-être que moi je n'ai jamais été violé ? On survit toujours, ne t'inquiète pas. Même après un tel choc. »

Beaucoup de ces propos auraient dû m'interpeller, mais ses inepties me paraissaient tellement invraisemblables, que j'étais persuadée qu'il exagérait ou plaisantait. Cela ne m'avait jamais traversé l'esprit qu'il pouvait les dire et surtout les envisager sérieusement.

Jason m'avait dit plusieurs fois qu'il avait souffert de violences morales et physiques, parmi d'autres abus. Il avait parlé d'électrochocs et m'avait montré des cicatrices sur son corps

« pour pouvoir devenir plus fort, s'habituer et apprendre à ne pas craindre la douleur, et à ne pas subir l'impact de celle des autres, ce qui pourrait affaiblir le cerveau humain », selon son grand-père. Il avait ajouté que ces actes se transmettaient de génération en génération et que je ne pouvais pas comprendre.

Jason avait affirmé que son grand-père utilisait les mêmes techniques à la CIA. J'avais récemment effectué des recherches à ce sujet et j'étais en effet tombée sur un certain nombre d'articles expliquant que ces techniques, parfois quelque peu discutables, avaient été employées par cette organisation. Un projet ressemblant fortement à celui que Jason avait décrit, avait eu lieu entre les années 1950 et 1970, mais aurait été arrêté en 1972, avant que l'on se rende compte plus tard qu'il existait toujours en 1977. Celui-ci aurait été définitivement arrêté en 1988. Jason étant né en 1985, il ne s'agissait pas d'une légende. Manipulation mentale et drogues en faisaient partie. Il se vantait aussi souvent d'être capable d'endurer une grande douleur physique si un jour on essayait de le faire parler.

Selon lui, la douleur physique était surtout psychologique. L'esprit était entièrement capable de contrôler le corps.

Il répétait souvent : "Les êtres humains sont trop émotifs et c'est ce qui crée souvent leur chute".

Cette phrase n'avait jamais eu autant de sens dans mon esprit qu'à ce moment-là.

Jason pouvait-il être un ancien enfant victime qui s'était transformé en bourreau ? Et est-ce que ces expériences menées sur des enfants, pour les rendre soi-disant insensibles à toute forme de douleur, pouvaient créer des monstres, dépourvus de tout sens moral ? Il avait probablement raison sur une chose, c'est que ces choses dépassaient probablement mon entendement. Je n'avais heureusement pas vécu cela et, par conséquent, je ne pouvais pas me mettre à sa place. Je pouvais seulement imaginer que je n'aurais probablement pas voulu répandre autour de moi le même mal que j'avais moi-même enduré.

Je réalisai tristement qu'à chaque fois qu'il semblait se confesser ou dire la vérité, j'avais naïvement cru qu'il plaisantait. Et à l'inverse, tout ce qui semblait normal chez lui n'était que mensonges.

Je fis un instant le parallèle avec la phrase culte, prononcée par le personnage Verbal Kint, à propos du démoniaque Keyser Söze dans un de mes films préférés, *« Usual Suspects » :*

« La plus belle des ruses du diable est de vous persuader qu'il n'existe pas. »

Je repensai aux tortures physiques qu'il avait dit avoir subies et qu'Allison m'avait confirmées.

Mais je crois que même si je n'avais pas échangé avec Allison ou trouvé de nombreux éléments concernant Jason sur le Net, j'aurais quand même su dire qu'il n'avait pas menti lorsqu'il parlait de son passé et de sa famille. Jason était ce qu'il était, mais il connaissait très bien les rouages du monde qui nous entoure.

Je ne pus que le constater deux ans plus tard. C'était impossible qu'il ait pu aussi bien me décrire avec autant de précisions le cauchemar dystopique qui commença à toucher toute la planète.

Un jour où nous parlions des religions, il m'avait assuré que nous étions dans le royaume de Lucifer, la Terre se trouvant au centre de l'Univers et lui, résidant dans le neuvième cercle de l'Enfer au centre de la Terre. Il avait ajouté que le but était d'éteindre la lumière que chaque être humain a en lui.
Je me demandai si Jason avait ne serait-ce qu'une étincelle de lumière en lui.

Il m'avait aussi parlé d'une colline et de la cité de Jérusalem, sous laquelle est creusé le gouffre de l'Enfer, en demandant : « Pourquoi crois-tu que les partisans du Nouvel Ordre Mondial veulent faire de Jérusalem la capitale de la planète ? »
Jason et son obsession pour un Nouvel Ordre Mondial à venir...
Cela me semblait très abstrait.
Cependant, j'avais directement repensé aux propos tenus en 2011 par le mondialiste Jacques Attali, notamment conseiller de l'ancien président de la République François Mitterrand :
« On peut rêver d'un Jérusalem, devenant capitale de la planète, qui sera un jour unifiée autour d'un Gouvernement Mondial. C'est un joli lieu pour un Gouverment Mondial. »

Quelques jours plus tôt, j'avais visionné une interview du producteur américain Aaron Russo, que Jason m'avait fortement recommandée, mais que je n'avais jamais pris le temps de regarder lorsque nous étions ensemble. Il m'avait assuré que cela m'aiderait à comprendre un peu mieux le monde dans lequel nous vivions, ce qui pourrait aussi me permettre de mieux le comprendre lui. Le talentueux producteur Aaron Russo avait réalisé cette interview en 2007, se sachant condamné par un cancer qui l'emporta six mois plus tard. Il avait décidé de révéler les échanges qu'il avait eus avec Nicholas Rockefeller, du temps où ils étaient amis. Il parlait des attentats du 11 septembre 2001, de la guerre contre le terrorisme, du CFR, d'une société d'hypercontrôle à venir, d'une réduction massive de la population… selon Rockefeller. Un sujet accapara notamment toute mon attention ; il s'agissait de l'imposture du féminisme selon Russo. Nick avait traité Aaron d'idiot quand ce dernier lui avait dit que l'émancipation de la femme semblait être une bonne chose.

Aaron repris ensuite les propos de Nick Rockefeller, qui avait déclaré qu'avant l'émancipation de la femme, on ne pouvait taxer que la moitié de la population… les hommes ! Et que le second point, était que désormais on pouvait scolariser les enfants plus tôt et influencer leur façon de penser, ce qui briserait leur famille. Les gamins considérant ainsi l'état, l'école et les responsables comme leur famille, et plus leurs parents. Tout cela aurait été mis en place par la famille Rockefeller.

Je repensai à cette dispute à ce sujet qui avait éclaté quelques semaines plus tôt avec mes amies… Cette interview confirmait quelque part mon analyse.

Plus j'écoutais Aaron parler, plus j'avais la sensation que c'était Jason que j'entendais, avec ce même entrain pour raconter ce qu'il savait inévitable. Enfin… c'étaient surtout les propos de Nick qui me faisaient penser à lui et son attitude visiblement cynique. Toutes ces stratégies de manipulation, cette puce RFID sous-cutanée dont Jason parlait souvent et surtout, ce même mépris envers les populations…

Lorsque Aaron semblait s'inquiéter de ce qu'il allait advenir du peuple, Nick lui aurait alors demandé avec audace : « Mais pourquoi t'en faire pour ces gens ? Qu'est-ce que ça peut te faire ? Prends soin de ta vie et de ta famille. Les autres sont insignifiants, ce ne sont que des serfs, des gens ! »

Il rit et ajouta : « Les gens sont tellement stupides, on peut faire tout ce qu'on veut ! »

« Les populations sont tellement crédules, on peut leur faire avaler n'importe quoi. »

En plus de toujours qualifier les personnes de « *putain de moutons aveugles stupides* », Jason avait déjà aussi prononcé ce même type de phrase.

Je me demandai s'il admirait finalement des individus comme les Rockefeller ou s'il les méprisait aussi.

Selon Jason, les populations étaient tellement individualistes et idiotes, qu'elles n'avaient que faire et ne voyaient rien de ce qui était réel.

Il avait mentionné le film *« Wag the dog » (Des hommes d'influence)*, à plusieurs reprises, en affirmant que ce n'était pas la fiction qui dépassait la réalité, mais bien l'inverse, contrairement à ce que beaucoup de personnes pensaient. «

Je visualisai de nouveau les femmes qui avaient croisé sa route…

Je me relevai d'un coup en soufflant sur la bougie. J'éteignis la musique et grimaçai en ouvrant les rideaux en grand, car le soleil m'éblouit.

Je n'avais pas le droit de m'apitoyer sur mon sort.

J'avais parfaitement conscience que dans mon malheur, je m'en étais plutôt bien sortie.

Il n'avait pas eu l'argent de mon appartement, ni celui de ma famille.

J'avais la chance d'être libre et de ne pas avoir fini je ne sais où, en tant qu'esclave d'un vieux pervers.

Ces femmes dans son ordinateur n'avaient pas eu ma veine.

Je n'avais peut-être pas pu les aider et me sentais toujours coupable de n'avoir rien fait, donc je leur devais au moins de profiter de cette liberté, dont l'horrible monstre les avait privée.

J'avais longuement hésité retourner encore au poste de Police, afin de leur donner les derniers éléments trouvés concernant Jason et ces infâmes trafics.

Mais les policiers avaient été déjà bien assez agressifs et persuadés pour certain, que j'étais sa complice. Ils n'avaient déjà pas réussi à gérer le vol d'un téléphone portable, donc leur parler de trafic humain me paraissait complètement insensé et une perte de temps. J'avais donc pensé à contacter la police de Los Angeles, dont le numéro était écrit sur un article qui accusait Jason de différentes fraudes sur le Net. J'avais récemment rencontré un avocat américain qui m'avait aussi déconseillé de contacter les autorités américaines, car je risquais d'avoir des ennuis.

J'avais fini par accepter que la fausse couche que j'avais faite, n'était peut-être pas un accident si terrible. Je n'étais pas nécessairement une personne fataliste, mais la vie me démontrait jour après jour que rien n'arrive par hasard. Je m'étais sentie terriblement responsable juste après, mais je n'avais rien fait de mal pour le perdre.

Je regardai le soleil à travers la fenêtre et ressentis l'envie de sortir. Mais je ne désirais pas voir mes amis, même si je les appréciais beaucoup et qu'ils avaient tenté de m'aider comme ils pouvaient.

J'avais envie d'autre chose, de rencontrer de nouvelles têtes.

Mais je préférais surtout passer du temps avec des personnes qui ne connaissaient rien de mon passé, car j'en avais assez d'être jugée ou d'attirer la pitié. Je souhaitais aborder d'autres sujets que Jason et j'éprouvais un besoin irrépressible de liberté.

Je me connectai donc encore sur le site recommandé par mon ami. J'avais discuté avec beaucoup d'hommes sur cette application, mais je n'avais jamais franchi le cap de la rencontre. Je décidai qu'il était temps d'oser me rendre à un rendez-vous avec un Américain, de passage à Paris.

J'enchaînai par la suite les soirées dans la capitale avec des étrangers souvent là pour des vacances ou pour le travail.

Il n'y avait rien de romantique dans ces rencontres, ni de sexuel.

J'avais besoin de me changer les idées et de faire la fête sans penser au lendemain et eux étaient ravis de partager du temps avec une personne locale, qui leur faisait découvrir des endroits de Paris qu'ils n'auraient jamais pu trouver seuls.

Je les emmenais généralement dans des bars ou à des soirées que je qualifiais *« d'anti-touristes »*.

Je connaissais des coins magnifiques sur des toits notamment, pour admirer les plus beaux couchers de soleil sur les différents monuments parisiens. Je ne sais pas par quel miracle je tenais le rythme, car j'allais parfois corriger encore quelques examens dès huit heures le matin jusqu'au soir et ressortais ensuite.

La plupart du temps, je ne parlais pas de Jason et esquivais le plus intelligemment possible les questions sur mon passé sentimental.

Il m'arrivait cependant parfois de dévoiler quelques informations sur cette histoire, mais cela éveillait systématiquement leur curiosité et les questions fusaient ensuite.

Je préférais donc ne pas y faire allusion.

En étant avec des étrangers tous les jours, j'avais l'impression de vivre dans un monde parallèle, en totale déconnexion avec la réalité. Je ne saurais pas vraiment expliquer ce qui me plaisait.

Était-ce de parler de nouveau anglais, d'avoir l'impression de voyager avec eux par procuration, ou de partager du temps avec de parfaits inconnus ?

Toujours est-il que j'allais de mieux en mieux.

Mais j'avais aussi conscience que j'évitais de me retrouver seule avec ma conscience. Je savais que seul le temps m'aiderait à oublier, alors je faisais tout pour qu'il passe plus vite. Et dès que j'avais un coup de mou, je repensai au conseil de Solène. Car à chaque fois qu'ils quittaient Paris, je me sentais terriblement mal.

J'avais fait la connaissance de deux Américains originaires de Chicago, qui restèrent durant trois jours à Paris. Je m'étais attachée à eux et c'était réciproque. Je les rejoignais tous les jours pour leur présenter de nouveaux endroits et leur faire apprécier la vie parisienne.

J'avais fini par leur raconter dans les grandes lignes mes péripéties de cette dernière année écoulée. Quand ils avaient dû rentrer aux US, je m'étais sentie de nouveau complètement seule. Je savais que je ne faisais que reporter l'explosion de la bombe qui sommeillait en moi. Mais toutes ces escapades nocturnes me permettaient de visiter des coins de Paris dans lesquels je ne m'étais jamais rendue, même après plus de dix ans passés dans la capitale.

J'avais raconté à mon frère ce que je faisais et il me conseillait régulièrement des lieux où aller, qu'il avait testés et approuvés avec ses amis. Il m'avait recommandé tout de même de rester vigilante, car il ne fallait pas que j'oublie que cette application était avant tout un site de rencontres.

C'est sûr que parfois, je tombai sur des hommes qui attendaient plus qu'une simple sortie à l'extérieur, mais je refusais toujours leurs avances. C'est pour cette raison que j'avais arrêté très rapidement de rencontrer des Français. Les premiers jours, j'en avais vu quelques-uns qui étaient très bien. J'avais eu la chance de tomber sur des hommes cultivés et intéressants, mais je n'avais absolument aucune envie de démarrer une nouvelle relation et les histoires sans lendemain ne m'avaient clairement jamais intéressée. J'étais trop passionnée pour ce type de relations, mais c'est surtout que je n'en ressentais absolument pas le besoin.

Les Parisiens étaient souvent plus dans l'optique de rendez-vous galants, alors je préférai stopper les rencontres, afin de ne pas leur faire perdre leur temps ou leur donner de faux espoirs. Il arrivait que certains soient insistants, alors j'avais deux options pour les faire fuir : leur faire croire que j'avais rencontré quelqu'un entre-temps ou leur raconter mon histoire avec Jason. Cette seconde option était d'une efficacité redoutable. Elle avait fait ses preuves avec un Islandais qui but son verre de vin cul sec, avant de prétexter un mal de tête pour partir.

Je ne comprenais pas tellement ce qui leur faisait si peur dans cette histoire. Jason ne risquait pas de surgir des buissons derrière eux pour les égorger. Il était bien trop lâche !

Ils me regardaient aussi comme une bête étrange, pensant certainement que je n'avais pas inventé l'eau chaude pour me faire avoir de cette manière par un homme.
Généralement, je ne leur disais pas que mon ex m'avait droguée.
J'avais déjà bien du mal à l'admettre moi-même et à l'accepter, donc je ne me voyais pas le dire à des inconnus. Mais c'est évident que si on m'avait dit qu'une recette miracle existait pour ne pas risquer de passer pour une folle en me confessant, j'aurais été preneuse.

Un soir, je rencontrai deux Anglais très extravertis avec qui je forçai tellement sur la bouteille, que je ne contrôlais plus ce que je faisais. L'un d'entre eux était marié, mais passa la soirée à me draguer. Il tenta de m'embrasser et juste avant de tourner la tête, je lui demandai : « Mais pourquoi tu fais ça ? Tu es marié ! Même si j'acceptais, ça ne servirait à rien, vu que tu repars à Londres demain. »
Il insista encore une fois, si bien que je lui décollai instantanément ma main droite sur la joue.
Il me demanda furieusement pourquoi j'avais fait ça.
Je lui répondis agressivement : « Parce que si j'étais ta femme, je rêverais que celle qui soit à ma place réagisse comme ça. »
C'est à ce moment-là que je réalisai que j'avais une véritable rage contre les hommes et que j'allais devoir travailler sur cette problématique.

Le lendemain matin, je me levai sur le parquet du salon, complètement trempée, avec une monstrueuse gueule de bois. Il me fallut bien quelques minutes, avant de me rappeler pour quelle raison je m'étais retrouvée dans cet état. J'avais perdu un pari stupide avec l'anglais marié et mon gage était de plonger entièrement habillée dans une fontaine d'eau de Paris. On pouvait me reprocher d'être inconsciente et totalement immature, mais certainement pas d'être une mauvaise perdante.

J'avais mal partout et mon dos me faisait atrocement souffrir.

Je partis dans la chambre pour me reposer quelques heures dans le lit.

Une fois bien calée sous la couette, je repensai à ces dernières semaines faites de sorties endiablées presque tous les soirs.

Je commençais à fatiguer et à me lasser.

J'avais conscience que le retour sur Terre serait compliqué et que je m'auto-détruisais aussi avec ce mode de vie qui n'était vraiment pas sain.

J'avais dit en plaisantant à Judith quelques jours plus tôt, que ma vie du moment consistait à manger, boire et faire la fête.

Cependant, je n'avais de nouveau plus envie de rien ce jour-là, à part de rester au lit à broyer du noir. J'avais la sensation d'avancer dans un tunnel sombre sans fin et sans aucune lumière à l'horizon.

Le soir même, on m'avait invitée à deux soirées. J'avais décidé d'aller à la crémaillère d'une amie et j'avais attendu cette date avec impatience. Mais je n'avais plus aucune motivation et j'avais le moral au plus bas.

La chaleur dans l'appartement m'abrutissait complètement.

Cela faisait plusieurs semaines qu'il faisait extrêmement chaud.

La canicule à Paris était un enfer, car il n'y avait pas un brin d'air.

Je repensai aux deux Américains de Chicago qui étaient rentrés aux US depuis une semaine. J'aurais bien aimé sortir avec eux ce jour-là. Je me rappelai avec mélancolie de la dernière nuit passée avec eux près de la tour Eiffel.

Machinalement, je me connectai à l'application pour discuter avec de nouvelles personnes. C'était devenu une habitude, presque comme se laver les dents après chaque repas.

Je m'arrêtai un instant sur le profil d'un Australien.

Il avait quelque chose dans le regard qui m'intriguait sur ses photos.

Il était magnifique, mais ne ressemblait absolument pas à l'Australien typique, blond, surfeur aux cheveux longs. Je me doutais bien qu'ils n'étaient pas tous comme ça, mais j'avais ce stéréotype en tête. Après quelques échanges, il me proposa de prendre un verre avec lui et deux de ses amis, car ils voyageaient ensemble.

Je ne saurais pas expliquer réellement pourquoi, mais mon instinct me dit de le rejoindre.

Je me fiais beaucoup à lui ces derniers temps. Et je n'étais pas du tout prête à me retrouver à une soirée avec beaucoup de monde.

Je savais aussi qu'on allait me poser des questions sur mes mésaventures avec Jason. Je décommandai donc ma venue à la crémaillère de mon amie.

En fin de journée, je dus tout de même me faire violence pour sortir du lit, afin de me laver et me préparer. J'avais autant envie d'y aller que de me pendre, mais je me forçai, car je savais c'était le seul moyen pour ne pas m'effondrer. Il était très tard quand je me décidai enfin à sortir, mais cela ne me dérangeait pas, *j'avais toujours été un oiseau de nuit.*

Sur le trajet, je réalisai que je vivais totalement dans une bulle depuis plusieurs semaines.

Je ne sortais plus dans la rue sans mes écouteurs vissés dans les oreilles.

Je ne voulais finalement plus entendre les bruits de la vie quotidienne.

J'étais pourtant habituellement de nature très joviale et sociable.

Je marquais souvent les esprits par mon franc-parler et mon dynamisme, et on me disait régulièrement que je pourrais presque faire parler un mort.

Je transformais régulièrement des salles d'attente silencieuses et bondées en espaces de discussion, où je blaguais avec tout le monde.

Mais j'étais dans une période sauvage où je ne voulais plus que les gens me parlent, ni même me regardent. J'écoutais la musique à fond et étais totalement indifférente aux gens autour de moi.

Je les regardais sans vraiment les regarder.

C'était comme si j'étais passée d'un rejet de l'humanité à un désintéressement total.

En arrivant dans le restaurant, je reconnus le bel Australien brun des photos. Ses amis étaient blonds et se rapprochaient beaucoup plus physiquement, de l'idée que je me faisais des habitants de ce continent. Les trois étaient beaux garçons, mais j'avais clairement une préférence pour le grand brun.
Deux minutes après, ce fut pourtant la catastrophe.
Ils commencèrent à parler et là… je me demandai si c'était moi qui avais un problème, car je ne comprenais absolument rien à ce qu'ils disaient.
Nous aurait-on menti ?
Les « Aussies » ne parleraient donc pas anglais, mais une langue qui s'en rapproche simplement ?
Je repensai au Premier ministre britannique Winston Churchill, qui avait qualifié l'accent australien de *« maltraitance la plus brutale qui ait jamais été infligée à la langue maternelle des grandes nations de langue anglaise »*.
J'avais également lu des articles qui affirmaient que leur accent était influencé par l'alcoolisme des premiers colons. Il était tellement différent de celui des Américains et des Anglais avec qui j'avais plus l'habitude d'échanger. Je me demandai donc un instant si je n'allais pas me lever et partir. Je ne voyais pas l'intérêt de passer une soirée avec des personnes avec qui je ne pouvais pas dialoguer. Mais je me ravisai, car ce n'était pas très gentil pour

eux de partir, après seulement deux minutes et l'image des Français reposait sur mes épaules, alors je restai en espérant que ce moment de solitude se termine rapidement.

Finalement, je m'habituai progressivement à leur accent, même si je ne comprenais pas toujours tout ce qu'ils disaient.

Ils étaient arrivés la veille dans la capitale et repartaient le lendemain matin.

Ce fut l'une des premières fois que je suivis des étrangers dans des bars, sans les guider dans des endroits que je connaissais à Paris.

En fin de soirée, lorsque le beau brun, Alexander, se pencha pour m'embrasser, je ressentis une décharge électrique. Je n'avais clairement jamais connu ça, même avec le Croate ou encore Jason, à tel point que quelques jours plus tard, je le rejoignis à Lisbonne où il était seul.

Les vacances d'été commençaient tout juste et j'avais vraiment envie de le revoir. Cet homme m'avait complètement fait oublier Jason. Mes cauchemars avaient enfin cessé depuis que je l'avais rencontré à Paris et je pensais souvent à lui. Je dois reconnaître que j'étais subjuguée par lui. Il était certainement l'un des plus beaux hommes que je n'avais jamais vus. Mais ce n'était pas que physique, il avait ce je ne sais quoi qui m'attirait comme un aimant. Il m'impressionnait tellement, que j'avais la sensation de totalement m'infantiliser à son contact.

C'était comme si j'avais quinze ans et deux couettes, tout d'un coup.

Je n'étais pas non plus très à l'aise, car j'avais pris plus de dix kilos en un an.

Je ne savais pas si c'était dû aux drogues que Jason m'avait fait prendre à mon insu ou au stress, mais c'était compliqué d'accepter ce nouveau corps, auquel je n'étais pas habituée.

Avant de partir, j'avais constaté que je ne rentrais plus dans la plupart de mes vêtements et que ceux-ci ne servaient plus qu'à décorer ma penderie. Cela me perturbait, car j'aimais déstabiliser les hommes.

Mais avec l'Australien, ce n'était pas possible, car c'était le genre d'homme avare de compliments, qui préférait encore se faire verser de l'acide dessus que de faire un éloge à une femme.

Et je voyais bien ces derniers temps, que mes réactions n'étaient plus comme avant. Cette histoire avec Jason m'avait changée et je ne comprenais pas toujours mon attitude, comme cet Anglais que j'avais giflé à Paris.

J'avais toujours été attirée par des hommes qui faisaient très gentlemen. Cependant, Alexander était beaucoup plus rustre et la délicatesse était un concept qui lui était foncièrement étranger.

L'humour était l'une de mes armes de prédilection pour dédramatiser toute situation, mais je ne pouvais guère en user avec lui, car il était très taciturne.

Je sentais aussi parfois qu'il me prenait pour une imbécile, car mon anglais n'était pas parfait et mon vocabulaire limité. Mais il était très gentil et j'avais besoin de calme. Sa présence m'apaisait et j'étais bien avec lui. Je me sentais en paix et beaucoup moins agitée.

Sa *« no worries attitude »* tranchait littéralement avec mon côté pile électrique.

J'étais habituellement tellement *speed* et hyperactive, si bien que j'avais dû me défendre pendant des années auprès de plusieurs personnes qui étaient persuadées que je prenais de la coke, alors que je n'y avais jamais touché.

Je savais toutefois que la venue d'Alexander en Europe était éphémère et qu'il allait devoir rentrer chez lui, à plus de seize mille kilomètres.

On dit souvent sans vraiment réfléchir qu'il faut profiter de chaque seconde que la vie peut nous offrir. C'est exactement ce que je fis à ses côtés. J'appris à apprécier de nouveau les choses simples, comme prendre un verre en terrasse.

J'appréhendais tellement le dernier jour avec lui et ce moment où il devrait reprendre un avion pour un autre pays. À ce moment-là, j'aurais été capable de le suivre n'importe où, tellement j'étais terrorisée à l'idée de vivre encore des journées enfermées dans le noir.

Je souhaitais surtout définitivement fuir mes responsabilités et l'autre bout du monde me semblait être une bonne alternative.

Quand l'heure du départ d'Alexander arriva, j'eus ce sentiment d'impuissance que je détestais et que je ne connaissais que trop bien. Je l'avais tellement ressenti à chaque fois, quand j'étais à l'aéroport en Croatie et aussi quand Jason devait repartir pour ses soi-disant missions.

J'avais beau avoir expérimenté maintes et maintes fois ce sentiment, il était toujours aussi douloureux.

C'était même encore plus violent cette fois, car je savais que je ne le reverrais probablement jamais.

La providence ne fait pas toujours bien les choses et je déteste les adieux, alors ce fut très bref.

Je rentrai à l'appartement où nous logions avec Alexandra, mon amie de Marseille, et la retrouvai sur la terrasse, avec une autre amie qui vivait à Lisbonne. J'avais convaincu Alexandra de m'accompagner dans cette ville, car nous avions parlé quelques semaines plus tôt de nous y rendre, mais n'avions finalement rien réservé.

Quand Alexander m'avait dit qu'il y passait plusieurs jours, nous en avions discuté et avions tout réservé en dernière minute. Nous restions encore cinq jours de plus au Portugal ensemble.

J'étais tellement épuisée et contrariée en arrivant, que je me laissai tomber sur une chaise de la terrasse et éclatai en sanglots, sous l'air abasourdi de mes amies.

Elles me proposèrent de dîner avec elles, mais je n'avais presque pas dormi ces derniers jours, alors je préférai aller me coucher.

En m'éloignant, j'entendis Alexandra dire : « J'espère que ça va aller. Elle fait un peu n'importe quoi en ce moment, j'ai du mal à la reconnaître. »

Durant les jours qui suivirent, Alexandra me répéta à plusieurs reprises combien elle s'inquiétait pour moi. J'étais entrée dans une période d'inconscience et d'indifférence extrême et apparemment alarmante d'après mon amie. Je me foutais royalement de tout.
Je cassais l'écran de mon téléphone par terre ? Pas grave.
Je tombais et m'entaillais une partie du bras ? Pas grave.
Je déchirais une de mes plus belles robes par inadvertance ? Pas grave.
Je perdais mon bracelet préféré ? Pas grave.
Je me faisais voler quatre-vingts euros dans mon sac en soirée ? Pas grave.

Ce soir-là, mon amie cria, en pleurant et me poussa contre un mur : « Mais enfin, réveille-toi, je ne te reconnais plus ! On dirait que tu es morte de l'intérieur ! Je vois que tu vas tellement mal et j'ai l'impression que je ne peux rien faire ! »

Nous rentrâmes ensuite à Marseille où je devais encore passer quelques jours. Lors d'une soirée arrosée, je m'endormis aux côtés de Maxime vers six heures du matin.
Il me réveilla une heure plus tard : « Claire, un petit remontant contre la gueule de bois ? »
Je pris le verre et le bus cul sec, avant de lui recracher au visage : « Putain, de la vodka pure à sept heures du matin ! Tu es sérieux ?! »

Il me regarda d'un air sincèrement navré : « Ah merde, tu préfères peut-être une coupe de champagne ? Attends, je vais t'arranger ça. »
Je lui criai de laisser tomber, quand il me fit signe de me taire et de le rejoindre au salon.
Alexandra et son copain dormaient dans la chambre juste à côté.

« J'aimerais bien qu'on parle tous les deux. » fit mon ami, d'un air grave.

Nous échangeâmes un long moment au sujet de Jason et du fait que je trouvais que plus rien n'avait d'importance. Je lui expliquai que j'avais appris à relativiser et que je pensais souvent à ce que ma vie aurait pu être si j'avais eu le malheur de le suivre dans un autre pays.
Il me questionna ensuite au sujet de mes relations avec les hommes.
- Tu sais, je suis peut-être chiante et compliquée, mais je préfère de loin une relation tumultueuse, que d'être un jour comme tous ces couples qui ne s'aiment plus et ne sont plus heureux, mais qui restent ensemble par habitude et simplement parce qu'ils ont la hantise d'être seuls. Quand je vois certaines femmes de mon âge qui se sont mises en couple très jeunes et qui aimeraient quitter leur conjoint, mais qui ne le font pas parce qu'elles ont eu des enfants avec, c'est sûr que ça ne donne pas envie d'une vie à deux, reconnus-je

- Sois honnête Claire, tu as surtout peur d'une relation sérieuse et tu es terrifiée à l'idée de t'engager avec un homme. Tu redoutes de perdre ton indépendance.
- Tu dis n'importe quoi ! me vexai-je. Le dernier homme que j'ai rencontré me plaisait vraiment et j'aurais pu le suivre à l'autre bout du monde, s'il me l'avait demandé ! Mais il ne voulait pas de moi, c'était un coup de foudre à sens unique et on ne peut pas forcer les gens à tomber amoureux.
- Tu pensais véritablement qu'il allait t'emmener dans sa valise, après seulement quelques jours ? se moqua-t-il.
- Eh bien, un Australien qui rentre chez lui, en se vantant de tous ses plans d'un soir de sa tournée en Europe, ça n'a rien d'exceptionnel ! En revanche, un Australien qui ramène une Française dans sa valise, ÇA c'est la classe ! rétorquai-je, en plaisantant.
- Tu peux te cacher derrière ton humour si tu veux, mais on sait tous les deux ce qu'il en est. Tu es allée rejoindre ce type au Portugal, pour les mêmes raisons que tu as continué cette relation toxique avec ton connard d'Américain. Je te connais depuis assez longtemps maintenant pour comprendre. Tu te lances toujours dans des relations compliquées, voire impossibles, non pas parce que tu es stupide ou masochiste, mais parce que je le répète, tu as une peur bleue de l'engagement ! Tu parles d'un futur avec ces personnes, simplement pour te convaincre que tu en as envie, mais au fond de toi, tu es juste une petite fille complètement apeurée.

- Ton raisonnement est ridicule ! Ce n'est pas parce que j'essaye de faire fonctionner des histoires compliquées, que ça signifie forcément que j'ai peur de m'engager ! m'emportai-je.

- Mais enfin arrête ! Tu ne t'accroches pas parce que c'est compliqué ! Tu t'accroches parce que c'est illusoire et tu le sais très bien, s'énerva à son tour mon ami. Quand je suis venu à Paris et qu'il m'a évité, tu savais déjà que quelque chose ne tournait pas rond avec ce gros con ! Ces types habiteraient en France, tu ne les regarderais même pas ! Comment tu expliques que tous les hommes que tu as rencontrés ici, tu les as quittés dès qu'ils ont commencé à te parler de projets sérieux, comme s'installer ensemble ?

- Je sais à qui tu fais allusion, mais c'est n'importe quoi. Quand je l'ai quitté, ça n'allait déjà plus pour un tas de raison.

- Et celui que tu as largué dès qu'il a commencé à te parler mariage, lui aussi tu vas me dire que ça n'allait déjà plus avant ? Sois juste honnête ! s'écria Maxime, exaspéré. Je ne dis pas ça pour te faire du mal, je veux simplement que tu ouvres les yeux sur ta réelle motivation concernant tous ces étrangers que tu rencontres.

Les larmes commençaient à monter.

Mais qu'est-ce qu'ils avaient tous avec cette phobie de l'engagement ?

Le psy m'avait tenu exactement le même discours avant mon départ pour Lisbonne.

D'après lui aussi, je fantasmais sur des histoires irréalisables, par peur de vivre avec un homme.

Il m'avait mise face à la réalité, en me rappelant que je n'avais jamais été en concubinage et que je redoutais de perdre ma liberté.

Je finis enfin par admettre : « Disons que j'ai du mal à concevoir que l'homme et la femme soient réellement faits pour cohabiter ensemble. Je pense que l'idéal, même le jour où on a des enfants, ce serait d'avoir deux maisons ou appartements adjacents, avec une petite porte entre les deux, pour que l'enfant puisse naviguer à la fois chez son papa et chez sa maman. »

Maxime éclata de rire, avant de me serrer dans ses bras et m'embrasser sur le front : « Je te souhaite vraiment de trouver la paix ma chère amie, parce que tu le mérites. »

Je nuançai toutefois mon discours en admettant : « Tu sais, malgré tout, je dois t'avouer que j'en ai un peu marre de la solitude. J'ai tellement erré toutes ces dernières années dans des aéroports et des gares désespérément seule, que je commence enfin à penser qu'un compagnon de route, ce serait peut-être bien aussi. »

Je ne vis pas la seconde partie de l'été passer.

J'avais rejoint ma famille à la Baule et avais beaucoup appréhendé d'y retourner, car je ne voulais pas que les souvenirs de mon été avec Jason refassent surface.

Bizarrement, je me suis sentie soulagée, et passer du temps avec mes proches m'avait aidée dans ma quête de paix et de guérison.

Un fantôme du passé était rapidement venu me hanter en tentant de m'ajouter sur Instagram. Le père de Jason devait probablement être aussi déjanté que son fils pour penser que j'accepterais sa demande.
Une thérapie familiale ne leur ferait sûrement pas de mal, mais c'était le cadet de mes soucis.
J'étais dans l'attente de réponses, après avoir postulé aux quatre coins du monde.

Un mois plus tard, je devais quitter mon appartement qui avait été rapidement vendu après sa mise sur le marché. Je stressais, car je n'avais aucune idée de l'endroit oùje serais d'ici quelques semaines.
La sonnerie de mon téléphone me sortit un instant de mes pensées. C'était la personne qui était en charge du dossier de Jason au commissariat.
- Je voulais savoir si vous aviez des nouvelles ? demanda-t-elle.
- Pardon ? *Vous* me demandez si *c'est moi* qui ai des nouvelles ? Vous ne pensez pas que c'est plutôt à moi de vous poser la question ? répondis-je, sidérée par sa question, que je trouvais complètement stupide.
- Je ne sais pas, il aurait très bien pu vous recontacter. Non, de mon côté je n'ai rien. Vous savez, c'est compliqué, car c'est un étranger. Mais je n'ai aucun doute que nous finirons par l'avoir et l'arrêter.
Je n'en revenais pas du culot de cette femme.

Je savais pertinemment pourquoi elle me contactait.

La dernière fois que je l'avais eue en ligne, c'était peu de temps avant mon départ pour Lisbonne.

Elle m'avait raccroché au nez à plusieurs reprises, prétextant avoir trop de travail.

Lorsque j'avais enfin réussi à accaparer un minimum son attention pour lui demander gentiment où ils en étaient concernant mon dossier, elle m'avait violemment aboyé dessus, en me disant que le commissariat n'allait pas s'arrêter de tourner pour mon *« affaire de cœur »*.

J'étais tellement choquée que je l'avais raconté à une amie qui m'avait appelée juste après cette discussion.

Sa meilleure amie qui était commissaire dans un commissariat voisin, avait donc contacté cette femme, en lui demandant de me rappeler plus calmement. Elle avait assuré qu'elle le ferait… deux mois plus tôt. Je commençais donc sacrément à en avoir par-dessus la tête de cet hôtel de police composé d'incapables, qui perdait les documents officiels et décrétai qu'il était temps de le leur faire savoir.

« C'est évident que s'il m'avait recontactée, je ne serais pas restée tranquillement chez moi en sirotant une Margarita et en attendant votre appel. Donc, non, je n'ai eu aucune nouvelle et je ne suis pas étonnée que vous n'ayez rien de votre côté non plus, puisque vous et vos collègues n'en avez strictement rien à foutre depuis le début. Vous n'avez même pas levé le petit doigt pour faire avancer un minimum cette affaire. Avez-vous au moins contacté les personnes dont je vous avais communiqué les coordonnées et qui connaissent Jason ? »

J'entendis sa respiration saccadée dans le téléphone pendant une dizaine de secondes. Elle ne devait certainement pas avoir l'habitude qu'on lui réponde de cette façon, mais leur négligence et leur manque de professionnalisme me rendaient folle.

« Mais si, nous avons tenté de les appeler pour les convoquer, mais ils ne répondent pas ! » s'écria-t-elle.

Je restai perplexe quelques secondes avant d'éclater de rire nerveusement et lui balancer : « Non, mais votre commissariat est juste une énorme blague, vive la justice française ! Vous avez *tenté* de les appeler et ils ne répondent pas ! Comme c'est étonnant tiens, je ne comprends pas pourquoi. Un mec qui est recherché partout pour de multiples escroqueries, qui trempe dans du trafic de drogues et d'êtres humains, c'est évident qu'il attend sagement près de son téléphone que la police l'appelle pour discuter avec ! Vous vous rendez compte des aberrations que vous osez me dire là ?! Donc demain, je tue mon voisin de palier et je ne risquerais rien si je m'enfuis et ne réponds pas au téléphone par la suite ?! Et ça s'est passé il y a quatre mois, ça fait belle lurette qu'il a dû prendre la poudre d'escampette pour je ne sais quel pays. Il est probablement retourné en Afrique, il sait qu'il ne risque rien là-bas. Merci de ne me rappeler que quand vous aurez quelque chose d'intéressant à dire, parce que là, vous me faites juste perdre mon temps ! » Je raccrochai brutalement sans lui laisser le temps de réagir.

Je savais que je ne l'aurais plus jamais au téléphone.

Et avec le déménagement qui approchait, j'avais tellement de choses à préparer et je ne tenais pas à laisser le passé revenir frapper à ma porte.

J'avais tout fait pour avancer au mieux et reprendre une vie normale. Je descendis rapidement chercher le courrier et remontai le déposer, avant de me rendre au rendez-vous fixé par le notaire, pour signer la promesse de vente de mon appartement.

Dans la précipitation, je jetai toutes les enveloppes sur le bar de la cuisine et ne vis pas, une enveloppe kraft beige, glisser derrière le meuble.

Deux jours avant de déménager, je regardai les cartons dans le salon en sentant une réelle libération. J'avais souvent affirmé auprès de mes amis que cet appartement était maudit et qu'il regorgeait d'ondes négatives.

Quelques jours plus tôt, j'avais dû me rendre en urgence à l'hôpital, à cause d'une infection que j'avais contractée en touchant un cactus par accident.

J'avais dit à Kate, qui était de retour en France : « Tu vois, c'est le dernier coup bas de mon appartement avant que je le quitte ! Je suis sûre que tout ira beaucoup mieux une fois que je serais partie. »

Le chirurgien qui m'avait opérée, avait annoncé gaiement : « Dans votre malheur, vous avez eu de la chance, car cela aurait pu être pire. Si vous étiez venue seulement quelques heures plus tard, il aurait fallu qu'on vous ampute le doigt ! »

J'avais levé les yeux au ciel et répondu en riant : « Vous n'avez pas idée du nombre de fois où j'ai pu entendre que j'avais eu de la chance dans mon malheur ! »

Je vivais dans ce logement depuis plus de dix ans, mais je ne ressentais aucune once de tristesse ou de mélancolie. Cela représentait simplement la fin d'un cauchemar qui avait duré des mois. Les commerçants du coin et mon gardien allaient me manquer, car j'avais pris mes habitudes dans ce quartier, mais cette vie trop sédentaire ne me convenait plus.

J'avais envie d'autre chose, sans savoir encore réellement quoi. Je me penchai pour attraper les ciseaux par terre et ainsi commencer à préparer les cartons de la cuisine, lorsque j'aperçus une enveloppe au loin contre le mur derrière le bar. Il y avait simplement mon nom et prénom écrits dessus. Je l'ouvris et découvris avec stupeur deux photos. Je les regardai seulement quelques secondes, avant de les laisser tomber sur le sol de la cuisine et de sortir en courant.

Je me ruai dans la loge du gardien avec l'enveloppe dans la main, mais le gardien habituel était en congé maladie depuis un moment et je me retrouvai face à un jeune homme, qui ne parlait presque pas français.

« S'il vous plaît, j'ai vraiment besoin de savoir si vous avez vu une personne déposer cette enveloppe dans ma boîte aux lettres ? Et si c'est le cas, pouvez-vous la décrire ? » implorai-je, affolée.

Après un échange compliqué, je compris qu'il ne devait pas se trouver dans le secteur quand cette enveloppe avait été glissée dans ma boîte.

Au moment où je quittais la pièce, il demanda : « Vous êtes sûre que tout va bien Madame ? Vous ne semblez pas aller bien. Qu'y-a-t-il dans cette enveloppe ? »

Je souris tristement en m'éloignant et en lui donnant la seule réponse qui me vint à l'esprit : « Laissez tomber, oubliez ce que je vous ai demandé. Vous ne me croiriez jamais de toute façon ! »

De retour dans l'appartement, je me précipitai aux toilettes pour vomir.

Je m'adossai ensuite contre un meuble de la salle de bain en soupirant et en me prenant la tête dans les mains.

Jason, décidément, tu m'auras tout fait.

C'était lui sur les photos.

Jason apparaissait dans une marre de sang.

Qui avait bien pu m'envoyer ces images grotesques de son corps ?

Je retournai dans la cuisine et attrapai les photos d'une main tremblante. Elles semblaient si réelles, mais je ne sais pas pourquoi, je n'y croyais pas une seconde. J'étais persuadée qu'il était toujours en vie et qu'on voulait simplement me faire croire qu'il était décédé. Je m'inquiétais surtout de savoir s'il était venu jusque chez moi.

Je pensai à Téa, à qui j'avais envoyé un très long message au début de l'été. Navid m'avait donné son numéro et je lui avais raconté tout ce que Jason avait fait, sans réellement savoir si elle le couvrait ou non.

Je lui avais notamment écrit que Jason prétendait posséder les mines qui lui appartenaient et qu'il n'était absolument pas à Los Angeles quand il prétendait l'être.

Cela m'avait libérée d'un poids et je lui avais aussi écrit ce que Jason disait au sujet des personnes de couleur.

Peut-être n'aurais-je pas dû et ces photos étaient simplement la conséquence de mon message.

Mais je ne croyais toujours pas que ces photos puissent être réelles.

Téa s'était contentée de m'envoyer des émoticônes horrifiées, ainsi qu'un simple « Merci Claire de m'avoir prévenue. » en guise de réponse.

Cela n'avait fait que confirmer qu'elle le protégeait et ne cesserait pas de le faire, autrement elle m'aurait appelée pour me poser plus de questions.

Cette femme était la sœur d'un ancien président d'un pays d'Afrique, elle pouvait aussi largement décider d'en finir avec lui.

Cela ne me faisait ni chaud ni froid de savoir qu'il aurait pu se faire tuer.

Au moins, il ne ferait plus de mal à qui que ce soit.

Je me félicitai et remerciai un instant le grand patron dans le ciel, d'avoir la possibilité de quitter deux jours plus tard cet horrible appartement, que j'avais partagé avec lui une année.

J'étais en train de m'endormir dans la baignoire, quand j'entendis sonner à la porte d'entrée.

C'était ma voisine qui me proposait de passer chez elle pour l'apéritif. On avait pris l'habitude de régulièrement se voir en début de soirée pour prendre un verre ensemble.

Et quand l'une avait le moral un peu en berne, la seconde avait pour mission de la requinquer, en lui donnant un maximum d'énergie positive.

Je lui dis à travers la porte que je la rejoindrais d'ici une trentaine de minutes, le temps de me préparer.

J'appréciais beaucoup mon nouvel appartement. L'insonorisation était bien meilleure que dans l'ancien et c'était vraiment sympa et agréable d'y vivre.

Très peu de personnes avaient ma nouvelle adresse. Je ne l'avais donnée qu'aux personnes en qui j'avais entièrement confiance.

Mes demandes d'emploi à l'étranger avaient été un véritable échec, car je m'y étais prise trop tard, mais je me consolais avec l'idée de retenter ma chance dans quelques mois.

J'avais cependant eu une opportunité, que j'avais préféré décliner au dernier moment, car j'avais encore finalement quelques dernières choses à régler à Paris.

Il m'avait fallu beaucoup d'années avant de me réconcilier avec cette ville, que j'avais longtemps détestée.

Je passais mon temps à courir sans arrêt depuis que j'y habitais et étais toujours dans un véritable état de stress. Mais le temps m'avait appris à relativiser beaucoup de choses et à prendre un peu plus de temps pour moi. Je voulais surtout me poser les bonnes questions et ne pas partir dans tous les sens comme ces derniers mois.

Il était temps de savoir ce dont j'avais vraiment envie.

J'avais pris la décision de faire plusieurs voyages durant cette année, afin de me retrouver. J'avais d'ailleurs réservé mes billets pour rendre visite à Judith en Polynésie quelques semaines plus tard. J'avais même longuement envisagé de prendre une année sabbatique pour effectuer ces voyages, mais avais finalement changé d'avis. J'avais toujours cette attirance pour les pays étrangers, mais j'avais décidé de ne plus vivre cette envie d'ailleurs par procuration.

Cela faisait presque un an que j'avais découvert mes affaires empaquetées dans des cartons, en rentrant du mariage de ma sœur.

Il s'était passé tellement de choses depuis cet épisode !

J'avais pratiquement arrêté toutes mes sorties nocturnes après l'été, même si par la suite j'avais encore parfois été rattrapée par mes vieux démons. Plusieurs hommes m'avaient cependant refroidie, car ils m'avaient littéralement harcelée après les avoir rencontrés.

J'avais décidé d'arrêter définitivement, après qu'un goujat ait jeté un billet sur la table pour payer sa consommation, avant de me planter seule au milieu d'un restaurant en pleine nuit.

J'avais refusé de le suivre à son hôtel.

J'avais longtemps gardé l'Australien dans mon esprit. J'avais tenté de le recontacter, mais ses réponses étaient toujours très brèves. Alexander était encore moins bavard à l'écrit qu'à l'oral. Il était rapidement passé à autre chose, surtout qu'il m'avait clairement dit être un homme à femmes quand je l'avais rejoint à Lisbonne.

Je lui en avais beaucoup voulu d'avoir *« disparu »* quand je commençais à me sentir mieux. J'avais vécu son retour en Australie comme un abandon, même si je savais dès le départ qu'il vivait là-bas et qu'il y retournerait. Je ne pouvais malheureusement rien attendre d'une personne qui vit à l'autre bout du monde, en rythme totalement inversé.

Malgré tout, je savais que j'aurais toujours de l'affection pour cet homme qui m'avait vraiment aidée, même sans le savoir, à voir de nouveau la lumière. Sa présence, même brève m'avait permis d'oublier totalement Jason le sociopathe.

Je n'avais aucun doute quant au fait qu'il s'apparenterait à l'idée que je me faisais de l'homme idéal, quelques années plus tard avec plus de maturité. Cependant, je lui avais envoyé un message sous le coup de la colère quelques semaines plus tôt.

Je ne pensais pas un mot de ce que j'avais écrit, mais j'en avais ressenti le besoin sur le moment.

Je n'avais pas eu la force ni le courage de l'enlever de mes contacts, alors je lui avais dit les paroles les plus blessantes qui m'étaient venues à l'esprit pour qu'il le fasse à ma place.

Je me sentis très mal pendant plusieurs jours et culpabilisai, en sachant que je l'avais forcément blessé en lui écrivant toutes ces horreurs. Je ne comprenais pas pourquoi j'avais réagi de cette façon, mais je dois reconnaître que je me sentis mieux.

Ce n'est que quelques jours plus tard que Solène me fit comprendre pourquoi j'avais eu cette réaction avec lui. Je n'avais jamais pu avoir d'explication avec Jason qui avait disparu. J'avais donc une rage qui était restée enfouie en moi pendant presque un an. J'avais reporté toute cette colère sur le seul homme que j'avais rencontré depuis. Il était le dernier lien qui me restait avec Jason et toute cette histoire. Même si j'appréciais beaucoup Alexander, je n'avais pas eu d'autre choix que de couper contact avec lui, afin de faire véritablement le deuil de ce passé encombrant. J'espérais qu'il me pardonnerait un jour de m'en être pris injustement à lui.

Mes amis m'avaient beaucoup soutenue par la suite, dans cette période difficile de ma vie.

J'enfilai une robe et constatai avec enthousiasme que je pouvais de nouveau rentrer dans mes vêtements. J'avais enfin réussi à me délester de cette dizaine de kilos en trop et le mélasma sur mon visage avait entièrement disparu. J'avais appris qu'écouter son corps était une donnée importante, surtout quand il nous envoie autant de signaux d'alertes pour manifester son mal-être.

J'avais décidé de tirer un maximum d'éléments positifs de cette histoire sordide, même s'il m'arrivait encore parfois de faire de mauvais rêves.

Je ne voulais plus être prisonnière du passé et avais choisi de m'en libérer sans aucun remord, ni regret en me pardonnant enfin.

Je reconnaissais que ce que j'avais vécu était probablement le chemin indispensable à parcourir pour arriver là où j'en étais. Je ne souhaitais cette histoire à personne, mais bizarrement, je ne regrettais pas du tout ce qui m'était arrivé et n'imaginais pas ma vie actuelle, sans toutes ces péripéties. Aussi lourd qu'était mon passé, c'est lui qui m'avait construite et qui avait fait la personne que je suis devenue.

Je regrettais parfois cette période que j'avais connue, où rien n'avait d'importance, car je me sentais tellement invincible, que plus rien ne semblait pouvoir m'atteindre. Mais je faisais quand même plus facilement la part des choses aujourd'hui. J'arrivais plus aisément à distinguer ce qui est important de ce qui ne l'est pas.

Je l'ignorais à ce moment-là, mais mon voyage en Polynésie m'apporta pas mal de réponses quelques semaines plus tard.

C'est en me retrouvant seule, sur le bateau d'un Polynésien, en plein milieu de la mer à Bora Bora, que je pris conscience de l'importance de la vie et comment accéder au bonheur. Et cela, d'une façon bien plus simple et spirituelle que je ne l'aurais jamais imaginé sans ce voyage.

Judith avait dû repartir sur l'île de Rangiroa, car elle travaillait le lendemain, mais j'étais restée à Bora Bora, une journée et une nuit supplémentaires.

Judith était à peine partie, qu'un employé de l'hôtel qui emmenait les clients faire de la plongée en bateau, proposa de m'emmener faire un tour de l'île sur son bateau après sa journée de travail.

Durant cette escapade, je lui parlai de la vie en France et lui demandai s'il avait des comptes sur les réseaux sociaux, afin de rester en contact.

Il sourit et sortit de sa poche un vieux téléphone à clapet : « Vous me faites rire les popa'a[1], vous ne savez finalement pas vraiment profiter de la vie. Vous avez perdu toute connexion avec la réalité, la nature et tout ce qui est essentiel en ce monde. Vous vivez dans cette société de surconsommation, à travers vos réseaux sociaux qui vous fabriquent une vie virtuelle et vous polluent la tête. Vous passez votre temps à courir après le bonheur par le biais de biens matériels, en vous comparant les uns aux autres, mais ce n'est pas ainsi qu'on y accède. Je n'ai pas de réseaux sociaux et je n'en ressens pas le besoin. Tu vois, mon téléphone me sert uniquement à échanger avec mes proches, je ne serai jamais son esclave. »

---

[1] Nom donné par les Tahitiens aux étrangers, aux blancs nés sur l'île aussi.

Je lui demandai naïvement ce qui le rendait donc si heureux dans ce monde et sa réponse restera probablement gravée à jamais dans mon esprit : « On vit tous ensemble avec ma famille. La famille c'est vraiment ce qu'il y a de plus important. Tu vois ce paysage paradisiaque autour de toi et ce temps magnifique ? J'aime faire du bateau et je navigue toute la journée avec des touristes détendus et heureux d'être ici. J'ai tout, absolument tout pour être heureux, je n'ai besoin de rien de plus. Ah si, une dernière chose qui contribue à mon bonheur… » Il se baissa pour attraper une bouteille de rhum, qu'il exhiba fièrement.

À cet instant, je réalisai qu'il possédait cent fois moins de choses que moi, matériellement parlant, mais qu'il était cent fois plus heureux.

Dans nos échanges, il m'avait dit déjà être venu à Paris, mais ne pas avoir apprécié les énergies : « Trop de stress, trop de monde, climat pas terrible. »

Le jour de cette rencontre, je m'étais retrouvée par hasard sur le yacht d'un Anglais qui vivait depuis huit ans à Sydney, avec un couple d'Américains.

Ils avaient tous fui des vies qui ne correspondaient plus à leurs attentes.

Dans la vie, il n'y a pas de hasard quant aux rencontres qu'on peut faire et ce fut le début d'une série de rencontres aussi intéressantes, qu'enrichissantes.

J'appris ainsi les lois de l'attraction et leurs différents bienfaits.

Quelques jours plus tard, face au magnifique lagon bleu, je regardais la date sur mon téléphone : cela faisait un an jour pour jour que j'avais trouvé mes affaires dans des cartons.

Une fois rentrée dans la capitale, plus rien n'avait de sens : voir les gens la tête collée contre la vitre dans les transports, le stress permanent, entendre mes élèves parler de leur dernier téléphone portable, ou des amis me montrer leur dernière paire de chaussures etc.

J'étais lassée de ce monde superficiel, matérialiste et individualiste, dans lequel je ne me sentais pas adaptée.

Le Polynésien n'avait certainement aucune idée de l'impact que cette conversation avait eu dans ma vie.

Quelques semaines plus tard, je me décidai à demander une année de disponibilité à l'Éducation nationale, que j'obtins.

C'est ainsi que je trouvai refuge dans trois éléments qui devinrent de véritables exutoires pour évacuer le stress et les mauvaises énergies : le sport, l'écriture et la spiritualité.

Toujours dans ma baignoire, je pensai à toutes ces femmes qui avaient été bafouées ou encore manipulées par des hommes et qui l'étaient même encore. Beaucoup se résignent malheureusement à ce type de situations avec les hommes, pensant à tort qu'elles ne valent et ne méritent pas mieux. J'étais plutôt fière de m'en être aussi bien sortie, car reconnaître qu'on a été aussi longtemps sous l'emprise d'une personne n'est pas évident. Et s'en relever par la suite, encore moins.

Cette histoire m'avait permis d'avoir bien plus de résilience, remettre en perspective mes petits problèmes personnels, mais surtout, que le déni et l'orgueil sont les pires ennemis de l'Homme. J'avais toutes les évidences sous les yeux, mais avais littéralement refusé de voir la réalité en face. Je décidai donc de ne pas tomber dans l'orgueil en laissant mon égo prendre le dessus et admettre que j'avais été bernée par cet homme. La phrase de l'écrivain Mark Twain résonnait souvent dans mon esprit : « Il est plus facile de tromper les gens que de les convaincre qu'ils ont été trompés. »

Je ne pouvais que remercier mes parents pour l'éducation que j'avais reçue, qui avait contribué à mon rétablissement. Ils n'étaient pas parfaits et avaient fait un déni complet de ce qui m'était arrivé. Mais j'avais la chance d'avoir grandi dans un environnement sain avec des repères.

Plusieurs personnes autour de moi m'avaient dit que mon inébranlable confiance en moi avait été ma meilleure arme pour me relever.

Quelques jours plus tôt, une bohémienne avait foncé sur moi alors que je me trouvais attablée avec une amie dans un restaurant. Elle avait attrapé ma main, dit plusieurs choses marquantes de mon passé, avant de terminer :

« Toi tu as échappé plusieurs fois à la mort, mais surtout au pire l'an passé. Tu as cette force et cette protection supérieure, tu n'as pas idée. Tu as une mission importante dans ce monde concernant les enfants. »

J'appris qu'elle rôdait régulièrement dans le quartier et était connue pour faire d'excellentes prédictions parfois aux clients.

Qu'on y croit ou pas, ses paroles m'avaient glacé le sang.

J'avais repensé à Kate qui me surnommait le Phoenix, car elle affirmait qu'elle m'avait toujours vue renaître de mes cendres, quoi qu'il advienne et même dans les pires situations.

Il faut bien avouer que ce n'est pas simple de grandir dans une société anxiogène et nombriliste, où l'image est d'une importance capitale et où les femmes sont sans arrêt sous la pression de tout un tas de diktats qu'on nous impose. Les hommes, eux, ont de plus en plus de mal à trouver leur place dans cette même société, où les femmes sont de plus en plus libres et indépendantes.

J'avais dit pendant un moment ne pas désirer d'enfants, car nous vivions dans un monde de fous.

Je savais dorénavant que je saurais les aider à s'armer au mieux dans ce monde de requins, à avoir confiance en eux et à évoluer de façon positive. J'avais aussi retrouvé une certaine forme de sérénité et appris à avoir de nouveau confiance en l'avenir. Le temps avait très bien fait son boulot pour me faire oublier ce cauchemar, mais le plus dur restait néanmoins de ne pas garder de séquelles.

Même des mois après, il m'arrivait d'avoir des réactions qui me surprenaient et que je ne comprenais pas toujours, notamment avec les hommes. Je pouvais tenir des propos extrêmement offensants et les regretter seulement deux minutes après, en me confondant en excuses.

Mais c'était souvent trop tard, car le mal était déjà fait et beaucoup de personnes ne pardonnent malheureusement pas ou ne cherchent pas à comprendre.

Quelques semaines plus tôt, un médecin m'avait expliqué que mes sautes d'humeur, mes réactions démesurées et mon agressivité, que j'avais du mal à maîtriser, étaient dues aux drogues que Jason m'avaient fait prendre pendant des mois.

Cela avait créé des troubles neurologiques qui avaient encore des conséquences, même des mois après. J'avais éclaté en sanglots et insulté Jason en réalisant à quel point les dommages qu'il m'avait infligés étaient profonds.

Le médecin m'avait rassurée, en me disant que je pourrais retrouver toutes mes facultés, une fois que mon organisme aurait entièrement tout évacué. J'avais quand même énormément appris à me tempérer et m'efforçais au mieux de canaliser mon caractère explosif.

Ce caractère explosif, je ne l'avais malheureusement pas toujours utilisé à bon escient...

Cela avait ravivé beaucoup de souvenirs pendant ces derniers mois, durant lesquels j'avais énormément ressassé les évènements du passé.

Mais je n'arrivais pas à me souvenir de tout, car je souffrais d'amnésies traumatiques. J'avais une excellente mémoire et pouvais même souvent me rappeler de détails insignifiants. Pourtant, mon cerveau avait acquis la faculté d'effacer instantanément des moments gênants ou stressants. Je pouvais par exemple me disputer fortement avec un proche et tout oublier dès le lendemain. Ma mémoire était devenue totalement sélective et tout ce qui lui semblait néfaste pouvait rapidement disparaître de mon esprit.

On m'avait conseillé de faire de l'hypnose afin de faire remonter à la surface des choses que mon esprit, peut-être pour se protéger, avait préféré effacer.

Mais je ne me sentais pas encore prête.

J'étais surtout terrifiée de retrouver la mémoire, depuis que je m'étais souvenue de ce que j'avais vu dans le dossier « K » dans l'ordinateur de Jason.

Cela dépassait largement l'entendement du commun des mortels.

Il s'agissait de pédopornographie et de snuff-movies, non simulés.

Aujourd'hui encore, j'ignore comment et pourquoi j'avais pu effacer un temps, ces images atroces de mon esprit.

J'ignorais pourquoi Jason avait des dossiers aussi terribles sur des enfants dans son ordinateur, mais j'avais beaucoup de mal à l'imaginer être un véritable bourreau et participer activement à ça.

Jason m'avait aussi parlé à de nombreuses reprises du chantage que subissaient ceux qui travaillaient dans l'industrie du divertissement, afin de devenir les marionnettes de personnes bien plus puissantes.

Il avait dit également que la pédocriminalité était une des meilleures armes pour faire chanter quelqu'un.

Je ne saurais donc dire si Jason tentait de se sortir de ce bazar en gardant ces fichiers, s'il faisait du chantage à ces personnes haut-placées, qu'il admirait autant qu'il méprisait, ou s'il était finalement un rabatteur sans foi ni loi pour des réseaux, comme Marc Dutroux en Belgique.[2]

L'affaire Epstein avait éclaté entre-temps de l'autre côté de l'Atlantique et je me souvenais que Jason l'avait déjà évoqué, en le qualifiant « *d'agent-espion du Mossad* ».

Ce n'était pourtant pas du tout officiel à ce moment-là.

Je ne comprenais pas le rôle de Jason là-dedans.

Entre les femmes et les enfants... Qui était-il vraiment ?

---

[2] Marc Dutroux est un criminel belge condamné à la perpétuité pour avoir enlevé, abusé, torturé et tué un grand nombre d'enfants. Il aurait été la petite main d'un réseau pédocriminel belge, chargé de « commandes d'enfants », pour ce que la survivante Anneke Lucas, appelle le « Club élitiste ». Regina Louf ainsi que d'autres témoins, nommés « X » ont cité les mêmes faits et personnes dans le rapport Dutroux de 1235 pages.

J'avais ressenti le besoin de comprendre ce que j'avais vu et avais donc commencé à entamer de très longues recherches sur la pédocriminalité... des recherches qui n'ont toujours pas cessé à ce jour. Le rapport Dutroux fut le premier dossier que je lus en une nuit.

La seule chose que je peux certifier, c'est que quand on est normal, on ne sort pas indemne d'avoir visionné ce genre de choses.

Ce sont des cauchemars incessants qui viennent perturber nos nuits et nos pensées au quotidien, sans parler de la culpabilité qu'on peut ressentir.

Si je n'avais pas eu la foi en la force créatrice de ce monde et en la vie, j'aurais probablement mis fin à mes jours à ce moment-là.

Plus je faisais des recherches, plus je me rapprochais de l'Enfer.

Je réalisai que l'Enfer et le Paradis dont on nous parlait tant, cohabitent tout simplement sur Terre et que chaque être humain a le choix de se « brancher » à la fréquence qui lui correspond. Cela faisait d'ailleurs écho aux propos de Jason à ce sujet.

Mais je croyais vraiment en de jours meilleurs.

Jason était comme il était, mais il avait au moins eu le mérite de m'ouvrir les yeux sur les atrocités de ce monde.

Je me souvenais d'un autre échange qu'il avait eu par mail avec un riche homme d'affaires américain très connu. Il m'avait dit que c'était par rapport aux mines d'or, mais était-ce vraiment le cas ?

S'il trempait dans ce type de trafics, il aurait dû avoir bien plus d'argent, donc ça ne collait pas. Il n'aurait pas eu besoin de faire son coup minable avec mon appartement.

D'un autre côté, Navid m'avait dit que Jason était criblé de dettes.

C'était difficile de tout savoir avec Jason, j'ignorais certainement beaucoup de choses.

Il m'avait raconté tellement d'histoires sur sa famille, qu'il m'était impossible de dire ou écrire un jour dans un livre, sans qu'on tente de me faire passer pour une folle ou une menteuse.

C'est toujours plus facile et confortable pour l'esprit, de traiter de fou ou de menteur, celui qui remet en cause nos convictions et certitudes depuis l'enfance, surtout sur des sujets qui dérangent.

Mon histoire étant déjà tellement hors du commun, j'avais parfaitement conscience des risques de l'exposer publiquement.

Presque tout est cependant trouvable sur le Net, surtout aux États-Unis, donc je n'ai pas beaucoup de doutes par rapport à tout ce qu'il m'a dit.

Quand on vient d'une famille où le grand-père et le père ont travaillé à la CIA et la mère au FBI, notre vie ne peut pas être si commune et c'était le cas de Jason.

Lui-même affirmait leur avoir « rendu service » à plusieurs reprises.

Cela me fait toujours sourire quand certaines personnes utilisent cette histoire contre moi, en affirmant que j'ai été une grande naïve.

Finalement, personne ne sait véritablement ce qui s'est passé avec Jason, les échanges qu'on a pu avoir et ce que j'ai pu voir.

Mes proches ne connaissent que les grandes lignes de mon histoire avec Jason, mais pas les détails. J'étais incapable de tout leur dire.

J'avais tout vérifié, mais sortir la majorité des gens du conditionnement dans lequel on les a enfermés, n'est pas une tâche facile.

Les rares fois où j'essaye d'en parler, généralement après quelques verres, je ne trouve que très peu d'oreilles attentives.

Parfois, on ne semble pas me prendre au sérieux, cela fait sourire ou on me reproche d'être restée avec lui.

Ce qu'ils oublient, c'est que mon cerveau avait occulté beaucoup de données.

Encore ce fichu écran de fumée…

Mon frère m'avait demandé une fois si je n'avais pas halluciné, vu les drogues que Jason me donnaient.

J'étais bien sûre d'une chose : je n'avais pas pu imaginer ces images pour une raison très simple. Même dans mes pires cauchemars, je n'aurais jamais pu imaginer qu'un être humain, puisse faire de telles atrocités sur un autre être humain, particulièrement sur un bébé qui n'a même pas six mois.

« *Si je devais violer tous les bébés du monde pour que ces articles faux me concernant sur le Net disparaissent, crois-moi, je le ferai sans état d'âme ! Tu crois peut-être que moi je n'ai jamais été violé ? On survit toujours, ne t'inquiète pas. Même après un tel choc.* »

Cette phrase prononcée par Jason me revint de nouveau à l'esprit.

Lorsque nous étions ensemble, l'affaire du producteur Weinstein, accusé de viols et d'agressions sexuelles, avait explosé. Il m'avait confié *« être un de ses enfants qu'on emmenait aux soirées organisées par cette « légende » de Hollywood ».* Il ne semblait pas en garder de bons souvenirs et je me souvenais de propos acerbes qu'il avait eus à l'encontre de beaucoup d'actrices qui avaient accusé Harvey. « Ce type est une véritable ordure, mais beaucoup d'entre elles sont vraiment des opportunistes. Si tu savais le nombre de ces femmes que j'ai vues, qui étaient prêtes à tout, pour obtenir un rôle dans un film à gros cachet ! Et aujourd'hui, elles l'accusent et font les prudes avec leur mouvement #MeToo ! Ce sont des vipères, un véritable bal des hypocrites. »

Il avait de nouveau qualifié le monde de Hollywood de *Pedowood,* qui n'avait aucune morale.

Il fallait vraiment tout reprendre à l'envers avec Jason : *à chaque fois que je croyais ce qu'il racontait, il mentait et quand je pensais qu'il affabulait ou exagérait ses propos, il disait la vérité.*

C'était dur de devoir inverser toute l'histoire, mais je n'oubliais pas les propos du psychiatre, qui avait assuré que ce type de psychopathe est obligé de conserver une part de vérité.

Force fut également de constater que l'avenir lui donna raison sur de nombreux points encore quelques années plus tard.

Beaucoup de choses se passèrent exactement comme il les avait « prédites » dans le monde.

C'est fou comment le subconscient enregistre des informations, qu'on met pourtant de côté, et arrive à nous les ramener en mémoire ensuite.

J'effectuai quelques recherches à ce sujet et tombai sur ce qu'on appelle le trouble dissociatif de l'identité.

Je me demandai si je n'en souffrais pas vu ma perte de mémoire, mais en écoutant des témoignages de la peintre anglaise Kim Noble et ses multiples personnalités fractionnées dans son esprit, appelées aussi « *alters* », à la suite d'abus extrêmement violents, notamment sexuels, je compris que ce n'était pas moi qui souffrais de ce syndrome.

C'était Jason…

C'est en lisant ces quelques lignes de Kim Noble que je saisis :

« Le trouble dissociatif est une façon créative de faire face à une douleur insupportable. La personnalité principale se divise en plusieurs parties ayant chacune une barrière amnésique entre elles. »

Jason m'avait clairement dit avoir subi des sévices enfant *« pour pouvoir devenir plus fort, s'habituer et apprendre à ne pas craindre la douleur, et à ne pas subir l'impact de celle des autres, ce qui pourrait affaiblir le cerveau humain »* selon son grand-père. Il m'avait parlé de différents *alters* ou identités qu'on pouvait avoir, mais je n'avais pas été toujours très attentive à ses paroles à ce sujet. Je repensai à cette multitude de passeports et au faux prénom (son second prénom), sous lequel il s'était présenté. Puis je me remémorai ce que j'appelais *ses sautes d'humeur,* tantôt charmant, tantôt blessant et désagréable. J'avais parfois la sensation que je n'avais pas la même personne en face de moi.

Son grand-père qui avait participé au fameux projet des années 50, lié au contrôle de l'esprit... et aussi à l'assassinat au début des années 60 d'une personne extrêmement connue et importante aux États-Unis, dixit Jason. Cet assassinat fut pourtant attribué à une seule personne, qui disait entendre des voix dans sa tête...

Tellement de personnes témoignaient de ces affreuses expériences qui les avaient détruites à jamais.
Les affreux viols à répétition, administration de drogues, électrochocs, torture, privation de sommeil, comas artificiels, exposition à des messages répétitifs...etc
Chaque recherche était une véritable descente aux enfers.
Soit les survivants témoignent et alertent sur ces pratiques, soit ils deviennent eux-mêmes bourreaux.
Les témoignages des survivantes américaines Cathy O'Brien et Kristy Allen me glacèrent le sang.
Plusieurs anciennes victimes affirment qu'elles n'ont connu aucun des « programmeurs » ou plutôt bourreaux, qui n'ont pas eux-mêmes subi ces sévices.
Ce projet fut dirigé par un certain Sidney Gottlieb, mais il semble que cela datait de bien avant les années 50, du temps de la Seconde Guerre mondiale.

Josef Mengele, médecin nazi, était surnommé « L'Ange de la Mort » pour toutes les expérimentations médicales meurtrières, exercées sur de nombreux détenus du camp d'extermination d'Auschwitz, les techniques de contrôle mental en faisant partie.

Ce criminel de guerre fut l'assistant du Dr Otmar von Verschuer, alors un grand chercheur connu pour ses recherches sur les jumeaux, d'où son obsession pour les jumeaux pour diverses expériences.

En regardant des images de cet homme, je ne pouvais m'empêcher de rester focalisée sur ses yeux, son regard.

Cela me rappelait ce regard que je détestais chez Jason : vide et glacial.

Je comprenais progressivement de plus en plus pourquoi j'avais la sensation que Jason pouvait sembler si différent en une fraction de seconde.

La plupart du temps, il était plutôt de bonne humeur, voire sympathique, mais il pouvait devenir très rapidement froid et distant.

Il semblait parfois réellement oublier des mots qu'il avait prononcés.

Mentait-il au final tout le temps ?

Tu n'as aucune idée de ce que ces crapules NOUS ont fait endurer, ça dépasse tout ce que tu peux imaginer !

La personnalité principale de l'artiste Kim Noble par exemple, avait complètement perdu la mémoire quant à ses traumatismes passés, mais plusieurs de ses personnalités les peignaient, comme une forme d'exutoire.

La pauvre femme était parfois accusée à tort de faire l'apologie de la torture et du viol à travers ses peintures. La principale question à se poser plutôt, c'est qui achète et expose ensuite ses toiles… Quand elle tenta d'en parler, c'est de l'acide qu'elle reçu sur son visage.

Jason répétait souvent : « La seule question à se poser quand on te parle de choses ou évènements qui te semblent étranges, c'est à qui profite le crime ? C'est vraiment l'unique question que tout le monde devrait se poser par rapport à tout ce qui se passe dans le monde. »

J'étais devenue obsédée par tout ce qui est lié au trafic humain et commençais à diffuser beaucoup d'informations à ce sujet sur les réseaux.

Je tentais de sensibiliser les foules au maximum à ce sujet.

Mais la plupart des personnes préfèrent appliquer la loi des trois petits singes de la sagesse quant aux vérités difficiles à entendre.

Le fait d'accepter les mensonges et d'abandonner toutes ces petites victimes aux mains de leurs bourreaux, alors que les évidences devenaient de plus en plus flagrantes, rendaient les populations moralement complices de ces crimes, en ne réagissant pas et en laissant les coupables les perpétrer à cause de leur déni.

Le déni et l'orgueil sont vraiment les pires ennemis de l'Homme.

Je remarquai qu'un sujet était très tabou en France : les abus rituels impliquant des enfants. Et pourtant, de nombreux survivants témoignaient des sévices qu'ils avaient vus et subis, à l'instar de Regina Louf et Anneke Lucas de l'affaire Dutroux, ou encore les enfants qui racontaient leur calvaire dans le reportage de la journaliste française, Élise Lucet « Viols d'enfants, la fin du silence ».

Ce reportage fut enterré au fin fond des archives de l'INA (Institut National de l'Audiovisuel), le rendant ainsi inexploitable et indiffusable lorsque l'affaire Epstein éclata aux États-Unis. TOUS détaillaient les mêmes faits dans les agressions qu'ils avaient dû supporter.

La liste des enfants qui tentaient de parler était longue, mais beaucoup le faisaient anonymement, car ils avaient peur des représailles ou de ne pas être pris au sérieux.

Et pourtant…

Des individus comme Aleister Crowley, Anton LaVey ou Michael Aquino n'étaient pas des légendes, ni la vénération qu'ils entretenaient pour l'esprit du mal, ni leur fascination pour le nazisme.

Le premier était connu sous le nom de « *The Great Beast 666* ».

LaVey, surnommé « Le Pape Noir » ou autoproclamé « La Bête 666 » après Crowley, avait carrément rédigé la Bible satanique et une église dédiée à ce culte. Michael Aquino, proche de ce dernier, avait fondé quant à lui le Temple de Set. Ils prônaient tous

l'individualisme et le matérialisme, en plus de divers actes qu'ils qualifiaient eux-mêmes comme étant sataniques.
Aucun de ces protagonistes anglais et américains ne dissimulaient qui ils étaient véritablement, ni les connexions qu'ils avaient dans les hautes sphères politiques, artistiques et autres.
Mais en France, il y avait une profonde négation à ce sujet.
Bien que je sois de nature sociable, je luttais jour après jour contre une forme de misanthropie.
J'en voulais à tout le monde. Comment peut-on se dire sensible, humain, altruiste, gentil, empathique, généreux, donner des leçons de morale et refuser de voir la souffrance de toutes ces victimes, surtout des enfants ?
Je ne peux plus compter le nombre de personnes qui refusent de croire aux réseaux pédocriminels ou qui m'ont dit : « Je sais oui, mais ne m'en parle pas, je préfère ne pas y penser parce que c'est trop horrible. »

Oui c'est horrible... mais c'est justement parce qu'on n'en parle pas assez que cette horreur continue et existe toujours.

Il faut une sacrée ouverture d'esprit pour comprendre ce genre de choses et malheureusement, je me rendais compte que la plupart des êtres humais en manquent cruellement.
J'avais de plus en plus la sensation de vivre sur une autre planète et d'être impuissante face à l'ingénierie sociale. Mais je sentais aussi que ce monde factice touchait à sa fin.

J'apprenais que c'était compliqué d'être soi, sans susciter l'incompréhension des autres.

Les images de ce bébé torturé et violé, jusqu'à ce que mort s'en suive, me revenaient sans cesse par moment et j'avais envie de me taper la tête contre un mur jusqu'à ce qu'elles disparaissent de mon esprit. Il me hantait et à chaque fois que je sentais que j'étais épuisée psychologiquement de parler sur les réseaux de toute forme de maltraitance infantile et notamment, d'abus sexuels d'enfants, il revenait de plus belle et ses hurlements me perçaient les tympans. Il m'arrivait de le maudire, puis je m'en voulais. Mais j'avais le sentiment qu'il ne me laisserait jamais en paix, alors je continuais tant bien que mal d'alerter par tous les moyens à ce sujet.

« Tu as une mission importante dans ce monde concernant les enfants. »

Il paraît que nous avons tous une mission de vie... La bohémienne avait peut-être visé juste et peut-être qu'il fallait que simplement que j'accepte que la mienne était consacrée aux mauvais traitements infligés aux enfants.

Beaucoup pensent à tort que les images pourraient être ce qu'il y a de plus traumatisant. Je peux assurer que le son est bien plus choquant. Entendre toute la détresse et la souffrance d'un être innocent, glacent littéralement le sang. Jason avait dit plusieurs fois qu'on habituait les populations à la violence à travers films, les séries ou encore les jeux vidéo, dans le but de les insensibiliser. J'ignorais si c'était la raison pour laquelle le son était plus insoutenable pour moi que les images, qui me paralysaient finalement aussi.

Il n'y a rien de plus sacré que l'innocence d'un enfant et c'est pourquoi je devins partisante de la loi du Talion dans ce cadre, lorsque la mémoire me revint à ce sujet.

Un énergéticien-magnétiseur avec qui je sympathisais quelque temps plus tard, m'aida beaucoup à surmonter ces traumatismes et à ne plus être aussi tourmentée par ce que j'avais pu voir et entendre. Il fut très patient et désireux de m'aider dans mon processus de guérison.

Lors de notre première séance, j'étais encore très secouée. Je lui avais fait part de ma hantise d'entendre un bébé pleurer et à quel point cela pouvait me rendre hystérique. Je ne pouvais pas m'empêcher de faire le parallèle avec ce pauvre nourrisson que j'avais vu et je n'arrivais donc plus à supporter n'importe quel cri de bébé. Cela ravivait systématiquement ces souvenirs et hurlements cauchemardesques.

Le plus inquiétant c'est de savoir que presque tous les criminels sexuels récidivent et que les peines qu'on leur attribue sont souvent bien légères.

Le cas du pédocriminel russe Dmitri Vladimirovitch Kouznetsov, en charge de tourner des *snuff movies* extrêmement violents avec des enfants et qui ne fut condamné par le tribunal anglais, qu'à 11 ans de prison, me confortait encore plus dans cette idée.

Trop de criminels dans la traite humaine sont protégés par des personnes haut-placées, qui en font parfois partie elles-mêmes, ce marché étant le plus lucratif au monde.

J'espérais que tout le monde ouvrirait un jour réellement les yeux sur le véritable fléau de ce monde et arrêterait de faire l'autruche.

C'est comme être dans une foule, hurler de douleur, mais personne ne m'entend.

Même si mes amis étaient très présents et à l'écoute, j'avais l'impression d'être totalement muselée.

Si je le disais à quelqu'un, j'avais peur qu'on m'enferme dans un hôpital psychiatrique.

Il est difficile d'imaginer de telles atrocités quand on ne les a pas vues de ses propres yeux. Je pouvais donc les comprendre pleinement.

J'avais vu... contre ma volonté, mais j'avais vu...

Je ne pouvais donc pas ignorer ce fléau.

La pratique du sport m'aida énormément pour évacuer tous ces mauvais sentiments : colère, frustration et culpabilité principalement.

La méditation m'apaisa aussi beaucoup.

Je lisais de plus en plus de philosophes ésotériques comme Omraam Mikhaël Aïvanhov ou encore Peter Deunov, son mentor.

Cela m'aidait à garder foi en l'avenir et en l'Humanité.

Je compris ainsi qu'il fallait réussir à sortir du triangle de Karpman (victime, sauveur, bourreau), pour trouver la paix intérieure.

J'apprenais peu à peu à sortir de mes croyances limitantes.

Finalement cette histoire avec Jason me permit par la suite d'avoir la force nécessaire pour me battre contre toute forme de formatage et de maltraitance physique et morale envers quiconque.

Des années plus tard, je créai un site Internet dédié principalement au contrôle mental, au trafic humain et à la spiritualité.

La vie plaça aussi étrangement et de façon progressive sur ma route, des personnes qui se battaient contre le même fléau : des journalistes, d'anciennes victimes, des alerteurs, quelques personnes de la Justice et même un ancien député, qui avaient été achevés socialement et médiatiquement de la scène publique, pour beaucoup d'entre eux, car trop curieux et gênants, concernant un marché qui génère une trentaine de milliards de dollars par an.

J'échangeai également avec des personnes du milieu du spectacle, notamment des producteurs français, qui avaient travaillé dans l'industrie dans laquelle Jason avait évolué et qui avaient préféré s'en éloigner, car écœurés de ce système. Leur discours se rapprochait fortement de celui du producteur américain John Paul Rice, qui tente de mettre en lumière toutes les perversions de l'ensemble des secteurs du divertissement.

La personne qui me marqua particulièrement fut un homme plus âgé, qui avait vécu une histoire très similaire à la mienne. Nous échangions presque tous les jours au début et c'était le seul auprès de qui j'arrivais à me confier sans pudeur, car il ne portait aucun jugement et me comprenait. Il avait été marié à une Américaine, très proche d'un restaurateur américain, lié à une histoire qui avait fait grand bruit en 2016 et qui avait été directement qualifiée de « théorie conspirationniste » par les médias mainstream. Elle trempait directement dans des réseaux pédocriminels. Cet homme avait été aussi manipulé, afin qu'elle puisse obtenir les papiers français et sévir ainsi plus facilement dans des réseaux en Europe.

Il n'était pas idiot, c'était un puits de connaissance et il avait même un CV assez intéressant.

C'était l'ancien secrétaire de l'amiral Philippe De Gaulle en 1982, ce qui lui avait donné accès à tout le banc et l'arrière-banc du Gaullisme. Il avait connu Pierre Messmer, Chirac, Michel Debré etc. lors de réceptions. Il s'était fait par la suite encore des contacts comme comptable dans le domaine de l'or, des métaux précieux et des diamants, puis s'était reconverti en banquier. Il avait ensuite travaillé dans les relations publiques et presse d'un politicien notamment. Et à partir de là, il avait travaillé avec beaucoup d'hommes politiques de la banlieue ouest de Paris (Charles Pasqua, Fourcade, Claude Labbé, Santini...etc). Il avait souvent rencontré Charles Hernu, l'ancien ministre de la Défense, le Président etc. Il avait gardé pas mal de contacts, cependant il avait précisé qu'il n'avait jamais cédé aux "chants des sirènes".

Il s'était longtemps battu contre ces affreux réseaux et cela lui avait coûté cher au niveau de sa santé. Il avait dû se réfugier un temps dans un monastère, craignant pour sa vie. Il mit cependant fin à ses jours, lassé de tous les mensonges, toutes les manipulations, des horreurs faites aux enfants et des corruptions de ce monde. Et il ne s'était jamais vraiment remis de son histoire avec son ex-femme. Je pris le temps de lire seulement après son décès, des rapports de police qu'il m'avait envoyés bien plus tôt et qui relataient sa triste histoire. Je m'en voulus beaucoup de ne pas avoir su voir sa détresse, de ne pas avoir été plus présente les derniers mois de sa vie, mais surtout de ne pas avoir su lui redonner espoir en la vie.

La manipulation des masses particulièrement devint un sujet auquel je m'intéressais de plus en plus, car j'y retrouvais exactement les mêmes techniques que Jason employaient avec moi : infantiliser, faire culpabiliser, créer des problèmes puis apporter des solutions, faire appel à l'émotionnel plutôt qu'à la réflexion etc.

Il m'avait également appris qu'il n'y avait jamais de hasard.

Je commençai à porter également un fort intérêt aux expériences de Milgram et Asch, que je trouvais tout aussi fascinantes, qu'effrayantes.

Je me rendais régulièrement dans des cimetières, car je m'y sentais toujours bien et en paix.

Je ne saurais pas expliquer pourquoi, mais je pouvais y rester pendant des heures, assise sur un banc à méditer. J'avais réalisé durant cette longue introspection que j'avais tendance à être trop

gentille avec tout le monde et beaucoup de personnes avaient profité de ma bonté et de ma générosité. J'avais malheureusement souvent été entourée de personnes nocives, donc j'avais fait un véritable tri dans mon entourage.
La vie est vraiment trop courte pour s'embarrasser de gens néfastes autour de nous.

J'avais conscience que ce vécu pourrait être un véritable fardeau une fois raconté, car des personnes jubileraient sans complexe de cette mauvaise expérience, mais je m'en fichais royalement. Bien souvent, les personnes qui critiquent le plus sont aigries.
La preuve : la période où j'en avais après la Terre entière était probablement celle où je ne m'étais jamais sentie aussi mal et durant laquelle je n'avais jamais autant pleuré.
Et j'en étais arrivée à un stade dans ma vie où le jugement des autres ne me faisait aucunement peur.

J'avais jusque là exercé deux professions bourrées de préjugés, alors j'avais fini par être vaccinée. Quand j'étais esthéticienne, on m'avait classifiée dans la catégorie des débiles profondes superficielles et depuis que j'enseignais, j'étais passée dans la catégorie des fainéants.
Quand les gens autour de moi me reprochaient de passer presque la moitié de l'année en vacances, je leur rétorquais : « Eh bien deviens prof toi aussi si tu m'envies tellement ! ».

La plupart répondaient souvent : « Ah non, c'est trop mal payé ! ».

Et moi, pour couper court à la discussion : « OK, donc tu travailles plus et tu gagnes plus. Alors arrête de te plaindre, merci ! Cordialement. »

Quoi qu'on fasse, on ne pourra jamais plaire à tout le monde.

J'avais appris à ne plus m'arrêter sur toutes ces remarques inutiles.

Quand je repensais à Jason, je ressentais simplement une profonde indifférence ou une irrépressible envie de vomir aussi parfois.

J'avais appris quelques jours plus tôt par Allison le décès de son père, après une lutte contre un cancer.

En dépit de tout ce que Jason avait d'ailleurs pu me dire à son sujet quant à son attirance pour les hommes fortunés, afin de se faire entretenir, j'avais vu sur les réseaux sociaux qu'elle était devenue agent immobilier pour une prestigieuse compagnie américaine, spécialisée dans la vente de villas de luxe à Beverly Hills.

Elle semblait plus sympathique que ce qu'il m'avait décrit, mais semblait aussi dans le déni quant aux divers trafics de Jason, dès lors que certaines explications dépassaient son entendement.

J'avais décidé de ne pas tout lui raconter.

À quoi bon torturer cette pauvre fille, qui a déjà beaucoup souffert de la perte de sa mère, avec un ex fou et encombrant ?

Je n'avais pas voulu être désagréable avec elle quand elle m'avait annoncé ce décès, mais cela ne m'avait fait ni chaud ni froid. J'avais simplement ressenti un peu de tristesse pour son père qui n'avait pas non plus dû avoir une vie facile, mais pour Jason, je n'avais vraiment eu aucune compassion. Je me doutais qu'il était toujours en vie et un an plus tard, j'en eus la confirmation quand il m'appela.

Mon réflexe fut de lui raccrocher au nez instantanément.

J'avais d'ailleurs déchiré et jeté ces photos où il apparaissait dans une marre de sang, juste avant de quitter les lieux.

Je savais que la police n'en aurait rien fait et je ne voulais pas emporter ces mauvais souvenirs dans mon nouvel appartement.

Le seul objet que j'avais tenu à précieusement conserver pouvait sembler assez étrange : c'étaient les écouteurs que l'Australien avait utilisés, lorsque j'avais effectué une visite avec lui au Portugal. Je n'avais pas eu envie de m'en séparer, car ils représentaient un des rares bons souvenirs que je gardais peu de temps après mon histoire avec Jason.

L'année écoulée après cette histoire avait été un véritable tsunami émotionnel et je ne voulais surtout pas retomber dans ces schémas du passé. C'est pourquoi, je me souvenais avoir annoncé à Judith au téléphone, que mes critères en matière d'hommes avaient légèrement changé.

Je ne serais plus attirée par des hommes qui ne sont pas stables émotionnellement.

J'avais toutefois peur de ne jamais retrouver un homme avec ce grain de folie qui me plaisait tant chez Jason.

Mais j'avais finalement réalisé que ce que je prenais simplement pour un brin de folie était en réalité une véritable démence.

Il m'avait fallu plus de trente ans pour comprendre que c'était une perte de temps de se mettre en couple avec des hommes qui ne nous respectent pas et ne prennent pas en considération nos envies.

Je ne me sentais pas encore tout à fait prête, mais j'aspirais dans le futur à rencontrer quelqu'un de simple, attentionné, cultivé, gentil avec de l'humour et de la répartie.

Je voulais quelqu'un qui ne soit pas égoïste, prêt à faire des concessions, qui ne soit pas en permanence sur la retenue et qui m'accepterait avec mon passé, sans porter de jugement.

Judith en était arrivée à la même conclusion à plus de quarante ans. Je m'estimais donc chanceuse d'avoir compris toutes ces choses à mon âge. *Une amie m'avait dit un jour en plaisantant, que j'avais le vécu sentimental d'une femme de soixante ans malgré mon jeune âge.*

Je lui avais répondu sur le même ton, en lui citant une leçon qui résumait parfaitement tout ce que cette malencontreuse expérience m'avait apporté :

« Le vieux sage a dit que l'homme jeune marche plus vite que l'ancien, mais l'ancien connaît la route. »

Hommage

Je dédie ce livre à mon ami Guy, parti trop tôt et à tous ceux qui ont été ou sont encore victimes de la traite humaine, dans l'espoir que ce fléau prenne rapidement fin et à tous ceux qui ont souffert ou souffrent toujours d'abus physiques et psychologiques, de quelque manière que ce soit.

Printed by Amazon Italia Logistica S.r.l.
Torrazza Piemonte (TO), Italy

50063532R00257